어쨌거나 회사를
다녀야 한다면

어쨌거나 회사를
다녀야 한다면

업무 무기력에 빠진
당신을 위한 심리 처방

· 박경숙 지음 ·

위즈덤하우스

잘 일하지 못해
늘 불행한 당신에게

나는 지금 아무런 의욕이 없다. 내 힘으로 이 상황에서 도저히 어찌할 수가 없다. 사는 게 아무 재미없다. 웃음은 오래전에 사라졌고 매사에 흥미가 없다. 무슨 일이든 시작하기가 정말 힘들다. 하지만 겨우 애써서 어렵게 시작했다 하더라도 조금 하다가 그만두어 버린다. 또 포기다. 포기는 이제 내 특기가 된 것 같다.

한곳에 집중하지 못하고 머리가 잘 돌아가지 않는다. 기억력이 떨어져 자꾸 잊어버린다. 두통이 생겨 늘 머리가 무겁고 눈에 초점이 없다. 잠을 자도 잔 것 같지 않지만 억지로 출근한다. 계속 졸리고 눕고만 싶다. 그러나 정작 누우면 잠이 오지 않는다. 눈을 감고 있어도 걱정이 떠나지 않고 계속 불안하고 초조하다.

이 글은 내가 무기력을 심하게 앓던 어느 날 써둔 일기의 일부이다. 살아도 사는 것이 아닌 삶이었다. 내가 왜 이렇게 되었을까 하는 자책에 건강마저 악화되어 온몸에 신호가 오기 시작했다. 스트레스로 체중이 늘어갔고, 밤마다 어깨 통증에 비명을 질렀다. 사람을 만나는 것도 점점 기피하게 되었다. 나는 그때 '살아 내고 있는 중'이었다. '살아가는 것'과 '살아 내는 것'은 비슷한 단어처럼 보이지만 의미는 극과 극이다. '살아 내는 하루'는 아프고 힘들고 슬프다.

독일의 철학자 니체(Friedrich Wilhelm Nietzsche)는 인간의 정신을 낙타, 사자, 어린아이의 세 단계로 설명했다. 그리고 인간의 모든 한계를 넘어선 초인이 그다음에 있다고 했다.

살아 낸다는 것은 주인의 명령에 복종해 등에 짐을 잔뜩 싣고 사막을 횡단하는 낙타의 단계와 같다. 가장 낮은 정신 수준이다. 당신이 만약 버틸 수 있는 최대한의 짐을 싣고 사막을 건너는 늙은 낙타라면 어떤 느낌이 들겠는가? 언젠가 힘이 소진되어 쓰러지면, 당신의 짐은 젊은 낙타에게 옮겨질 것이고, 일어나지 못하는 당신을 버려둔 채 행렬은 계속 사막을 횡단할 것이다.

이에 반해 살아간다는 것은 포효하는 사자처럼 하루를 사는 방식을 말한다. 사자는 자신이 원할 때 사냥하고 먹는다. 그러고는 초원에서 며칠씩 휴식을 취한다. 초원에서 사자를 간섭할 동물은 없다. 사자는 자신이 스스로의 주인이다. 그래서 그들은 자유롭다. 사자처럼 사는 사람은 남의 인생이 아닌 자기 인생을 살아간다. 모든 것을 스스로 결정하고 책임지며 자신이 기울인 노력의 대가를 모두 취한다. 이는 '자발성'에서 나온다.

사자가 아닌 낙타의 삶을 살고 싶어 하는 사람은 없을 것이다. 하지만 사자가 되는 게 쉬운 일이 아니다. 특히 무기력하게 낙타처럼 살던 사람이 절대로 하루아침에 사자가 될 수는 없다. 그렇다고 불가능한 일만도 아니다. 혹독한 고통을 견뎌 내야 하지만, 냄새나고 더러운 진흙 속에서 연꽃이 피고 연근이 자라나듯 무기력의 절망은 새로운 배움과 성장을 남긴다. 내 안의 낙타가 죽은 그 자리에 사자가 태어나 포효할지 모른다.

그러나 사자가 되었다고 해도 문제가 없는 건 아니다. 사자는 힘이 있지만 그 힘을 자신을 막는 데 쓰기도 한다. 이를 '저항'이라 부른다. 더 정확히 말하면 '내적 저항'이다. 저항은 미루기, 회피, 게으름 등으로 나타난다. 무기력이 타인에 의해 만들어지는 것이라면 저항은 본인이 만들어 내는 것이다. 그리고 그 저항이 다시 무기력을 만들어 낸다. 악순환이다. 저항하는 사자는 먹잇감을 앞에 두고도 사냥하지 않는다. 병든 사자다. 저항을 이기고 건강한 사자가 되어야 정신은 다음 수준으로 갈 수 있다.

세 번째 단계의 정신은 어린아이이다. 어린아이는 천진함과 솔직함, 즐거움, 호기심, 창조의 상징이다. 아이들은 수천 번 실패해도 포기하지 않는다. 넘어지고 또 일어나길 반복하며 걸음마를 배우고, 수없는 옹알이 끝에 모국어를 터득한다. 천진하고 호기심이 강해 어떤 상황에서든 변화를 추구하고 새 창조를 해낸다. 아이는 계산 없는 사랑을 주고, 아플 때 부끄럼 없이 울다가 기쁠 때는 마음껏 웃을 수 있다. 어린아이의 눈으로 세상을 바라보면 어떤 한계도, 억압도 없다. 무슨 일이든 새롭게 시작하고 오랫동안 지치지 않고 즐길 수 있다. 그래서 아이는 사자도 하지 못하는 일을 해낸다.

많은 직장인이 업무 무기력을 느끼는 것은 '낙타의 마음'으로 직장을 다니기 때문이다. 낙타는 특성상 무기력을 만날 수밖에 없다. 낙타는 주인에게 의존하며 복종해야 하는 동물이다. 사막을 횡단하던 낙타 한 마리가 행렬에서 벗어나 주도적으로 가고 싶은 방향으로 간다면 그 낙타는 주인에게 매질을 당하거나 버림받아 사막 한가운데서 죽을 것이다. 그래서 낙타는 주인에게 철저히 순종해야 한다.

복종은 낙타의 가장 큰 미덕이자 장점이다. 그러나 바로 그 점이 치명적인 약점이 된다. 복종하는 노예는 자신을 다스리는 주인에게 무기력할 수밖에 없다. 주인을 통제할 수도, 예측할 수도 없기 때문이다. 이것이 무기력을 만들어 낸다. 뒤에서 설명하겠지만 심리학에서는 무기력을 만드는 두 개의 인자로 '통제 불가능'과 '예측 불가능'을 꼽는다. 통제하지 못하거나 예측할 수 없는 것들은 우리를 힘 빠지게 하고 의욕을 잃게 만든다. 따라서 당신이 낙타로 살아가는 한 무기력은 필연적으로 따라붙을 수밖에 없다고 이해하면 된다.

당신은 일요일 밤, 내일이 기다려지는가? 아니면 일요일 오후부터 다음 날 출근할 생각에 불안하거나 머리가 아파 오는가? 미국의 저명한 정신과 의사 프랭크 미너스(Frank Minirth) 박사는 월요일이 다가올 때마다 우울해진다면 무기력으로 가는 길목에 서 있는 증거라고 했다.

무기력(helplessness)이란 '하고 싶으나 할 수 있는 에너지가 바닥나서 하지 못하는 상태'이다. 다른 말로 '자발적으로, 적극적으로 행동하지 않는 것'으로 '현저하게 의욕이 결여되었거나 저하된 경향' 또는 '무슨 일이 일어나든 스스로의 힘으로 바꿀 수 없는 상황' 등이 무기력에 관한 정의이다. 그리고 자신의 힘으로 어쩌지 못했던 경험이 만들어 낸 학습된 무기력이 있다.

그런데 우리는 놀이나 오락, 취미에 대해 무기력을 느끼지는 않는다. 무기력이 가장 자주 나타나는 곳은 꼭 해야만 한다고 생각하는 자기 일인 업무와 공부 두 분야이다. 이 책에서 다룰 주제인 '업무 무기력'은 무기력이 '일'에 나타난 것으로 제대로 일하지 못하거나 기능하지 못해 생산성이 떨어지는 현상을 의미한다.

왜 일해야 하는지 이유를 모르겠고, 일할 의욕도 생기지 않는가? 불안에 잠들지 못하거나 두려움에 깨기를 반복하는 불면의 밤을 보내고 있지는 않은가? 그리하여 "이 회사를 언제까지 다닐 수 있을까?", "회사는 결정적일 때 나를 보호해 줄까?", "차라리 때려치우고 창업이나 할까?", "100세 시대라는데 새로운 자격증이라도 따야 하는 건 아닐까?", "앞으로 뭘 해야 할지 어떻게 살아야 할지 정말 모르겠다"와 같은 독백을 하고 있진 않은가? 그 모두가 무기력 혹은 업무 무기력과 깊이 연결되어 있을 수 있다.

나 역시 그런 혼란과 두려움, 불안, 고통을 오랫동안 느꼈다. 이 책을 쓰는 동안도 나는 업무 무기력을 자주 만났다. 일할 의욕도, 일할 이유도, 잘할 자신도 없다는 생각 때문에 불안, 짜증, 두려움, 혼란, 우울증, 강박증, 수치심, 죄책감, 자괴감 등 숱한 부정적인 감정이 내 마음을 통과하는 것을 지켜봐야 했다. 명백한 업무 무기력 증상이었다.

할 일을 하지 못하고, 일의 의미가 사라지고, 특히 일이 안되는 날이 계속되면 정말 미쳐 버릴 것 같은 상태가 된다. 일의 생산성과 결과에 따라 마음은 천국과 지옥을 오간다. 무기력은 왜 업무에 많이 나타나, 일하지 못하게 하고 생산성을 막아 버리는 것일까? 일상의 무기력보다 업무 무기력이 위험한 이유는 무엇일까? 이 책은 그것을 알아내기 위해 시작되었다.

이 책은 4부로 구성되어 있다. 1부는 업무 무기력이 왜 문제가 되며 어떤 상황이 업무 무기력을 야기하는지 설명한다. 2부는 업무 무기력의 원인을, 3부는 그런 업무 무기력을 극복하기 위한 마음의 훈련을 알려 준다. 4부는 업무 무기력을 극복할 때 얻게 되는 것들에 대한 단상이다. 무기력을 이긴다는 것은 자기 자신을 극복하는 것이므로 변화와 성장을 경험하게 된다. 그러한 과정을 통해 마음은 더욱 단단해진다.

당신은 지금 자기의 생을 살고 있는가? 혹시 남의 인생을 대신 살아 주고 있지는 않은가? 당신이 하는 그 일은 당신의 일인가? 아니면 당신에게 월급을 주는 회사 오너의 일인가? 회사 일을 하더라도 그것이 자기 일이라 생각하는 동안은 당신이 그 일의 주인이다. 하지만 당신이 어떤 위치에 있든 자기 일이 아닌 남의 일을 해주고 있는 것이라면 누군가의 낙타로 살아가는 것이고, 언제든 업무 무기력을 만날 수 있다.

세상 속에서 살아남으려면, 남의 일이 아닌 자기 일을 해야 한다. 자기의 일에 온 마음을 쏟고 혼을 넣어 집중해야 한다. 그렇게 일과 마음을 장악할 수 있을 때 우리는 누구에게도 인생을 내어 주지 않을 수 있다. 당신은 지금, 살아가고 있는가? 살아 내고 있는가? 살아 내고 있다면 삶의 방식을 바꾸어야 한다. 더 늦기 전에 낙타가 아닌 사자로 살겠다고 결심해야 한다.

혁명이 성공하여 막힘없는 사자로 살아가다 보면, 어느 날 어린아이로 웃고 있는 당신을 보게 될지 모른다. 그렇게 된다면 그땐 당신의 것을 세상에 내보내길 바란다. 세상으로 시집보낸 그 아이가 밝디밝은 빛을 발할 때, 당신도 초인으로 불리게 될 것이다. 그리 되면 "이젠 죽어도 여한이 없다"는 말을 하게 될지도 모른다. 그러니 지금 비록 낙타에 불과할지라도 언젠가 초인이 되는 비밀스런 꿈을 품어 보길 바란다.

이 책을 당신에게 드리는 이유이다.

2017년 11월 박경숙

망이 일할 이유를 만든다 • 일할 이유가 있는 한 멈추지 않는다 • 목표는 동기만큼 힘이 세다 • 일이 안 풀릴 때 치맥이 당기는 이유 • 당신에게 일은 생업인가? 직업인가? 천직인가? • 천직은 일의 종류가 아니라 누가 하느냐에 달렸다 • 자연에서 배우는 동기 사용법: 삼밭의 쑥처럼 살아남아라

감정의 불길에 타 죽은 혼돈 속의 천재 • 일과 정서는 상호 작용한다 • 일을 하며 만나는 네 종류의 정서 • 지시받는다고 생각하면 유능감이 사라진다 • 취업은 IQ, 승진은 EQ • 직장생활을 성공으로 이끄는 정서지능의 역할 • 창의성도 뛰어넘는 최고의 능력, 열정 • 자연에서 배우는 정서 훈련법: 죽음의 공포를 넘어선 새끼 독수리의 비상

'나는 신이다'라고 외친 영혼의 절규자 • 당신을 막는 것은 상황이 아니라 생각이다 • 생각 때문에 죽은 쥐 • 스스로 하는 인지치료법: ABCDE기법 • 자신감은 자존감에서 온다 • 패배의식이 열등감을 키운다 • 자연에서 배우는 인지의 전환: 가재는 껍질을 벗어야 자란다

해야 할 일을 하는 사람에게 기적이 찾아온다 • 훈련으로 25분에 250단어를 써낸 우편 공무원 • 창의적인 사람은 일을 놀이처럼 한다 • 오늘 내가 하는 작은 일에 답이 있다 • 자연에서 배우는 행동 지속력: 수족관에서 태평양까지

루비콘 강을 건너기 위해 필요한 것 • 성공으로 이끄는 열쇠, 자기 절제 • 무기

PART 04

무기력 극복이 주는 세 가지 선물

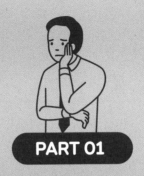

PART 01

누구에게나
일하기 싫은
순간은 온다

일, 해도 괴롭지만
안 하면 더 괴롭다

•

마음 상태를 측정하는 바로미터, 일

당신이 일하는 진짜 이유

회사만 그만두면 뭐든 할 수 있을 것 같다고?

마음의 무질서가 무기력을 부른다

쓸 수 없어 죽은 헤밍웨이

누구나 업무 무기력을 만날 수 있다

마음 상태를 측정하는
바로미터, 일

●

"인간이 궁극적으로 자신과 평화롭게 지내려면 음악가는 음악을 만들고 화
가는 그림을 그리고 시인을 시를 써야 한다."

– 에이브러햄 매슬로(Abraham Maslow)

    당신은 행복한가? 할 일을 제때 잘하고 있는가? 그렇다면 이 책을 볼
필요가 없다. 그런데 이유는 잘 모르겠으나 불안, 초조하고 때로 불행하
다고 느낀다면 지금부터 할 이야기에 귀 기울이길 바란다. 그 불행의 이
유가 '일하지 못함'에서 오는 것일지도 모르기 때문이다. 일에 몰입하지
못하게 하는 '업무 무기력'이라는 것이 은밀하게 당신을 괴롭히고 있어
서 행복하지 않은 것인지 모른다.

    실직이나 퇴직을 하면 힘든 것이 당연하다. 일이 사라지면 마음에 문
제가 생기기 때문이다. 하지만 직장을 잘 다니면서도 우울해하는 사람이
생각보다 많다는 것이 또 다른 문제이다. 오늘 하루 최선을 다해 보냈고
피곤한 가운데 단잠에 빠질 수 있는가? 그렇다면 당신은 누구보다 행복
한 사람이다. 하지만 일에 몰입하지 못하고 해야 할 일을 제대로 수행할

수 없었다면 미래는 불투명해지고 그로 인한 절망이 스스로를 잠식한다.

일, 그거 별거 아니라고 생각하는가? 아니다. 일은 그냥 일이 아니다. 일이란 우리의 마음 상태를 측정하는 중요한 바로미터이자 리트머스 시험지 같은 것이다. 왜냐하면 **마음의 상태에 따라 일이 가장 먼저 영향을 받고, 일이 잘되는지 아닌지에 따라 마음의 상태가 또 극에서 극으로 변할 수 있기 때문**이다. 즉 마음은 일의 생산성에 직접적인 영향을 주고, 역으로 일의 과정이나 결과에 따라 마음의 상태도 달라진다.

프로이트(Sigmund Freud)는 마음의 건강과 심리적 성숙을 결정하는 두 개의 요소로 '일'과 '사랑'을 꼽았다. 아들러(Alfred Adler)는 거기에 '사회적 관계'를 하나 더 추가했다. '사랑'이 얼마나 사람을 뒤흔들어 놓을 수 있는지는 드라마나 현실에서 흔히 볼 수 있다. 그래서 인생에서 사랑이 중요하다는 것은 누구나 동의할 것이다. 하지만 '일'이 인생을 좌우할 수 있다는 것은 거의 무시되고 있다.

'일은 그냥 하면 되는 거지, 그것으로 인생이 결정된다고?' 이렇게 생각할지 모른다. 하지만 아무리 잘하려고 해도 안되는 사람이 있다는 것이 문제. 내가 가르친 학생들 중 세칭 일류대를 다니면서도 학업 무기력을 보이는 친구들이 있었고, 함께 근무했던 해외 유명대학 박사 출신의 박사 후 과정 연구원들 중 업무 무기력을 호소하다 해고된 동료도 많았다.

그들은 왜 자신에게 가장 중요한 과업을 해내지 못했을까? 이들처럼 일이 마음대로 되지 않거나 일할 수 없을 때 마음은 지옥으로 변한다. 그래서 일은 사랑만큼, 어쩌면 사랑보다 더 강하게 삶의 질을 결정하는 요소인지 모른다. 사랑이야 식을 수도 있고, 새로운 사람에게로 움직일 수도 있다. 하지만 먹고사는 문제와 함께 이상 실현의 도구인 '일'은 절대

놓을 수 없는 마지막 구명조끼 같은 것이다. 그래서 심리학자들은 생산성이 높은 사람이 심리적으로 건강하다고 말한다.

생산성이 높다는 것은 자신의 과업을 잘해낼 수 있다는 말의 축약적인 표현이다. 학생의 경우는 학업에 열중하고, 화가는 좋은 그림을 많이 그리고, 사업가는 우수한 제품으로 회사를 성장시키고, 교사의 경우 학생 지도를 훌륭히 해내면 자기 일에 생산성이 높다고 볼 수 있다. 이처럼 자기 일에 몰입하고 잘해낼 수 있는 사람에게는 업무 무기력 따위를 찾아볼 수 없다. 물론 이들은 매슬로가 말했듯 자기 자신과도 평화롭게 지낸다.

당신이 일하는
진짜 이유

●

    일은 힘들다. 때로 아침에 일어나 출근하는 것이 죽기보다 더 싫을 때가 있다. 일요일 저녁이 되어 내일 출근할 생각만 하면 벌써부터 스트레스가 쌓인다. 습관처럼 일어나 무거운 몸을 이끌고 출근하지만, 가끔은 '과연 이게 잘하는 일인가?' 하는 회의가 들기도 한다. 때로는 직장에 매이지 않고 그냥 쉬고 싶을 때도 있고, '이렇게 다니느니 차라리 때려치우고 창업하거나 다른 일을 하는 게 낫지 않을까?' 하는 생각마저 든다. 해서 언제라도 던져 버릴 수 있도록 가슴에 사직서를 품고 다니는 사람까지 있다.

    퇴사 후 벤처회사를 차린 입사동기가 대박이 났다는 소리도 들리고, 1년간 세계여행을 다녀온 친구의 소식에 그렇게 부러울 수 없다. 나도 그렇게 하고 싶지만 쉬이 그만두지 못한다. 직장생활이 지옥 같은데도 여러 가지 이유로 사표를 던지지 못하고 내면의 갈등으로 혼란스러울 때가 많다. 일을 하는 것과 그만두는 것, 어느 쪽이 나에게 더 이익일까?

    여성 사회심리학자 마리 야호다(Marie Jahoda)는 '일하는 것이 더 낫다'고 단호히 말한다. 그녀는 '불만족스러운 취업의 상태가 실업의 상태보다 심리적, 사회적으로 더 이익'이라는 박탈 이론(Jahoda's deprivation theory)을 주장한 바 있다. 한마디로 일을 하는 게 더 유리하다는 말인데, 야호다는 일이 다섯 가지의 이점을 준다고 했다.

첫 번째 이익은 '시간의 구조화(Time Structure)'이다. 규칙적인 일을 하면 시간을 계획적, 조직적으로 활용할 수 있게 된다. 일할 때 시간을 더 잘 쓸 수 있다는 말이다. 반면 일이 없는 사람은 아무것도 하지 않고 시간을 흘려보내기 쉽다. 그때 무질서가 생기고 더 일할 수 없는 상태로 변해 간다. 그래서 10가지 일을 잘해내는 사람에게 11번째 일을 주라고 했는지 모른다.

두 번째는 사회적 접촉(Social Contact)이다. 일을 할 때 가족 이외의 사람과 접촉할 수 있다. 당연히 그들에게서 자극을 받고 지식이나 배움의 폭을 넓힐 수 있다. 인간은 많은 사람과 만남으로써 더 건강해지고 똑똑해진다.

세 번째는 공동의 목표(Collective Purpose)를 가질 수 있다는 것이다. 직장에서의 일은 개인을 뛰어넘어 더 큰 목표를 지향할 수 있는 기회가 된다. 더 큰 것을 지향할 때 우리는 성장한다.

네 번째는 사회적 정체감과 지위(Social Identity & Status)이다. 직장에 다니면서 우리는 조직 내 역할을 부여받고 그로 인해 정체감을 느낄 수 있다. 또한 직장은 사회적 신분을 가질 수 있게 해준다.

다섯 번째는 활동성(Regular Activity)이다. 의미 있는 활동은 우리를 긴장시키고 활력을 갖게 해준다. 매일 정장을 입고 긴장하며 출근하는 그 자체로 충분한 운동 효과가 있다.

이처럼 일을 할 때 생기는 이익은 급여만 있는 것이 아니다.

당신은 왜 일을 하는가? 돈 때문에? 그 일이 재미있고 좋아서? 자아실현을 하려고?

우리나라 직장인들을 대상으로 "회사를 왜 다닙니까?"라고 묻는 조사를 했다. 그 질문에 과반수가 넘는 53.3%가 "돈을 벌기 위해서"라고 답했다. 다음으로는 23.6%가 "경력을 쌓기 위해서", 6.2%가 "자아실현을 위해서"라고 답했다. 일에 보람을 느껴서 일한다고 대답한 사람은 5.2%에 불과했다.

당신의 이유는 무엇인가? 위의 통계는 무시하고 당신이 일하는 진짜 이유를 한번 생각해 보자. 좋아서 하든 마지못해 하든, 월급이 많든 적든, 자아실현을 하든 안 하든 상관없이 자기 나름의 이유가 있을 것이다. 가족을 뒷바라지하기 위해, 사회적 지위를 얻기 위해, 또는 사회적으로 쓸모 있는 사람이 되기 위해 등등 일하는 목적은 다양하지만, 가장 큰 이유는 돈이라는 것을 설문이 말해 준다.

그런데 직장인을 대상으로 한 또 다른 조사에서는 돈을 벌려는 이유가 '은퇴하기 위해서'로 나타났다. 아이러니다. 직장을 다니는 이유는 돈을 벌기 위해서이고, 돈을 벌면 회사를 때려치우겠다는 모순이 보인다. 결국 미래의 휴식을 위해 현재의 휴식을 담보로 열심히 일하는 것이다. 그런 마음으로 일하다가 은퇴하면 행복할까? 많은 경우 그렇지 않다고 한다. 나 역시 일을 할 때는 그만두고 싶었지만, 막상 그만두고 나니 온갖 마음의 문제가 생겨났다. 일이 주는 혜택이 사라졌기 때문이다.

일하는 동안 받는 혜택, 일이 주는 많은 장점은 정작 일을 하고 있을 때는 잘 느끼지 못한다. 그러다 어떤 이유로든 일이 사라지고 나면 일할 때가 더 행복했다는 자각과 함께, 일을 사라지게 만든 상황에 자책하고 후

회할지 모른다. 그러니 회사가 싫다고 사표를 던지기 전에 다시 한번만 더 생각하면 좋겠다.

사표를 낸다고 천국이 되는 것을 아님을 직시하고, 지금 하는 일을 계속하면서 사직이나 은퇴 후의 일을 생각하는 것이 현명하다. 한쪽 다리는 현실에 견고히 디디고, 나머지 한쪽 다리로 주변을 탐색해야 한다. 그리고 안전함이 확인되면 거기로 나머지 다리를 옮겨야 한다. 그리고 거기서도 동일한 탐색을 하며 조금씩 자리를 옮기는 것이다.

사실 어떤 일을 하느냐보다 중요한 것은 어떤 마음으로 그 일을 하느냐이다. 중국집 주방 보조로 일하는 두 사람이 있다. 거기서 열심히 일을 배워 언젠가는 창업할 꿈을 꾸고 있는 한 사람은 '주인 의식'을 가지고 일을 배운다. 하지만 지금 하는 일이 너무 지겹고 하찮다고 여기는 다른 한 사람은 쥐꼬리 월급에 불평하며 지각과 결근을 일삼다 해고되거나 스스로 그곳을 떠난다. 그러고 나서 그때가 좋았다고 할지 모른다.

일할 때는 내가 회사의 주인인 것처럼 해야 한다. 또한 일이 공부이며 성장의 수단이라고 생각해야 된다. 낙타가 아닌 사자나 어린아이가 되어야 한다는 이야기이다. 언젠가 이런 가게, 이런 회사를 나도 만들어 보겠다는 각오, 지금의 일을 통해 새로운 인생을 기획할 궁리를 하며 일해야만 그곳을 나온 뒤에 새로운 길을 열 수 있다. 기억하자. 어떤 일이든 하는 것이 훨씬 더 좋은 것이다.

회사만 그만두면
뭐든 할 수 있을 것 같다고?

●

우리는 입버릇처럼 말한다. "이놈의 회사 때려치우고 여행이나 실컷 다녀야지." 그러곤 여행도, 운동도, 취미도, 봉사활동도 모두 퇴사나 퇴직 후로 미룬다. 하지만 정작 시간이 많아졌을 때 이를 실천하는 사람은 적다. 오히려 일이 없어지면 하던 활동도 접게 된다. 왜 그럴까? 그 이유는 일과 마음의 관계에서 찾을 수 있다.

앞에서 언급했던 사회심리학자 마리 야호다는 1930년대 세계대공황으로 하루아침에 직장을 잃은 오스트리아 빈 인근의 소도시 마리엔탈 지역 사람들을 대상으로 대량 실업이 사회에 미치는 영향에 대해 조사했다. 마리엔탈 주민 중 1,300여 명이 문을 닫은 섬유공장의 직공이었다.

야호다는 이 지역 사람들이 불경기 이전에는 일뿐만 아니라 여가활동에도 활발히 참여했었다는 사실에 주목했다. 정치 조직에 참여하고 공공도서관을 자주 방문했으며, 다양한 사회행사나 봉사활동을 주도했다. 하지만 실직 후 그들은 이전에 했던 모든 활동에 무관심해졌다. 일할 수 없을 때 오는 심리적 불안이 다른 활동에 갈 에너지를 모두 먹어 치운 결과였다.

마리 야호다는 마리엔탈 주민을 대상으로 연구한 결과, '실직은 경제적 궁핍만 주는 것이 아니라 심리적 공황 상태도 초래한다'고 발표했다. 이는 당시로서는 획기적인 발표였다.

골방에 틀어박혀 취업 준비를 몇 년째 하는 아들에게 "나가서 운동이라도 좀 하라"는 잔소리가 먹히지 않고, 실직이나 은퇴 후 "이제 시간도 많은데 나가서 재능 기부나 좀 하지"라는 전직 동료의 말이 서운한 이유다. 야호다는 마리엔탈 시민들을 이렇게 묘사했다.

"일이 사라진 그들은 외부 세계로부터 차단당했고, 시간을 사용하려는 물질적, 도덕적 동기를 잃었다. 그들은 이제 어떠한 압력도 받고 있지 않다. 그리고 새로운 것을 전혀 시도하지도 않는다. 그들은 질서정연한 존재에서 점차 무질서해지고 공허한 존재로 변해 갔다."

실직으로 사람들이 무질서하고 공허하게 변해 갔다는 야호다의 설명은 실직이나 퇴직 후 무기력하고 무질서하게 변해 가는 주변인이나 지인들의 모습을 통해서도 이해할 수 있다. 노숙자들의 눈빛이 공허한 이유를 조금 알게 되었을 것이다.

그런데 야호다는 마리엔탈 사람들이 실직 후 외부 활동을 줄인 특이한 이유가 하나 더 있다고 말한다. 그 지역 사람들 대부분이 기독교 신자로 어릴 때부터 일을 중시하는 기독교의 노동윤리를 교육받았다는 점을 야호다는 지적했다. 그런 교육으로 인해 그들에게는 일이 가장 중요한 활동이었고, 여가나 오락은 부수적인 활동에 지나지 않았다는 것이다. 그들의 윤리관으로 볼 때 '일하지 않는 노동자는 실패자'였으므로 그들은 '실패한' 자신에게 휴식조차 주지 않으려 했다는 것이다.

물론 마리엔탈 사람들처럼 기독교 노동윤리를 가지지 않았다 해도 오래 일을 했거나 일 중심으로 살던 사람들은 이와 비슷한 사상과 행동을 보일 수 있다. 오랫동안 일을 하던 사람은 인생에서 일이 가장 중요하다고 생각하기 쉽다. 그래서 퇴직이나 실직 후에 일을 하지 않는 자신이 쓸모없게 느껴지기도 한다. 일하던 사람치고 일이 사라졌을 때 무조건 행복할 사람이 몇이나 될까?

이처럼 일이 있고 없고는 생각보다 우리 마음에 중대한 작용을 한다. 2016년 3월 연세대 보건대학원 연구팀이 〈영국의학저널(BMJ)〉에 발표한 연구에서 '일과 마음의 상관관계'를 뚜렷이 볼 수 있다. 2008년부터 2011년까지 3년간 정부의 한국복지패널조사에 응답한 7,368명을 대상으로 실시한 연구를 통해 연구팀은 '정규직에서 백수가 되면 우울증 위험이 두 배가 된다'는 결과를 발표했다. 마음 상태와 고용 상태가 직접 연관이 있음을 밝힌 다소 충격적이고도 중요한 연구다.

일하는 것이 백수 상태보다 더 낫다는 점에 대해 이제 동의하는가?

마음의 무질서가
무기력을 부른다

●

일이 사라지면 외모가 변하는 경우도 많다. 왜 그럴까? 실직 후 살이 찌거나 늙고, 눈빛이 흐려지고 표정이 변한다. 성격이 날카로워지기도 하고 정신의 총명함도 점점 사라져 간다. 간혹 활동을 접은 연예인 중에 급격히 살이 찌고 얼굴선이 망가지며 노화가 빨라져 팬들을 경악하게 하는 경우도 있다.

앞의 마리엔탈 사람들처럼 일을 중요하게 생각했던 사람의 경우는 그 정도가 더 심하다. 그들은 인생의 가치가 일과 연결되어 있다. 따라서 일이 사라지면 자신의 가치도 사라지므로 아무런 의욕이 생기지 않아 적극적으로 움직이지 않는다. 그 결과 활동을 접고 집에만 있으면서 폐인처럼 변하기도 한다.

이런 현상은 엔트로피(Entropy)와 깊은 관련이 있다. 무질서도인 엔트로피 값이 증가한 결과이다. 아무것도 하지 않으면 점점 무질서해지면서 엔트로피가 올라간다. 그러다 보면 집중도는 더 떨어지고 원래 가진 능력까지 저하될 수 있다. 일하지 않으면 점점 쓸모없어진다. 모두가 그렇다는 것은 아니다. 하지만 정신을 똑바로 차리지 않으면 차츰 내 안의 엔트로피가 높아지고 점점 더 무능력해질 수 있다는 이야기이다. 이는 일이 사라질 때 만날 수 있는 가장 무서운 진실이자 현실이다.

또한 일 중심으로 살던 사람은 시간이 무제한으로 공급되어도 그 시간을 자신을 위해 쓰려고 하지 않는다. 이들은 원래 일하는 것이 시간을 가장 쓸모 있게 사용하는 방법이라고 믿었던 사람이다. 일이 사라졌으니 시간은 가치가 없어진 것이다. 그래서 이들은 아무것도 하지 않으려 든다.

멍청히 앉아서 시간이 흘러가는 것을 속수무책 바라보고 있거나, 하루 종일 멍하게 TV를 보고 SNS를 하며 타인의 삶에 간섭한다. 사회나 정치 문제를 비판하기도 하지만, 그 문제를 해결하기 위한 적극적인 활동을 하는 법은 없다. 그것은 에너지를 요하는, 고도의 집중력이 필요한 일이기 때문이다. 그들은 그냥 하루를 소진한다. 그렇게 아무것도 하지 않고 있는 동안 엔트로피는 더 올라가고, 무질서가 그의 마음과 육신, 생활을 모두 점령해 버린다. 그리고 '나는 실패한 사람이야'라고 생각할지 모른다.

그로 인해 가까운 사람과의 관계도 점점 더 힘들어진다. 펄펄 끓는 뜨거운 주전자를 찬물 속에 담그면 주전자의 열기와 냉수의 냉기는 서로 열교환을 시작한다. 이 열교환은 둘의 온도가 같아질 때까지 계속된다. 인간관계도 마찬가지다. 심리적으로 힘든 사람은 주변의 좋은 에너지를 빨아들인다. 에너지를 주어야 하는 가족이나 자녀에게조차도 에너지를 뺏으려 한다. 생의 희망이 사라진 사람들 중에 가정에서 상대적 약자인 아내와 아이에게 폭력을 행사하고, 친구 모임이나 커뮤니티에서 트러블 메이커가 되는 경우를 보았을 것이다. 그런 사람과 접촉할 때 우리도 피로하고 지친다. 그들의 높은 엔트로피가 주변의 에너지를 소비하면서 생기는 결과이다.

가끔 집 안팎에 쓰레기를 수 톤씩 쌓아 두고 생활하는 사람이 방송에 나온다. 산더미 같은 쓰레기가 집 전체를 뒤덮어 방문을 열지 못해 작은 창문으로 기어 나가고 들어온다. 모친이 모아둔 쓰레기 더미에 아들이 깔려 사망했다는 안타까운 기사를 접하기도 한다. 무질서가 극도로 치달아 스스로 그 쓰레기를 치울 수 없는 단계에 이르면 그런 일이 생길 수 있다. 그런 사람은 이웃 주민과 시, 구청 등의 지원으로 수십 명 이상의 자원봉사자가 며칠 동안 그 쓰레기를 치워 줘야 비로소 힘을 낼 수 있다.

마음의 무질서도 마찬가지다. 엔트로피가 너무 높아져 버리면 자기 힘으로는 질서를 찾기가 어렵다. 그래서 동기 부여 강의도 듣고, 상담이나 코칭을 받고, 뒤늦게 대학원에 들어가거나 자격증 공부를 시작하는 것으로 마음을 추스르려고 노력하는 것이다. 때로는 규칙적인 운동이나 등산을 하고 매일 도서관에 다니면서 새로운 힘을 얻기도 한다. 모두 엔트로피를 줄이려는 행위라 볼 수 있다.

엔트로피가 높아지면 무기력이 생기고, 또 무기력에 지배되면 그 엔트로피가 점점 더 높아지는 악순환의 고리에 빠진다. 그때는 외부 도움이 필요하다. 경증일 때는 이런 책을 읽는 것으로 해결되지만, 중증일 때는 일정 기간 동안 무기력 치유를 위한 훈련이 필요하다.

나의 경우도 최초 약 2년간의 집중 훈련이 있었다. 그때는 그것이 무기력 치유를 가져올 줄 몰랐으나 시간이 지나자 무기력에서 벗어난 나를 볼 수 있었다.

쓸 수 없어 죽은
헤밍웨이

●

일이 사라졌을 때 당신은 어떤 모습일 것 같은가? 많은 사람이 일을 할 때와 일이 사라졌을 때 다른 모습을 보인다. 일할 때 자신만만하던 사람도 할 일이 없어졌을 때는 자괴감에 빠지거나 수치심을 느낄 수 있다. 심하면 죽음에 이르기도 한다. 여기, 일하지 못해 죽음을 선택한 사람이 있다.

노벨문학상 수상작가인 어니스트 헤밍웨이(Ernest Hemingway)는 일곱 편의 소설과 여섯 권의 단편소설 모음집, 그리고 두 편의 비소설 작품을 발표했다. 1952년《노인과 바다》를 발표한 후에는 소설 부문 퓰리처상(1953년)과 노벨 문학상(1954년)을 수상했다. 그의 작품 대부분은 1920년대 중반에서 1950년대 중반까지 발표되었다.

1936년에 쓴《킬리만자로의 눈》의 주인공 해리처럼 그도 여성 편력이 심했고 결혼을 네 번이나 했다. 자화상 같은 해리를 탄생시키고 17년 뒤 헤밍웨이도 해리와 비슷한 운명을 만나게 된다. 소설 속 해리가 아프리카에서 무릎 부상을 당했듯, 헤밍웨이 자신도 아프리카에서 회복 불능의 부상을 당한다.

그는 1953년 아프리카로 사냥여행을 떠났다가 비행기 충돌 사고를 두 번이나 겪게 된다. 부상이 심각해 노벨상 시상식에도 참석하지 못했다. 두 번째 사고에서는 살아남은 것이 기적이라고 할 정도였다. 두개골 파열, 간·쓸개·신장 파열, 왼쪽 눈 시력 상실, 왼쪽 귀 청각 마비, 척추 골절, 오른팔과 어깨 골절, 왼쪽 다리 골절, 괄약근 마비, 얼굴과 팔·머리 1도 화상이라는 진단이 내려졌다.

참혹한 사고에서 살아남기는 했지만 그 후유증으로 건강은 계속 나빠졌다. 노이로제와 현기증, 고혈압, 당뇨 등도 그를 괴롭혔다. 그로 인해 집필 활동이 어려워졌음은 더 설명할 필요가 없다.

의료 기록은 비밀이라 그가 당한 두개골 파열이 뇌에 손상을 주었는지 여부는 알 수 없다. 그러나 뇌의 어느 부분에 조금이라도 손상을 받았고, 게다가 다른 질병까지 괴롭히고 있었다면 그의 정신과 마음, 집필 능력과 에너지 등 모든 것은 예전 같지 않았을 것이다. 그 때문인지 노이로제 증상이 악화되어 갔고, 이때부터 사실상 작품 활동은 불가능했던 듯 보인다.

아마도 그는 너무나 괴로웠을 것이다. 업무 무기력이 주는 고통, 특히 잘하던 사람이 어떤 이유로 더 이상 할 수 없게 되었을 때 느끼는 무력감과 절망은 어마어마하다. 할 수 있었으나 더 이상 하지 못하는 고통, 뭔가에 막혀 어찌해도 할 수 없을 때의 고통은 피를 말리고 살을 깎는 것보다 더한 괴로움이다.

그 죽음 같은 고통을 헤밍웨이는 매일 느꼈을 것이다. 그리고 회복이 불가능하다는 사실에 더욱 절망했을 것이다. 회복 불능은 더 이상 글을 쓸 수 없음을 의미하기 때문이다. 헤밍웨이처럼 노벨 문학상을 받을 만한 소설을 써내던 작가에게 더 이상 글을 쓸 수 없다는 것은 사형 선고나 다름없었을 것이다.

미하이 칙센트미하이(Mihaly Csikszentmihalyi)는 《창의성의 즐거움》에서 "작가에게 공백기는 단순히 불편한 것으로 그치지 않는다. 글로 자신을 드러내는 사람은 일종의 '혼수상태'에 빠진 것이나 다름없다"라고까지 표현한 바 있다.

원래부터 낮은 상태에 있던 사람은 자신의 상태를 잘 모른다. 하지만 높은 수준에 있던 사람이 어떤 이유로 추락하게 되면 부자가 파산하여 무일푼이 되었을 때 느끼는 절망처럼 그 고통은 상상 이상이다. 마리엔탈 시민이 실직할 때 만난 재앙도 이처럼 가진 것을 잃었을 때 온 것이었다.

어떤 이유로든 추락하게 되면 고압 에너지가 갑자기 압력 제로가 되는 듯한 허망함이 마음에 일어난다. 헤밍웨이에게 글을 쓸 수 없다는 것은 마음의 상태가 바닥으로 떨어졌음을 의미했을 것이다. 무기력을 지나 죄책감, 수치심 같은 정신의 바닥 상태를 체험하면 그 이하는 죽음이다.

그래서일까? 그는 "이제 더 이상 아무것도 할 수 없어. 이젠 써지지 않아. 이젠 써지지 않아"라는 말을 반복하며 총을 들고 어두운 방을 서성거렸고, 결국은 그 총을 자신에게 쏘아 버렸다.

누구나 업무 무기력을
만날 수 있다

●

글이 써지지 않는다고 죽어 버리는 것이 심하다고 생각되는가? 생물학적인 생존이 더 이상 의미가 없었던 것은 헤밍웨이의 정신이 남달랐기 때문이다. 그의 정신은 노벨상 수상소감문에서 볼 수 있다.

비행기 사고로 인해 노벨상 시상식에 갈 수 없게 되자, 그는 멋진 수상소감문을 써 스웨덴 주재 미국대사 존 카보트에게 보냈다. 다음은 존 카보트가 대신 낭독한 그의 노벨상 수상소감문의 일부이다.

글을 쓴다는 것은 잘해야 고독한 삶이다.
작가는 자신의 일을 혼자 해낸다.
그리고 그가 만일 훌륭한 작가라면
그는 매일 매일 영원성 또는 영원성의 부재를 눈으로 직시해야만 한다.

'고독'과 '영원성'이라는 단어가 눈에 들어오는가? '작가는 자신의 일을 혼자 해내야 한다'면서 영원을 바라보며 글을 썼던 사람이 더 이상 아무것도 쓸 수 없게 되었다. 그는 스스로 물었을 것이다. '이제는 무엇으로

버텨야 하는가?'

자신의 영원을 증명할 도구인 집필을 할 수 없게 되었으니, 그의 정신은 칙센미하이의 표현대로 '혼수상태'가 되고 가장 밑바닥으로 떨어졌음이 분명하다. 당시 이미 큰 부를 축적하고 있었지만, 그의 정신은 갈 곳 없는 빈털터리 노숙자와 다르지 않았을 것이다. 어쩌면 그는 정신의 죽음이 오기 전에 자신의 육체를 죽임으로써 정신의 현 수준이라도 지키려 한 것인지 모른다.

헤밍웨이의 사고와 같은 그런 재앙은 누구에게나 닥칠 수 있다. 질병, 사고, 사업 실패, 해고, 이혼, 부도와 같은 불행한 사건들이 일어나 몸과 마음의 에너지가 추락하고 엔트로피가 올라가면 언제든 업무 무기력과 만날 수 있다. 그때 우리는 어찌할 것인가? 추락한 그 바닥에서 절망하며 인생을 끝낼 것인가? 아니면 바닥을 밟고 오를 것인가? 당연히 후자라고 할 것이다. 하지만 예단하지 마라. 상승이 쉬울 것 같은가? 추락의 충격은 깊고, 상승할 힘은 쉽사리 생기지 않는다. 업무 기력 회복은 결코 만만하지 않다.

헤밍웨이가 자살할 수밖에 없을 정도로 절망했던 것은 일할 수 없을 때 느끼는 업무 무기력이 주는 충격 때문이다. 엔트로피의 증가를 견뎌내지 못했기 때문이라고 보면 된다. 엔트로피의 증가, 정신의 추락이 주는 충격은 당신이 상상하는 그 이상이다. 그래서 회복을 꿈꾸기는 고사하고, 그 상태를 버티기조차 힘들어 죽어 버리는 사람이 생기는 것이다. 나역시 일하지 못할 때 죽어 버리고 싶다는 생각을 자주 하곤 했다.

헤밍웨이는 노벨문학상 수상작을 써낼 정도로 높은 수준의 정신 에너지를 지닌 작가였다.《노인과 바다》를 200번이나 고쳐 썼고,《무기여 잘

있거라》의 마지막 장을 39번이나 고쳐 쓰고야 만족했을 만치 완전함을 추구했던 작가이다. 그랬으므로 "장인이 없는 소설의 세계에서 우리는 모두 견습생일 뿐이다"라고 말한 것인지 모른다.

스스로 견습생에 불과하다며 일에 한해서는 탁월해지기 위해 피나는 노력을 기울였던 사람이 사고를 당해 뇌를 다쳤고, 그 후유증으로 더 이상 글도 쓸 수 없게 되었다. 그의 고통이 상상이 되는가? 하지만 그는 자신에게 아직 쓸 재능이 남아 있다고 생각했을지 모른다.

노벨 문학상 수상에 가장 결정적인 영향을 준《노인과 바다》를 집필한 직후였으니 그의 자신감은 최대로 팽창되어 있었을 가능성이 높다. 가장 높은 곳에서 바닥으로의 추락이 일어난 것이다. 추락을 받아들이기 쉽지 않았을 것이고 자살할 수밖에 없었을 것 같지 않은가?

천 년에 한 명 나올까 말까 하다는 대문호 헤밍웨이조차 자살하게 만든 업무 무기력, 당신도 언제든지 만날 수 있다. 게다가 한번 추락하면 원래 수준으로의 회복이 결코 쉽지 않음도 기억해 두자.

일하지 못하는 마음의 병,
업무 무기력

•

대한민국 직장인 10명 중 9명이 느끼는 업무 무기력

슈퍼맨이 되거나, 그만두거나

업무 무기력을 야기하는 상황들

당신의 업무 무기력 지수는?

대한민국 직장인
10명 중 9명이 느끼는 업무 무기력

●

우리는 언제 직장이 재미없고 행복하지 않을까? 급여가 낮을 때? 상사가 폭언을 할 때? 회사가 구조조정을 한다고 할 때? 동료가 먼저 승진했을 때? 밤새 작성한 기획안이 잘렸을 때? 혹은 그 기획안을 상사가 자기 이름으로 올렸을 때? 이런 류의 사건들을 만나면 우리는 직장이 싫어진다. 그리고 업무 무기력을 쉽게 느끼게 된다.

일하는 것이 행복하지 않고 무기력을 느끼는 사람이 얼마나 되는지 업무 무기력을 조사한 통계수치를 살펴보자. 복지서비스 기업인 이지웰페어는 2015년 8월 직장인 1,015명을 대상으로 '최근 1년 내 무기력증을 경험한 적이 있는지'를 물었다고 한다. 이 설문조사에서 응답자의 58.9%가 업무 무기력이 있다고 대답했다. 직장인 10명 중 6명이 업무 무기력을 느낀다는 이야기이다.

이들은 주로 언제 무기력을 느낄까? '무기력감을 느끼는 순간'을 물었더니, 상사로부터 심한 질책을 받을 때, 출근할 때, 잔무 처리로 야근할 때, 퇴근할 때 등의 답이 돌아왔다. 그들이 느낀 주요 무기력 증상은 극도의 피로감, 업무성과 저하, 수면장애, 우울증 등이었다. 이는 무기력의 보편적 증상과도 비슷하다.

한편 잡코리아가 직장인 526명을 대상으로 업무에 대한 의욕을 잃거나 회의감을 느끼는 '직장생활 무기력 증후군'에 대해 조사한 결과에 따르면 답변자의 90.3%가 '업무 무기력'에 시달린 경험이 있다고 대답했다고 한다. 직장인 열에 아홉은 회사를 다니며 업무 무기력을 겪는다고 볼 수 있다.

업무 무기력을 느끼는 비율이 이렇게 높다는 것은 조직의 생산성 측면에서 볼 때도 사실 심각한 문제가 아닐 수 없다. 이러한 무기력증은 우울증이나 강박증, 공황 장애 등으로 확대될 수 있어서 업무의 생산성을 떨어뜨리는 요인이 된다.

직장생활 무기력이 생기는 원인으로 응답자들은 낮은 연봉, 열악한 복리후생, 과도한 업무량, 회사 내 미미한 존재감, 성과 불만족, 적성에 맞지 않는 업무, 만성 피로, 체력적 한계, 상사의 질책과 비하 발언, 잦은 야근, 원만하지 못한 대인관계 등을 꼽았다.

심리학자 프레드릭 허즈버그(Frederick Herzberg)는 이처럼 일하기 싫게 만드는 요인을 '위생요인', 반면 일하고 싶게 하는 요인은 '동기요인'이라 불렀다. 이것을 허즈버그의 '동기위생이론(motivation-hygiene theory)'이라 한다.

일하기 싫게 하는 위생요인을 능가할 만한 강한 동기요인이 없는 한 행복하게 일할 수 없다. 월급이 많거나 그 일이 나의 미래를 확실히 보장하거나 하는 등 동기요인이 분명하면 힘들어도 견뎌 낼 수 있다. 하지만 확실한 동기요인도 없이 위생요인이 명백하면 사람들은 버티지 못하고 이직하거나 사직한다.

TIP **회사에서 가장 우울한 직급은 누구?**

잡코리아가 '회사 우울증'을 겪는 942명을 대상으로 어떤 직급의 사람이 가장 우울증을 많이 겪는지를 알아보았다. 그 조사에서 가장 우울증을 많은 겪는 직급은 과장이었고 87.2%였다. 반면 부장급은 75.2%로 가장 비율이 낮았다. 가장 낮다는 부장급도 네 명 중 세 명이 회사 일 때문에 우울하다니 심각한 수준이 아닐 수 없다.

그렇다면 그들은 왜 그렇게 우울할까? 우울증을 겪는 원인으로 41.6%의 응답자가 '자신의 미래에 대한 불확실한 비전', 35.9%가 '과도한 업무량'을 꼽았다.

타 직급에 비해 불확실한 미래에 대해 고민하는 이들이 가장 많은 직급은 과장급(40.4%)이었고, '과도한 업무량' 때문에 고민한다는 응답은 대리급(35.8%)에서 가장 많았다. 입사한 지 몇 년 안 되는 대리는 일이 바쁘고, 과장 정도 되면 이 회사에서 승진해 임원까지 갈지, 타 회사로 이직할지, 창업할지 등에 대한 고민이 깊은 것이다. 이런 고민을 할 때 업무 무기력이나 우울증을 만날 확률이 높다.

한편 부장급은 '업적 성과에 따라 이루어지지 않는 급여' 때문에 우울하다는 답변이 26.6%로 타 직급에 비해 높았다. 부장 정도 되면 회사 내 라인이 분명해져서 일을 열심히 하는 부류와 라인에 충성하는 부류로 나뉜다. 이때 전자는 상대적인 박탈감을 느낄 수 있고, 성과급의 차이나 인사 등에서 당하는 불이익이 일하기 싫게 만드는 주요 원인이 된다.

한편 몸담고 있는 직장에 따라서도 우울증의 원인이 조금씩 달랐다. 상대적으로 근무 여건이 좋은 공기업 재직자의 경우 외부에 대한 대응보다는 직장 내에서 자신의 지위를 지키는 것에 중요성을 두었고, 그 결과 그들의 우울증 원인은 '회사 생활로 나빠진 건강 상태'가 16.1%, '조직 내에서의 모호한 자신의 위치'가 24.2%를 차지했다. 중소기업이나 사기업 재직자들이 보기에는 마음 편한 고민이라 할 만하다.

대기업의 경우는 '회사의 성과측정 평가에 대한 압박감'이 12.3%, '불공정한 인사고과'가 5.2%였다. 결국 조직 내에서 살아남기 위한 스트레스가 크다는 의미다. 특이하게도 외국계 기업의 경우는 '과도한 업무량'이 32.1%, '상사와의 관계' 35.7%, '동료·부하직원과의 관계' 14.3%로 나왔다. 국내 기업에 비해 성과 위주의 연봉과 고도의 경쟁 속에서 인간관계에 어려움을 겪기 때문이라 보인다.

회사가 존속하느냐 혹은 자신이 계속 다닐 수 있느냐 하는 생존 문제가 걸린 중소기업 재직자의 경우 '회사에 대한 불확실한 비전'이 26%, '업적에 따라 이루어지지 않는 급여 인상'이 24.5%였다.

슈퍼맨이 되거나, 그만두거나

●

직장생활을 불행하게 만드는 또 다른 요인으로 '슈퍼직장인 증후군'이 있다. 직장을 잃을까 하는 걱정에 '슈퍼맨이 되어야 한다'고 생각하고, 그로 인해 마음에 문제가 생기는 것이다. 슈퍼직장인 증후군은 시간이 지나며 무기력으로 변할 수 있다. 계속 승진하며 승승장구하다가 어느 순간 일이 벅차게 느껴지는 날이 올 수 있기 때문이다.

이런 현상을 경영학에서는 '피터의 법칙'이라고 한다. 미국의 교육학자 로렌스 피터(Laurence J. Peter)가 주장한 것으로, '위계 조직에서 직원들은 무능력 수준에 도달할 때까지 승진하려는 경향이 있다'는 법칙이다. 한계를 모르고 더 올라가고자 애쓰는 사람은 얼마 가지 않아 무능력을 느끼고 무기력을 호소할 것이다. 그럼에도 회사는 최선을 다해야만 살아남을 수 있는 곳이다. 그러니 열심히 일할 수밖에 없고, 그러다 보면 무기력에 빠지게 되는 것이다.

그렇다면 얼마나 많은 직장인이 직장에서 일을 잘해야 살아남는다는 생각을 하고 있을까? 취업정보제공업체 커리어가 직장인 588명을 대상으로 조사한 결과, 응답자 중 68%가 일을 잘해야 한다는 '슈퍼직장인 증후군'을 겪고 있다고 답했다. 또한 《헤럴드경제》의 조사에서는 직장인 10명 중 7명이 '슈퍼직장인 증후군'을 겪고 있다고 답했다.

이들은 슈퍼직장인 증후군으로 인해 어깨·허리 부위 등의 만성 근육통, 위염이나 위장병, 우울증 등의 정신적인 질병, 목·허리디스크, 탈모증 같은 질병을 앓는다고 했다. 회사의 일을 잘해내느라 몸이 성한 데가 없는 사람이 네 명 중 세 명이라는 이야기다.

그런데 요즘은 직장에 인생을 걸지 않고 일찍 자기 길을 찾겠다며 조기 퇴직을 하는 사람들이 많아지고 있다. 28세 A씨는 2012년 최상위권 대학을 졸업하고 대기업에 입사했다가 1년 8개월 만에 퇴사했다. 회사 생활은 생각했던 것과 달랐다. 새벽 2시에도 전화벨은 울렸고 주5일제, 저녁이 있는 삶은 현실이 아니었다. 입사한 지 1년 4개월쯤 되었을 때 매일 야근에 주말 근무까지 하던 같은 팀 선배가 갑상선암 진단을 받았다. 30대 초반이던 선배는 결국 고향으로 내려갔고, 회사는 마치 고장 난 부품을 교체하듯 그 자리를 다른 사람으로 채웠다. 그리고 새로 온 사람은 이전의 선배처럼 밤낮없이 일만 했다.

그때 A씨는 정신이 번쩍 들었다고 한다. '아무리 열심히 일해도 결국 조직의 부품일 뿐인데 이렇게 살아야 하나' 하는 회의감이 들었던 것이다. 결국 그는 사표를 던졌고, 지금은 아르바이트를 하며 저녁에는 중국어를 배우고 있다. A씨는 "회사에 다니면서 중국 시장이 얼마나 무궁무진한지 알게 됐다"며 "중국 시장을 겨냥해 할 수 있는 일들을 준비 중"이라고 말했다.

대기업에서 2년간 버티다 나왔다는 33세의 B씨는 공들여 만든 기획안에 자신의 이름을 쓰는 부장, 권위적인 선배들이 싫었다고 한다. 미팅에 늦을까 하이힐을 신고 뛰다 구두굽이 부러져 길바닥에 나뒹굴었던 날, 피가 흐르는 손바닥을 보면서 B씨는 퇴사를 결심했다. 그녀는 "어린 시절 꿈을 펼치라던 사회가 막상 나와 보니 '너는 꿈꾸지 말고 시키는 거나 하라'고 지시하는 것 같았다"라고 말했다. 취준생 기간 동안 새벽같이 학원을 다니고 합격자 발표 때마다 마음을 졸였던 그녀는 결국 그렇게 들어간 회사를 2년간 겨우 '버티다' 나왔다.

이들 사례처럼 최근 젊은 층에서 창업이나 벤처 등 자기 길을 가기 위해 퇴사하는 사람이 늘고 있다. 이들이 퇴사한 이유를 보면 대부분의 직장인이 무기력을 느낀다고 했던 바로 그 이유들 때문이다. 그리고 그런 무기력 증상은 우리가 노예같이 직장에서 일해야 했기 때문임을 알 수 있다. 니체가 말한 낙타의 단계에서 느낄 수 있는 한계이다.

갑상선암으로 직원이 떠난 그 자리가 다른 사람으로 금방 채워지고 그도 전임자처럼 죽어라 일하는 모습에서 사막에 쓰러진 늙고 병든 낙타의 슬픔이 보이는가? 낙타로 사는 한 언젠가는 무기력해질 수밖에 없다. 그래서 사자가 되기로 결정한 똑똑한 이들은 조기 퇴직을 하고 그러지 못한 사람들은 여전히 무기력하게 낙타로 늙어 가는 것이다.

최근 사자로 살고자 하는 이들은 1인 기업가라는 이름으로 자신의 길을 간다. 그 영향인지 조기 퇴사자도 매년 조금씩 늘어나는 추세다. 2016년 6월 6일 한국경영자총협회가 조사한 전국 306개 기업의 1년 내 퇴사율은 2012년 23.6%에서 2016년 27.7%로 높아졌다. 이젠 신입사원 네 명 중 한 명이 입사 1년 안에 사직서를 쓴다는 이야기다.

업무 무기력을
야기하는 상황들

●

이처럼 조기에 직장을 그만두는 용기 있는 사람도 있지만, 그렇게 하지 못하고 계속 일을 하며 무기력에 시달리는 사람도 많다. 내가 컨설팅했던 많은 직장인이 업무 무기력을 호소하고 있었다.

다음은 2014~2016년 동안 삼성을 비롯한 몇 개 기업 임직원들의 업무 무기력 극복 컨설팅을 하며 업무 무기력증을 야기하는 상황을 패턴별로 정리한 것이다. 직장인이 보편적으로 보이는 업무 무기력증이라고 할 수 있다. 누구든 일터에서 이와 유사한 상황을 만나면 무기력을 호소하게 될 것이다. 무기력이 업무에 나타나는 보편적인 사례이니 다음을 보면서 현재 당신이 처해 있는 상황과 비교해 보길 바란다.

01 – 내가 하는 업무에서 의미와 성취감을 찾지 못할 때. ( )

02 – 상사에게서 무리한 업무 지시를 받을 때. ( )

03 – A를 B로 바꾸라고 해서 바꿨는데 다시 A가 맞으니 A로 바꾸라고 할 때. ( )

04 – 남들 다 퇴근했는데 나 혼자 일하고 있을 때. ( )

05 - 시간을 무의미하게 허비할 때. ( )

06 - 업무 중 메신저가 된 느낌이 들 때. ( )

07 - 바쁜데 상사가 술 먹자며 일은 집에 가서 하거나 주말에 하라고 할 때. ( )

08 - 아침에 회사 화장실 거울에 비친 추레한 나의 모습을 볼 때. ( )

09 - 회의 중 유머라고 한마디 했는데 사람들이 안 웃을 때. ( )

10 - 일에서 내 능력의 부족을 깨달았을 때. ( )

11 - 업무와 관련해, 내가 찾는 자료가 회사 시스템에 등록되어 있지 않고, 해당 부서 서버에도 없을 때. ( )

12 - 할 일이 너무 많이 쌓여서 모든 에너지를 쏟아 겨우 끝낼 때쯤에 팀장이 또 다른 일을 던져 줄 때. ( )

13 - 내가 공들여서 진행한 업무를 다시 하라는 지시를 받을 때. ( )

14 - 업무 중 상사와 소통이 안 됨을 느낄 때. ( )

15 - 근무 시간 동안 아무리 노력하고 일을 마무리해도 퇴근 시간은 상사가 정해 주는 것이라 생각될 때. ( )

16 - 업무에 많은 노력을 들여도 윗선의 주장에 내 노력은 무시되고, 프로젝트 기여도가 현저하게 줄어드는 게 보일 때. ( )

17 - 업무에 불필요한 지시를 받을 때. ( )

18 - 월요일 아침에 한가득 쌓인 메일을 확인할 때. ( )

19 - 다른 사람의 업무가 나에게 넘어올 때. ( )

20 - 아무리 일을 해도 방향이 제대로 나오지 않거나, 상대방이 리액션을 해줘야 하는데 제대로 해주지 않을 때. ( )

21 - 개인적으로 열심히 오랜 시간 노력하고 견디면서 진행된 일이 통

제할 수 없는 힘(?)에 의해 무산됐을 때. ( )

22 – 일에 쏟은 노력과 시간이 큰데도 불구하고 실패하여 한계와 초라함이 느껴질 때. ( )

23 – 누가 봐도 아닌 상황인데, 상사의 잘못된 방향 설정으로 그것을 따라 수행해야 할 때. ( )

24 – 힘들게 일을 마무리 지었는데, 잘못된 방향으로 한 것이었을 때. ( )

25 – 내가 중요하다고 생각하는 부분을 다른 사람은 등한시하거나 내 말에 아무도 귀 기울여 주지 않을 때. ( )

26 – 일의 방향성도 모르고 의도도 모르고 그냥 하라고 해서 시키는 것만 할 때. ( )

27 – 어느 순간 너무나도 쳇바퀴 도는 듯한 나의 삶을 깨달았을 때. ( )

28 – 아침에 눈 떠서 힘들고 고달픈 출근길을 생각하니 갑자기 회사 가기가 싫어질 때. ( )

29 – 예전처럼 머리가 빠릿빠릿하게 돌아가지 않는다고 느낄 때. ( )

30 – 지금 있는 곳이 지겹고 어딘가로 떠나고 싶을 때. ( )

31 – 이전에 즐겁던 일이 더 이상 재미없을 때. ( )

32 – 열심히 한 일에서 의미를 찾지 못했을 때. ( )

33 – 점심 먹고 자리에 앉았을 때. ( )

34 – 태어나지도 않은 아이의 양육 부담이 느껴질 때. ( )

35 – 업무 스트레스가 너무 심하게 느껴질 때. ( )

36 – 매일매일 쳇바퀴 도는 것 같고 발전하는 느낌이 없을 때. ( )

37 – 어떤 문제에 대한 해결 방안을 찾지 못했을 때. ( )

38 – 할 필요가 없는 업무인데 해야만 할 때. ( )

39 - 내가 해야 할 일이 없다고 느낄 때.(   )

40 - 반대로 업무 로드가 많을 때.(   )

41 - 업무 진행 중 세부적인 계획까지 수립하여 준비한 일이 말도 안 되는 상황으로 무산되었을 때.(   )

42 - 도전의 기회도 가지지 못하고 물러서야 하거나 자신의 한계를 느낄 때.(   )

43 - 며칠을 야근하며 열심히 보고서를 작성했는데 상급자가 1~2분 동안 대충 검토해 보고 "별거 없네" 혹은 "이것밖에 못 쓰냐"라고 얘기할 때.(   )

44 - 실질적인 업무를 수행하는 것이 아니라 관리를 위한 보고용 문서 작성을 요청할 때.(   )

45 - 의미 없고 중요하지 않은 회의를 길게 진행할 때.(   )

46 - 토론, 협의, 미팅을 하자고 했는데 상급자 혼자서 얘기를 할 때.(   )

47 - 업무에 대한 권한은 주지 않고 책임만 물을 때.(   )

48 - 한 해 동안 열심히 했다고 생각했는데 이에 대한 합당한 고과를 못 받을 때.(   )

49 - 평일 내내 일하다 맞이한 일요일, 가족을 위해 뭔가 해야 하는데 할 수 있는 게 없을 때.(   )

50 - 상사의 요구가 맞는 얘기지만 구체적이지 않고 혼자만 말하고 추궁할 때.(   )

51 - 자신과의 약속을 지키지 못하는 나를 볼 때.(   )

52 - 업무 중 진정 회사를 위하는 길이 아닌, 서로가 좋은 게 좋다는 식으로 정치적인 결론이 날 때.(   )

53 – 업무 중 타인에게 책임을 전가하는 사람을 볼 때. (   )

54 – 업무 중 자신의 이익을 위해 남을 이용하는 사람을 볼 때. (   )

　어떤가? 당신이 처한 상황과 비슷한 것이 몇 개나 되는가? 위의 조사결과를 보면서 현재 당신을 힘들게 하는 요소들이 당신만 겪고 있는 문제가 아님을 느꼈을 것이다. 직장인은 보편적으로 이런 비슷한 이유들로 업무 무기력을 느끼고 일에서 행복을 느끼지 못하고 있다고 보면 된다.

당신의 업무 무기력 지수는?

●

무기력의 증상은 다양하다. 업무 능력 저하나 게으른 상태뿐만 아니라 생각지도 못한 여러 증상으로 나타난다.

무기력의 가장 중요한 증상은 뭔가를 직접 나서서 하지 않는 것이다. 자발적으로 행동하려 하지 않으며 매사에 수동적이 된다. 무기력해지면 슬픔, 우울, 분노, 불안, 죄책감, 분노 등 부정적인 감정이 생겨나는데, 이런 정서가 신체에도 영향을 주어 몸이 아프거나 식욕에 변화가 오기도 한다. 또한 탈진, 피로, 고립되었다는 생각이나 조급증, 과대망상, 지남력(시공간파악능력) 장애 등으로도 나타난다.

업무 무기력의 경우는 여기에 더해 일과 관련해 다른 증상들이 추가로 나타난다. 다음의 21가지 증상이 업무 무기력을 앓을 때 나타나는 보편적인 증상이다.

01 – 갈수록 일이 하기 싫다. (   )

02 – 출근하면 퇴근 시간만 기다린다. (   )

03 – 최근 들어 내가 하는 일이 적성에 안 맞는다는 생각을 자주 한다. (   )

04 – 전에 없이 일에 자꾸 조바심이 생긴다. (　)

05 – 직업을 바꾸고 싶다는 생각이 부쩍 늘었다. (　)

06 – 일에 흥미가 사라지고 부정적인 생각만 든다. (　)

07 – 주량이 늘고 매일 쌓이는 스트레스 때문에 신경안정제를 먹고 있다. (　)

08 – 예전에 비해 기운이 떨어지고 하루 종일 피곤하기만 하다. (　)

09 – 근래에 와서 일에 대한 부담과 책임의식이 심해졌다. (　)

10 – 기억력이 떨어졌다. (　)

11 – 그전보다 일에 집중이 안 된다. (　)

12 – 밤에 일 걱정으로 잠을 못 이루는 경우가 많다. (　)

13 – 제대로 한 것이 아무것도 없다고 생각되고 회의만 느껴진다. (　)

14 – 일에 대한 의욕과 열정이 예전보다 못하다. (　)

15 – 일에 태만해지고 가치를 느낄 수가 없다. (　)

16 – 전에는 무엇이든 결정하는 데 망설임이 없었는데 지금은 그렇지가 못하다. (　)

17 – 내가 좋아하고 자신 있게 하던 일이 보잘것없게 느껴진다. (　)

18 – "신경 써서 뭐해? 나와 별 상관도 없는 일인데" 이런 혼잣말을 자주 한다. (　)

19 – 나의 일에 대해 정당한 대우와 관심을 받고 있지 않는 것 같다. (　)

20 – 나의 문제로부터 벗어날 길이 보이지 않아 무능함이 느껴질 뿐이다. (　)

21 – 내 직업은 장래성이 없다는 생각이 든다. (　)

나의 경우 업무 무기력에 막혀 있던 기간 동안 위의 21가지 중 술과 신경안정제를 먹는다는 7번만 제외하고 나머지는 모두 해당되었다. 당신은 몇 개나 체크했는가? 체크된 것이 많을수록 업무 무기력 상태가 심각하다고 보면 된다. 이제 본격적으로 무엇이 업무 무기력을 일으키는지 발생 원인에 대해 알아보자.

내가 만난 퇴직 쇼크

직장을 그만둔 지 3개월이 지났다. 25년 만의 긴 휴가를 맞이한 느낌이다. 갑자기 날씨가 서늘해지면서 반팔 티셔츠가 썰렁하다고 느껴졌다. 하늘은 가을 기운을 잔뜩 품고 파랗게 높아졌다. 화창한 이 오후 전화 한 통 오지 않는 캄캄한 적막함이 나를 감싸고 있다.

전화할 사람도 없다. 친구에게 전화했다가는 시시콜콜 근황을 말해 줘야 할 것 같아 전화하는 것을 포기했다. 갑자기 텅 빈 느낌이다. 이게 바로 퇴직의 증거, 퇴직 쇼크인가 생각했다. 은퇴가 아니라 두 번째 인생의 시작이라 했지만 당장 갈 직장이 없고 나를 찾는 사람이 없다는 현실이 갑자기 무서워졌다. 외롭다. 시간이 정지된 느낌이다. 처음 사직 후 나는 "교수보다 백수가 좋다"라고 공공연하게 말했었다. 하지만 3개월 만에 나는 외롭고 우울해지기 시작했다.

고독, 직장을 사직하고 제일 먼저 찾아온 내면의 '적'은 고독이었다. 한편 생각하면 내가 지난 세월 너무 분주했고 많은 사람과 경쟁했고 트러블을 일으켰다는 자각도 있었다. 그 당시에는 당연한 반응과 방어라 생각했었지만 지금 되돌아보니 과했던 것 같다. 나를 놓고 보니 분주함과 탐욕과 허망함이 낱낱이 목격된다.

아무것도 하고 싶지 않다. 모든 욕망을 내려놓으니 편안하다. 이렇게 죽어도 된다고 생각했다. 그러나 나는 외로웠다. 이 고독을 이겨 낼 뭔가가 필요하다는 생각이 들었다. 그때 현대 무용가 트와일라 타프(Twyla Tharp)가 고독을 이기기 위해서는 목표를 가져야 한다고 《천재들의 창조적 습관》에서 말한 것이 기억났다.

"창조적인 사람을 죽이는 것은 고독이 아니다. 그것은 목적 없는 고독이다. 당신은 혼자이고 괴로우며 불행을 견뎌 내야 할 이유가 없다. 고독에 대한 내성을 쌓기 위해서는 목표가 필요하다"라고 트와일라 타프는 말했다.

목표가 있어야 고독을 견딜 수 있다는 것인가? 내 정신을 잠시라도 비워 두면 안 된다는 것인가? 그녀는 낚시가 끔찍한 고역이 되지 않는 이유가 물고기를 잡겠다는 목표가 있기 때문이라 했다. 마음이 뭔가에 몰두해야 외롭지 않다는 것이다. 뭔가를 새롭게 만들어 내려면 혼자 있는 시간이 절대적으로 필요하다. 하지만 그 홀로됨의 순간 고독과 외로움에 질식되지 않으려면 분명한 목표를 가지고 그 혼자 있는 시간을 채우라는 말이다.

지금 생각해 보니 내가 외로웠던 순간도 할 일이 없는 때였다. 뭔가를 배우고 있는 기간, 새 자격증을 따기 위해 공부할 때나 새 책을 구상하거나 글을 쓰고 있을 때는 외로움을 느낄 틈이 없었다. 내가 외롭다고 생각될 때는 '휴지기'였다. 아무 일이 없었을 때 하루 종일 힘들었다.

불현듯 이래서 큰일 나겠다 싶어 다음 목표를 세웠다. 그러자 가슴이 좀 채워지는 느낌이 들었다. 결국 우리를 끌고 가는 것은 의미와 목표, 그리고 죽을 때까지 내가 왜 사는지 이유를 아는 것이 외로움과 두려움을 이길 수 있는 힘이 아닐까 하는 생각이 들었다.

당신도 사직이나 퇴직 후 하던 일이 사라지면 가장 먼저 '고독'이 찾아올지 모른다. 그래서 일이 있든 없든, 평생의 목적이나 소명을 꼭 만들어 두는 것이 좋다. 왜 사는지를 알고 있는 동안 우리는 거의 모든 것을 견딜 수 있다.

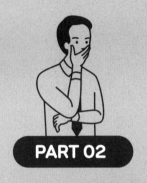

PART 02

나는 왜 출근만 하면
퇴근하고 싶을까?

학습된 무기력이
업무 무기력으로

할 수 있는데도 안 될 거라고 생각하는 이유

왜 일할 때만 무기력할까?

업무 무기력이 학습된 무기력을 강화한다

할 수 있는데도
안 될 거라고 생각하는 이유

●

    심리학에서는 무기력을 '자발적으로, 적극적으로 행하지 않는 것' 또는 '현저하게 의욕이 결여되었거나 저하된 경향'이라고 정의한다. 즉 자발성과 의욕을 상실한 상태라는 것이다. 독일계 미국인 심리학자 헤르베르트 프로이덴베르거(Herbert Freudenberger)는 "무기력은 에너지가 고갈된 상태로, 무기력증에 빠지게 된 사람은 에너지가 없으므로 항상 타인으로부터 억압을 느낀다"라고 했다. 일본에서는 5월에 자주 발생한다고 하여 무기력을 '오월병'이라 부르기도 한다.

    업무 무기력을 일으키는 원인은 무수히 많다. 기본적으로 자신이 하는 일이 회사 전체에서 어떤 위치에 있고 어떤 역할인지 모르거나 시장에서의 영향력을 모른 채 스스로가 조직의 부품에 불과하다고 느낀다면, 업무 무기력이 생길 수밖에 없다. 우리 일이 회사 전체에서 어떤 역할인지를 모를 때 업무 무기력을 보인다는 점은 게리 하멜(Gary Hamel)과 같은 경영의 대가들이 이미 경고한 바 있다.

    일반적으로 일에서 느끼는 업무 무기력의 원인을 심리학자 블래너(Blanner R.)는 네 가지로 분석했다.

01 — 생산 수단과 완제품의 의미를 알지 못할 때

02 — 전반적인 경영방침에 영향력이 없을 때

03 — 고용 조건에 통제력이 없을 때

04 — 작업 공정에 통제력을 상실했을 때

그 외에도 블래너는 작업속도 조절의 자유, 업무 압력에서의 자유, 작업공간 이동의 자유, 생산성과 품질을 통제하는 작업방법 선택의 자유 등 업무에서 자유가 상실되면 업무 무기력을 느낄 수 있다고 보았다.

제리 에델위치(Jerry Edelwich)와 아치 브로드스키(Archie Brodsky)는 "열심히 일하던 직장인이 어느 날부터 '일은 그냥 일일 뿐이다'라는 태도를 갖기 시작하면 무기력해진다"고 했다. 그들은 직장에서 최선을 다하지 않고 적당히 시간을 때우려는 사람들 중 무기력을 호소하는 사람이 많다고 밝혔다.

그런데 살면서 누군가에 의해 만들어진 무기력도 있다. 미국 펜실베이니아 대학의 마틴 셀리그만(Martin Seligman) 교수가 정립한 개념으로 학습된 무기력(Learned Helplessness)이라 부른다. 학습된 무기력은 '피하거나 극복할 수 없는 환경을 반복 경험할 때 나타나는 현상으로 다른 상황에서 실제로 극복할 능력이 있음에도 불구하고 시도조차 하지 않으려는 현상'을 말한다.

셀리그만은 파블로프의 실험을 변형해 보상 대신 처벌(전기충격)을 주는 학습 실험에 참가했는데, 연구 도중 이상한 점을 발견했다. 피할 수 없는 충격을 여러 번 경험한 개가 다른 학습 상황에서도 무기력한 모습을 보였던 것이다. 그래서 셀리그만은 이 현상을 더 체계적으로 연구하기 위해 다른 실험을 시작했다.

먼저 첫날에는 도망가지 못하도록 개를 묶어 놓고 전기충격을 수십 번 주었다. 다음 날, 그 개를 왕복상자(Shuttle Box) 안에 풀어 놓고 전기충격을 주었다. 그때 칸막이를 건너 반대편으로 가면 개는 전기충격을 피할 수 있다. 하지만 150여 마리 중 3분의 2에 해당하는 개들은 충격을 가한 순간 잠시 움직이긴 했지만 바로 포기하고 전기충격을 그대로 받아들였다. 왜 그 개들은 칸막이를 뛰어넘지 않고, 그냥 누워 있었을까? 묶인 상태로 전기 충격을 받은 최초의 실험에서 '자기가 아무리 도망가도 전기 충격을 피할 수 없다'는 경험을 했고, 그 때문에 시도하지 않는 것이다. 이렇게 무기력은 학습된다.

이 개들과 마찬가지로 학습된 무기력을 앓는 사람은 일할 수 있는 힘이 있음에도 그 일을 할 수 없다고 생각한다. 일해야 할 이유도, 목적도 없고 자신은 해도 안 될 것이라 생각하며 늘 기분 나쁜 상태가 된다. 그러다 보니 행동하지 않거나 시작했다가도 곧 중지해 버린다. 이런 무기력이 일에 나타나는 것이 '업무 무기력(Job Helplessness)'이다.

무기력할 때 왜 우리는 행동하지 않을까? 그 이유를 셀리그만의 연구 결과에서 알 수 있다. 셀리그만은 오랫동안 무기력을 연구하고 나서 동물과 사람이 무기력을 학습하면 마음의 세 측면에 손상(deficits)이 생긴다고 했다. 그는 "무기력이란 인간이나 동물이 통제 불가능한 상태를 경험하며 겪는 동기·인지·정서 장애를 나타내는 현상"이라고 했다. 여기서 동기, 인지, 정서가 결합해 행동을 만들어 내므로 무기력해지면 행동이 사라지거나 지속성이 없어지게 된다.

PART 3에서 업무 무기력을 벗기 위해 동기, 정서, 인지, 행동을 통합적으로 훈련하는 것은 셀리그만의 이 연구 결과에서 비롯된 것이다. 다만 의지의 경우 무기력이 아니라, 사자가 만나는 내적 저항을 이겨 내는 수단으로 추가되었다.

왜 일할 때만
무기력할까?

●

학습된 무기력은 일을 할 때 업무 무기력으로 가장 많이 나타난다. 가장 중요한 업무나 과업에 무기력이 나타나 치명적인 영향력을 행사하는 것이다. 그렇다면 왜 무기력은 업무에 가장 많이 나타날까?

셀리그만이 개 실험을 통해 학습된 무기력 현상을 찾아낸 이후, 사람을 대상으로 무기력 실험을 최초로 시행한 것은 그의 제자인 도널드 히로토(Donald Hiroto)였다. 그는 셀리그만과 함께 인간의 무기력 발생에 대해 연구해 학습된 무기력이 동물뿐 아니라 인간에게도 나타난다는 것을 알아냈다.

히로토는 대학생 세 그룹에게 실험에 앞서 시끄러운 소음을 들려주었다. 그런데 세 집단 중 A집단은 도피 집단으로 소음이 들릴 때 버튼을 누르면 소음이 사라진다는 것을 학습했다. 반면 결합 집단인 B는 소음을 들었을 때 그 어떤 방법으로도 소음을 제거할 수 없다는 통제 불가능을 학습했다. 세 번째 집단 C에게는 아무런 소음도 들려주지 않았다.

이후 이 세 집단은 손가락 왕복상자(Finger Shuttle Box)에서 다음 실험을 했다. 소음이 울리면 피험자들은 그 소음을 끄기 위해 자신의 손가락을 지금 있는 상자가 아닌 다른 상자로 옮겨야 한다. 이는 앞의 실험에서 개가 전기충격을 피하기 위해 다른 칸으로 뛰어넘어야 하는 것과 흡사하다.

개들이 그랬듯이 손가락 왕복상자 실험에서 이전에 소음을 전혀 듣지 않았던 C집단과 소음을 제거할 수 있었던 A집단은 손가락을 왕복상자의 옆방으로 옮기는 반응 학습을 잘했다고 한다. 하지만 도피나 회피를 학습하지 못했던 B집단은 수동적으로 앉아, 그 불쾌하고 고통스러운 소음을 그저 받아들이기만 했다. 동물뿐 아니라 인간에게도 통제 불가능이 무기력을 학습시킨다는 것이 증명된 것이다.

이후 또 하나의 실험이 진행되었다. 히로토는 이 세 집단에게 글자 맞추기를 시켰다. K, S, Y라는 문제를 주면 알파벳의 배열을 바꾸어 SKY와 같이 의미가 있는 단어로 만드는 작업이었다. 이 실험에서도 도피할 수 없는 큰 소음을 들었던 B집단 피험자들은 A와 C집단에 비해 문제 해결 능력이 떨어졌다.

이에 대해 셀리그만은 혐오스러운 자극에 의해 유발된 학습된 무기력이 혐오스럽지 않은 인지적 문제 해결도 할 수 없게 만든다고 해석하고 있다.

여기서 중요한 것은 소음을 통제하지 못해서 만들어진 학습된 무기력이 글자 맞추기라는 '일'에 영향을 준다는 것이다. 즉, 일상에서 무기력을 학습한 적이 있다면 자신의 일인 '업무'에서 무기력을 보일 수 있다.

무기력이 업무에 가장 많이 나타나는 것은 인지의 영향 때문이다. 놀이나 오락, 취미는 인지의 영향을 받지 않는다. 그냥 하면 된다. 하지만 일이나 과업, 업무에는 학습된 무기력이 강하게 작용할 수 있다. 중요한 일을 해야 할 때는 누구나 긴장을 한다. 그때 인지가 이전에 배웠던 생각을 상기시키고, '나는 할 수 없어. 예전에도 안 되었잖아. 이번에도 해봐야 실패할 거야'라는 식의 착오를 일으키는 것이다.

예컨대 학습된 무기력이 있는 사람도 쇼핑몰에서 물건을 구매할 때는 아무런 무기력을 느끼지 않는다. 하지만 쇼핑몰의 패널로 물건을 구매해 평가를 하고 돈을 받는다면, 같은 일이라도 업무 무기력이 나타날 수 있다. 그러므로 당신이 어떤 환경에서 학습된 무기력을 경험한 적이 있다면, 그 영향이 당신의 업무나 과업에 나타날 수 있음을 기억하길 바란다.

업무 무기력이
학습된 무기력을 강화한다

●

조금 다른 실험을 보자. 셀리그만과 히로토는 외상을 주지 않는 과거 기억이 미래의 행동에 영향을 주는지를 실험했다. 학습된 무기력은 전기 충격이 준 트라우마 같은 외상이 만들어 내는 것인 반면, 업무 무기력은 외상이 없음에도 과업을 수행하지 못하는 것이다. 그래서 이들의 이번 실험은 업무 무기력이 다른 일에 영향력을 주는지를 확인한 실험으로 볼 수 있다.

이들은 소음과 같은 혐오 자극을 주는 대신에 승부욕을 느끼게 하는 문제풀이를 먼저 하게 했다. 여기서 문제풀이가 업무인 것이다. 앞의 실험에서처럼 A집단에게는 해결할 수 있는 변별 문제를, B집단에게는 절대로 풀리지 않는 변별 문제를 주었고, C집단은 아무 문제도 주지 않았다.

해결할 수 있는 변별 문제란 다음과 같은 것이다. 동물이나 사람에게 흰색과 검정색 카드를 주는데, 만약 흰색 카드의 뒤에는 늘 보상이 있고 검정 카드에는 보상이 없다고 하자. 몇 번 반복해서 카드를 주면 사람과 동물은 흰색 카드에만 보상이 있음을 알게 된다. 여기서 보상이란 동물에게는 먹이, 아이에게는 초콜릿이나 사탕, 어른의 경우는 칭찬이나 쿠폰,

동전 따위가 될 수 있다.

검정 카드와 흰 카드를 섞고 순서를 바꾸며 온갖 경우의 수를 다 보여 주어도 흰색에만 보상이 있다는 것을 알게 된 피험자들은 항상 흰색을 선택한다. 이런 것을 '변별 문제'라 한다. 변별 문제는 답을 예측할 수 있고, 피험자가 보상을 받을지 말지 통제할 수도 있다. 통제도 가능하고 예측도 가능하니 절대 무기력을 학습하지 않는다.

하지만 해결할 수 없는 변별 문제라는 것은 정답이 없다. 흰 카드와 검정 카드 중 어느 카드에 보상이 있을지 절대 모르도록 랜덤으로 보상을 준다. 두 색깔 모두 보상이 있을 때도 있고, 하나도 없을 때도 있다. 한마디로 피험자가 결과를 전혀 예상할 수 없게 하는 것이 '풀 수 없는 변별 문제'이다. 따라서 해결할 수 없는 변별 문제는 문제를 풀 수 없게 하므로 업무 무기력을 준다.

그런데 대학생 세 집단에게 변별 문제를 주고 난 후 다시 소음에서 도피하는 손가락 셔틀 실험을 했다. 그 결과 풀 수 있는 변별 문제를 받았던 A집단과 문제를 받지 않은 C집단은 민첩하게 손가락을 옮겨 소음을 피했다. 하지만 풀 수 없는 변별 문제로 '업무 무기력' 상황을 학습한 B집단은 수동적으로 그 듣기 싫은 소음을 앉아서 받아들이고 있었다고 한다. 이 실험이 주는 의미는 우리가 '일에서 업무 무기력을 배우고 나면 일상에서도 학습된 무기력을 보일 수 있다'는 것이다.

즉 회사에서 자신의 기획안을 부장이 마음대로 폐기하는 일을 겪으며 부장을 통제할 수 없다는 업무 무기력을 만난 한 남자가 주말에 아이와 놀아 줄 힘이 없어 하루 종일 소파에서 뒹굴고 있는 것도 같은 맥락이라 생각할 수 있다.

업무 무기력이 위험한 이유가 바로 여기에 있다. 반드시 해야 하는 과업 달성 실패에서 오는 무기력은 자신에 대한 회의나 자괴감을 키우고, 이전에 있던 학습된 무기력까지 강화시킨다. 그리하여 우리를 진짜 아무것도 할 수 없는 사람으로 만들어 버릴 수 있다. 일상의 어떤 무기력보다 업무 무기력이 위험한 이유이다.

일할 수 없게 만드는
두 개의 인자

•

사장이 말단 직원보다
건강한 이유

●

무기력을 만드는 가장 결정적인 두 인자는 통제 불가능과 예측 불가능이다. 통제 불가능과 예측 불가능이 나타나는 곳에서는 늘 무기력을 만날 수 있다.

런던대학교 마이클 마못(Michael Marmot) 교수는 화이트홀(Whitehall) 연구라고 알려진 수십 년간의 프로젝트를 진행했다. 그 연구를 통해 마이클은 사람들이 '직업에서 소중하게 여기는 것이 무엇인지'를 밝혀냈다. 거의 3만 명으로 구성된 20~65세 사이의 영국 공무원을 대상으로 연구한 결과 '건강에 가장 많은 영향을 미친 것은 봉급 수준'이었다. 낮은 임금을 받는 근로자는 최고 등급의 보수를 받는 근로자보다 심혈관 질환으로 사망할 가능성이 3배나 높은 것으로 조사되었다.

그런데 이 차이는 소득에 따른 흡연이나 비만, 운동 부족으로 인한 것이 아니었다. 우리나라도 부유층이 빈곤층보다 더 날씬하다는 조사 발표가 많다. 소득이 높으면 양질의 식사와 적당한 운동, 낮은 스트레스로 인해 더 건강하다는 것은 거의 상식이다. 하지만 이 연구가 의미하는 것은 그게 아니다. 저임금자들에게 부족할 것으로 생각되는 조건들을 감안해서 다시 조사해도 결과는 비슷했다. 흡연, 비만, 운동 부족 때문에 건강이 나쁜 것이 아니고, 돈 때문도 아니었다. 보수가 적어 자기 관리를 할 여유가 없어서 건강이 나빠진 것이 아니라는 이야기이다.

그렇다면 무엇이 원인일까? 연구팀은 그 원인이 '통제 가능성'이라고 발표했다. 높은 보수의 근로자는 사다리의 맨 위에 있으므로 통제할 수 있는 능력이 커서 더 건강한 것이지 돈을 많이 받아서가 아니라는 설명이다. 그리고 이런 현상이 거의 모든 직업군에서 나타난다고 했다.

사회적 기준으로 볼 때 일반적으로 좋은 직업이라고 하는 의사나 변호사, 기타 전문직 종사자들에게도 이런 현상이 여지없이 나타났다. 어떤 직업군이든 보스 그룹이 더 훌륭한 건강 상태를 유지했다는 것이다. 위계의 사다리 아래쪽 사람은 그 직업이 아무리 사회적으로 좋은 직업이라 할지라도 건강 상태가 나빴다.

대형 병원의 병원장이 그 병원의 말단 의사보다 더 건강 상태가 좋았다는 식인데, 그 이유를 그는 통제 가능성에서 찾았다. 자신의 일에 얼마나 '통제력'을 가지고 있느냐 하는 것이 그 사람의 일과 삶에서의 '웰빙' 수준을 좌우한다는 것이다.

상사가 되면 부하직원을 제어하고 자기 일을 지정할 수 있는 힘을 갖게 된다. 그래서 더 건강하다는 것이다. 반면 일에 대한 통제력을 구속당할수록 혈압은 더 높아졌고 요통의 확률도 높았다고 연구팀은 보고한다. 통제력의 부재는 건강을 나쁘게 할 뿐 아니라, 심리적으로 무기력을 느끼게 한다.

통제할 수 없어
무기력해진다

●

영장류를 대상으로 한 연구 중 통제 불가능과 관련해 매우 흥미로운 실험이 있다. 스트로벨(C. F. Stroebel)은 벵골산 원숭이에게 지렛대를 누르는 훈련을 시켰다. 지렛대를 눌러 뜨거운 방 안 공기를 식히는 냉각 장치를 가동시키거나 큰 소음, 신경 쓰이는 불빛, 약한 전기충격에서 벗어나는 훈련을 시킨 것이다.

이 실험에서 스트로벨이 가르친 것은 '통제 가능성'이다. '통제 가능성'을 배운 이 원숭이들은 불쾌할 때 언제든 지렛대를 눌러 상태를 쾌적하게 만들 수 있게 되었다. 지렛대를 누르는 것은 자기 세계를 통제할 수 있는 권한이 원숭이들에게 있다는 증거다.

그러던 어느 날, 스트로벨은 원숭이들이 더 이상 지렛대를 누르지 못하게 만들었다. 지렛대를 볼 순 있지만 누르지는 못하도록 장치를 조작해 버린 것이다. 즉 통제 가능에서 통제 불가능으로 만들어 버렸다. 다른 스트레스 야기 자극은 주지 않았다. 하던 일을 더 이상 할 수 없게 하는 업무무기력 상황만 준 것이다.

그렇게 하자 곧 반응이 나타났다. 처음에 원숭이들이 보인 반응은 광적이었다고 스트로벨은 보고했다. 원숭이들을 마구 소리를 지르고 날뛰었다. 하지만 그렇게 해도 지렛대를 만질 수 없다는 것을 알고는 서서히 다른 장애가 나타나기 시작했다.

심장 리듬에 장애가 나타나면서 원숭이들은 점차 권태와 나약함의 징후를 보이기 시작했다. 털은 점점 헝클어지고 반점이 나타나기 시작했으며 몸치장도 별로 하지 않았다. 그 이후에는 더 이상 지렛대에 관심을 보이지 않았고, 낮잠만 자는 등의 무기력한 반응을 보였다.

원숭이들이 보인 행동은 '정형행동'과 흡사했다. 원숭이 중 두 마리는 몇 시간 동안이나 보이지 않는 곤충이 날아다닌다고 상상하는지 곤충을 잡으려고 애쓰고 있었다. 한 마리는 계속 자위행위를 하고 있었고, 세 마리는 강박적으로 머리털을 쥐어뜯고 있었다. 이들은 모두 외부 환경에 더 이상 흥미를 느끼지 않았고, 고정된 행동을 반복하는 '정형행동'을 보인다는 공통점이 있었다.

여기서 '정형행동'이란 동물이 틀에 박힌 의미 없는 행위를 반복하는 것을 말한다. 동물원에 갇힌 호랑이나 곰 등이 여러 시간 동안 우리 안을 왔다 갔다 한다거나 이상한 소리를 낸다거나 하는 것을 말한다. 일반적으로 극도의 스트레스를 받을 때 나타나는 현상이다. 사람으로 치면 자폐 증세와 비슷하다고 보면 된다. 이것을 스트로벨은 '실험실 신경증'이라고 했다. 즉 인위적으로 신경증을 유발했다는 것이다.

원숭이들이 이렇게 변해 간 것에 대해 셀리그만은 통제 불가능 때문이라고 했다. 이들의 문제는 단 하나, 원래 할 수 있던 것을 하지 못하게 되었다는 것이다. 그런 점에서 이 경우는 **학습된 무기력이 아니라 업무 무기력**이다. 이 원숭이들은 더 이상 지렛대를 통제할 수 없다는 스트레스가 업무 무기력을 만들며 점점 피폐해져 갔다.

스트레스로 인해 정형행동을 보이는 동물은 사실 매우 위험하다. 2013년 11월, 서울대공원에서 사육사가 세 살 된 수컷 호랑이 '로스토프'에게 물려 사망한 사고가 발생했다. 사고 전날 관람객이 로스토프를 찍은 영상이 공개되었는데, 로스토프는 분명히 정형행동을 보이고 있었다.

로스토프는 15평 남짓한 우리를 반복적으로 왔다 갔다 하면서 목에 무엇이 걸린 듯한 소리를 계속 냈다. 이 영상을 공개한 관람객은 호랑이가 너무 이상한 소리를 내면서 왔다 갔다 하는 게 불쌍해 영상을 찍었다고 했다. 분명 호랑이에게 이상이 생겼다는 징후다. 하지만 곤충 관리를 하다 맹수 우리로 옮겨 온 사육사는 포유류의 정형행동을 눈치채지 못했고, 호랑이 우리에 준비 없이 들어갔다가 공격을 받은 것이다.

야생 동물이 동물원에 강제로 갇히게 되면 자유롭게 살던 동물일수록 더 큰 스트레스를 받는다. 야생에서 가지고 있던 통제 가능성을 박탈당했기 때문이다.

스트로벨 실험에서 보았듯, 통제 가능성을 박탈당하는 업무 무기력 상황은 정형행동을 낳는다. 처음 그 원숭이들은 지렛대를 누르면 불편한 것을 없앨 수 있다는 것을 알게 되었다. 통제 가능성이 주는 유능감(competence)을 익힌 것이다. 여기서 유능감은 새롭고 조금은 어렵게 느껴지는 일을 성공적으로 해내면서 느끼는 긍정적인 감정을 말한다. 이후 그 통제력을 박탈당하자 '할 수 없다는 판단'에 원숭이들은 우리에 갇힌 야생 동물처럼 자신들이 할 수 있는 신경증의 표현인 정형행동만을 공통적으로 보인 것이다.

지렛대를 통제하지 못하게 했을 때 원숭이들이 이상야릇한 행동을 보인 것처럼, 우리도 해야 할 일을 못 하거나 통제할 수 없는 업무 무기력 상황에 놓일 때 엄청난 스트레스를 받을 수 있음을 기억하자.

생명 연장의 비밀,
통제력

●

급사가 일어나는 동물은 주로 야생 동물이다. 야생에서 통제 불가능을 잘 모르고 성장했기 때문에 처음으로 통제 불가능을 만나게 되면 매우 당황하고 고통스러워한다. 잡혀서 우리에 갇힌 야생 동물은 통제력을 박탈당했기 때문에 갇힌 것 자체가 큰 고통이 된다. 동물원으로 간 야생 동물의 폐사율이 높은 이유다. 심지어 동물원으로 이동하는 중에 죽기도 한다.

실제로 벵골 호랑이(Panthera tigris tigris)를 원산지인 인도나 네팔 등지에서 미국 동물원으로 옮기는 중에 50% 정도는 죽는다는 통계치가 있다. 그런 이유로 생포된 야생 동물을 옮길 때는 그들이 갇힌 우리 속에 그동물이 마음대로 조작할 수 있는 물건이나 장난감을 가득 넣어 준다고한다. 그런 장난감을 통해 통제 가능성을 느끼게 해줌으로써 이동 과정의사망률을 낮추기 위한 조치다.

통제 가능성이 생명을 연장시켜 준다는 사실을 실험으로 보여 준 사람이 있다. 미국 오리건 주 포틀랜드 동물원의 마코위츠(Hal Markowitz) 박사이다. 그는 사육하는 원숭이를 대상으로 '통제력'을 실험했다.

그는 전기불이 켜지면 원숭이들이 우리 끝에 있는 1번 지렛대로 달려

가서 지렛대를 누르게 했다. 그리고 곧바로 우리 반대편에 있는 2번 지렛대로 달려가서 눌러야 먹이가 나오도록 먹이 시스템을 고안했다. 먹이를 그냥 주지 않고, 뛰어가 1번과 2번 지렛대를 차례로 눌러야만 먹이가 공급되도록 학습시킨 것이다.

이 원숭이들이 배운 것은 '통제력'이다. 제 발로 뛰어서 순서대로 지렛대를 눌러야 먹이를 얻어먹을 수 있도록 고달픈 훈련을 시킨 것이다. 그런데 원숭이들이 이 훈련에서 배운 것은 '업무 통제력'과 '일이 주는 유능감'이었다. 과업을 수행할 때마다 자신의 행동에 대한 보상을 받는 경험이 원숭이들의 유능감을 강화하여 준 것이다. 이는 원숭이들이 먹이를 통제할 수 있다는 생각을 갖게 하는 중요한 학습이었다.

이후 전문가들은 이 원숭이들이 아주 건강하게 지내며, 다른 원숭이들이 쉽게 걸리는 질병도 전혀 앓지 않았다고 보고했다. 이를 통해 통제력, 특히 업무 통제력을 갖는 것이 심신에 아주 지대한 영향을 미친다는 것을 알 수 있다.

인간도 마찬가지다. 통제력을 가질 때와 속박당했을 때 건강 상태가 달라진다는 것은 앞에서 언급한 화이트홀 연구결과에서도 잘 볼 수 있었다. 통제 가능성을 가진 직업에 종사하면 업무 기력이 강화되고 건강하지만, 통제할 수 없는 직위나 직업을 가질 때는 업무 무기력과 함께 건강에 문제가 나타난다. 그러다 다시 통제력을 확보하고 유능감을 느끼면 몸은 회복되기 시작한다.

바퀴벌레도 아는
권력 폭행의 위험성

●

　사전 교육을 제대로 받지 못한 자원봉사자들이 동물들을 구조하려다 오히려 회복할 수 없는 상처를 동물에게 남기는 경우가 종종 있다. 영국에서 있었던 사고다. 토리 캐니언(Torrey Canyon)호가 좌초되며 유출된 기름으로 야생 조류들이 원유를 뒤집어쓴 일이 있었다. 당시 새들을 구하려고 자연보호 운동가들이 각지에서 모여들었다.

　그들은 원유 폭격을 당한 야생 조류들을 구조해 몸을 뒤덮고 있는 기름을 씻어 냈다. 그런데 구조한 새들이 자연보호 운동가들의 손 안에서 금방 죽어 버리는 이상한 일이 일어났다. 처음에 사람들은 새를 씻길 때 쓴 화학세제의 독성 때문에 새들이 폐사했다고 생각했다.

　하지만 셀리그만은 이 사건에 대해 다른 의견을 내놓았다. 독성이 아니라 '속박으로 인한 무기력 때문에 죽었다'는 것이다. 야생 동물에게는 인간의 손에 잡히는 것이 치명적인 속박이다. 기름을 뒤집어써서 날 수 없게 된 데 이어, 사람 손에 붙잡혀 꼼짝할 수 없게 되면서 그로 인한 절망이 새들을 죽게 했다는 것이다. 통제 불가능이 주는 치명성의 실례이다.

　그래서 자연보호 지침서에서는 원유를 뒤집어쓴 새들을 씻길 때는 부드럽고 신속하게 씻기라고 쓰여 있다고 한다. 실험실에서 쥐들을 면역시킬 때처럼 새들도 여러 번 손으로 잡았다가 놓아 주는 과정을 반복하면 원유를 씻어 내는 동안 꽤 오래 붙잡혀 있어도 새들은 쉽게 죽지 않는다고 셸리그만은 설명했다.

속박으로 인한 위험은 인간에게도 일어난다. 특히 파워 하라스먼트(Power Harassment), 즉 권력 폭행은 얼마나 위험한지 모른다. 권력 폭행이란 직장 상사가 힘과 권력을 믿고 거들먹거리거나 폭언, 폭행을 하는 현상을 말하는 용어다.

인격의 무시와 인신 공격적인 언어, 문제 자체에 대한 논의가 아니라 문제와 관련된 사람의 지성, 성별, 학력 등과 같은 개인적 문제를 공격하는 것을 말한다. "여자는 이래서 안 된다니까." "지방 삼류대 출신이라 어쩔 수 없군." 이런 말들이 상대에게는 폭력이 되고, 그런 말을 들을 때마다 힘이 빠진다. 그러다 어느 날 업무에도 무기력을 느끼게 될 수 있다. 그런 이유로 수많은 신입사원이 회사를 떠난다.

힘을 가진 자의 '권력 폭행'은 사실 매우 위험하다. 권력 폭행의 위험성은 바퀴벌레(cockroach) 같은 곤충 세계에게서도 나타난다. 서열이 높은 바퀴벌레에게 접근하는 부하 바퀴벌레는 자신의 더듬이를 떨어뜨린다. 이는 '이마에 손을 올려 절하는' 자세와 같다고 한다. 부하가 이런 자세를 취하면 서열이 높은 바퀴벌레는 대개의 경우 공격을 중단한다. 그들 간의 본능적 합의이다.

그런데 만일 더듬이를 떨어뜨렸는데도 계속 공격하면 그 부하 바퀴벌레는 죽게 된다. 유잉(Ewing L. S.)이라는 생물학자가 그렇게 죽은 바퀴벌레를 해부해 보았다. 외부 상처는 전혀 없었고 바퀴벌레가 왜 죽었는지 명확히 설명할 생리적 매커니즘이 전혀 확인되지 않았다고 그는 보고했다. 이에 대해 셀리그만은 "계속 패배를 당하면 무기력을 느끼게 되고 깊은 무기력이 죽음을 초래할 수 있으므로 생긴 현상"이라고 설명했다. 이미 항복했으나 계속 공격을 당할 때 무기력을 넘어 수치심까지 체험할 수 있고, 그때 인간이든 동물이든 급격히 위축되며 죽기도 한다.

인간이 만나는 권력 폭행의 가장 극단적인 경우는 군대 내의 폭행이다. 몇 해 전 여름, 군대 내의 가혹행위가 수면 위로 유독 많이 떠올랐던 적이 있다. 내무반에서 왕따를 당하던 관심병사 임 모 병장은 동료를 향해 총을 난사했고, 병사 다섯 명이 숨졌다. 동료와 선임에게 지속적인 괴롭힘을 당하던 윤 모 일병은 집단 구타로 사망에 이르렀다. 윤 모 일병이 속해 있던 28사단의 관심병사 두 명은 휴가 복귀 전날 동반 자살했다.

바퀴벌레 실험에 대한 유잉의 보고서에서 보듯, 서열이 엄격한 군대 내 폭행은 일반 폭행보다도 훨씬 더 치명적일 수 있다. 군대 내의 고참은 통제할 수 없는 대상이다. 하극상도 안 되고, 도망갈 수도 없다. 그런 대상으로부터 무차별 공격을 받게 되면, 바퀴벌레가 그랬듯 절망에 자신의 목숨을 내려놓게 되는 것이다.

선임의 폭행으로 죽은 윤 모 일병은 부검 결과 갈비뼈가 부러지고 내장이 파열되었다고 한다. 하지만 그가 어떤 마음으로 죽음을 맞았을지는 부검으로도 알 수 없다. 폭행으로 죽기 이전에 심리적으로 먼저 수백 수천 번 죽었을지도 모른다. 바퀴벌레조차도 더듬이를 내리면 공격하지 않는다는데, 군대 내에서 바퀴벌레보다 못한 처우를 받은 그의 절망이 어떠했을지 상상해 보라. 마찬가지로 서열이 분명한 직장 내에서 행해지는 권력 폭행과 폭언, 그로 인한 업무 무기력도 매우 위험하다.

그녀의 사인(死因)은
'절망'

●

다음은 허버트 레프커트(Herbert M. Lefcourt) 박사가 보고한 병원에서 실제 있었던 사건이다. 그는 한 정신병원에서 '생의 의지'를 상실함으로써 죽어 간 한 여자 환자 이야기를 논문에 싣고 있다.

그녀는 정신병원에 수용된 후 거의 10년 동안 한마디도 말을 하지 않았다. 이 여자는 3층에 수용되어 있었는데, 장기 환자들 사이에 3층은 '절망의 층'이라고 불리고 있었다. 어느 날 3층 병동 전체를 수리할 일이 생겨 어쩔 수 없이 3층의 환자들이 1층으로 옮겨졌다.

답답하게 막혀 있던 3층과 달리 1층에는 자유가 있었다. 1층 환자들은 거의 대부분 병원 뜰이나 주변 거리로 산책을 나갈 수 있었다. 1층 환자들은 곧 퇴원할지도 모른다는 기대감을 안고 있었으므로 환자들은 1층을 '퇴원 병동'이라 불렀다.

3층 환자들이 1층으로 이송될 때 전원 건강 검진을 받았는데 거의가 다 양호했다. 그녀 또한 건강에 문제가 없었다. 1층으로 이동하자 그녀에게 놀라운 일이 생겼다. 10년간 단 한마디도 하지 않았던 그녀가 말을 하기 시작한 것이다. 늘 혼자 우울하게 있던 그녀가 사람들과 얘기하고 웃는 모습을 보이자 병원 직원들은 매우 놀랐다고 한다.

그렇다고 계속 1층에 머무르게 할 수는 없었다. 공사가 끝난 후, 3층 환자들은 원래 있던 방으로 돌아가야 했다. 그렇게 3층 '절망의 층'으로 되돌아온 후 그녀는 또다시 말없이 무기력하게 침대에 누워 자고 깨고 하는 것을 반복했다. 그러다가 결국 1주일이 지났을 때 죽어 버리고 말았다. 부검 결과 그녀에게는 어떤 병적인 증상도 없었다고 한다. 레프커트는 이 환자의 사인을 '절망'이라고 했다.

자유를 누릴 수 있는 1층 병동이 주는 통제 가능성은 10년 만에 그녀로 하여금 말문을 열게 했다. 하지만 다시 희망 없는 3층으로 돌아왔을 때, 그녀는 통제 불가능한 생활을 계속해야 한다는 사실에 절망했을 것이다. 그리고 그 절망이 그녀를 죽음으로 몰아간 것이다. 이처럼 통제 불가능은 동물이나 사람 모두에게 죽음을 가져올 만큼 무서운 것이다.

이런 이유로 레프커트는 회복 불가능한 환자들이 많은 암 병동이나 백혈병에 걸린 소아 병동, 양로원 등은 환자들에게 일상생활의 많은 면에서 통제 권한을 주어야 한다고 주장했다. 그래서 기상이나 취침 시간을 자유롭게 하거나, 식사 메뉴에서 미역국과 아욱국 중 하나를 고르게 하거나, 커튼 색깔을 파랑색과 노란색 중에서 선택하게 하는 등 사소한 것에 통제력을 발휘할 기회를 주는 것이 환자의 회복에 중요한 인자가 된다. 스스로 통제할 수 있는 환자가 회복도 빠르고 더 오래 살며 더 행복해진다는 것이다.

자포자기의 이유

●

통제 불가능을 다른 말로 하면 '내 능력으로 안 된다'는 것이다. 그리고 자기 능력으로 안 된다는 것을 안 이상 인간은 시도하지 않는다. 무기력이 생기는 원리이다. 히로토의 또 다른 손가락 왕복상자 실험을 통해 그 과정을 확인할 수 있다.

그는 왕복상자 실험을 하기 전 A집단에게는 "실험에서 얼마나 점수를 잘 받을지는 당신의 손가락 기술, 즉 당신의 능력에 달렸다"라고 말해 주었다. 반면 B집단에게는 "당신 점수는 순전히 운이지 능력 때문이 아니다"라고 말해 주었다. 이 실험 결과, 점수가 능력이 아니라 우연에 의한 것이라는 설명을 들었던 B집단이 A집단보다 더 무기력하게 반응한 것으로 나타났다.

A집단은 자신의 능력에 따라 결과가 달라진다고 했으므로 열심히 손가락을 움직이려 했지만, B집단은 능력과 무관하게 우연에 따라 결정된다고 알고 있었기에 굳이 노력하는 수고조차도 하기 싫어한 것이다. 즉 자신의 능력과 무관하다고 판단해 버리면 행위 자체를 하지 않는다는 것이다.

또 다른 실험에서 히로토는 로터(Julian Rotter)의 통제 위치(LOC: Locus of Control) 개념을 무기력 연구에 도입했다. 로터는 자신에게 일어나는 사건의 책임을 어디에 두느냐에 따라 성격 유형을 나눌 수 있다고 보았다. 쉽게 말해 항상 '내 탓을 하는 사람(Internal Locus of Control)'과 항상 '남 탓을 하는 사람(External Locus of Control)'이 있다는 것이다.

전자는 자기가 사건을 통제할 수 있다고 믿고, 후자는 인생에서 일어나는 일은 우연이나 운수에 달린 것으로 개인이 통제할 수 없다고 생각한다. 히로토는 이 두 그룹을 대상으로 손가락 왕복상자 실험을 했다.

그 실험 결과 또한 타인이나 운명에 좌우된다고 생각하는 사람이 더 쉽게 무기력해진다는 것을 보여 주었다. 내 능력과 상관없는, 통제할 수 없는 일이므로 행위를 포기한 것이다. 히로토는 여러 실험을 통해 이와 유사한 결과들을 확인했고, "인간은 자신의 반응이 소음 탈출과 아무 상관이 없다고 생각할 때, 그 소음에서 피하려는 동기 자체가 약화된다"라는 결론을 내렸다. 결국 자기 능력이 통하지 않는다고 생각할 때는 아무것도 시도하지 않게 된다는 것이다.

한편 셀리그만은 해럴드 커랜더(Harold Kurlander) 등과 함께 대학생에게 유명한 죄수의 딜레마(the Prisoner's Dilemma) 게임을 실험하였다. 죄수의 딜레마는 인공지능이나 의사결정 이론의 하나로 서로 협력해 최적의 결과를 내지 않고 자신의 이익만을 추구한 선택이 모두에게 불리한 결과를 유발하는 상황을 의미한다.

예를 들어, 도둑 두 명이 경찰에게 잡혀 따로 심문을 받고 있다. 이들은 서로에게 불리한 증거를 내놓으라고 추궁을 당한다. 모두 침묵하면 가벼운 형량을 받게 되고, 모두 배신하면 각각 10년형을 받게 된다. 둘 중 한 명만 배신하면 배신자는 석방되고 의리를 지킨 도둑은 20년형을 선고받는다.

먼저 세 집단으로 나누어 사전 실험을 했다. A집단에게는 잘 풀 수 있는 변별 문제를 주었다. B집단은 절대로 풀리지 않는 문제를 주었다. C집단은 아무 문제도 주지 않았다. B집단은 문제가 절대로 풀리지 않으므로 할 수 없다는 업무 무기력을 학습했다.

그러고 나서 위의 죄수의 딜레마 문제를 풀라고 주었다. 실험결과는 예상한 그대로였다. 사전 실험에서 해결이 가능한 변별 문제를 받았던 A집단과 아무 문제도 받지 않았던 C집단은 자신의 모든 능력을 동원해 죄수의 딜레마 문제를 풀려고 경쟁 전략을 세웠다. 포기하거나 협조하려는 선택은 하지 않았고, 이기려고 애썼다.

하지만 풀리지 않는 문제를 받아 무기력을 학습했던 B집단은 달랐다. 그들은 죄수 딜레마 문제를 받고 나서 곧바로 포기해 버렸다. 즉, 해도 안되는 문제를 받았던 학생들은 무기력을 학습했기에 더 이상 골치 아픈 문제에 도전하기 싫었던 것이다.

이런 현상은 업무에서 노력해 보지도 않고 포기하는 양상으로 매우 많이 나타난다. 이 실험을 통해 셀리그만은 "통제할 수 없는 사건을 통해 유발된 무기력은 경쟁 의지를 약화시킨다"라는 결론을 내렸다. 일할 때 이런 이유로 상대와의 경쟁을 피하고 될 대로 되라는 식으로 포기하는 증세가 나타날 수 있다.

할 수 없다고 믿으면
진짜 할 수 없다

●

생각이 무기력을 만든다. 즉, 할 수 없다는 생각이 진짜로 할 수 없게 만드는 것이다. 캐롤 드웩(Carol Dweck)과 레푸치(N. D. Reppucci)가 공동으로 실시한 실험이다.

두 명의 교사가 초등학교 5학년생 40명에게 풀 수 있는 문제와 풀 수 없는 문제를 주었다. 교사A는 아이들에게 계속해서 풀 수 있는 쉬운 문제만 주었고, 교사B는 계속 풀 수 없는 어려운 문제만 주었다. 아이들에게 '교사A는 가능한 문제를 주고, 교사B는 불가능한 문제만 준다'라고 학습시키는 것이 목표였다.

일정하게 훈련한 후, 안 풀리던 문제만 연속해서 주던 교사B가 풀 수 있는 문제를 주었다. 그런데 아이들은 그 쉬운 문제를 풀지 못했다. 'B교사는 풀리지 않는 문제만 주더라'라는 학습 결과가 쉬운 문제조차 풀지 못하게 만든 것이다.

그런데 더 충격인 것은 그들이 B교사로부터 받은 문제가 이미 A교사에게서 한 번 받은 적이 있는 것으로, A교사가 줄 때는 잘 풀었던 문제라는 것이다. 즉 이미 풀었던 문제임에도 다른 교사가 출제하자 풀지 못하는 기막힌 일이 벌어진 것이다.

생각이란 이렇게 무서운 것이다. 어려워서 문제를 못 푸는 것이 아니라 풀 수 있음에도 하지 못한다는 생각에 갇혀 풀지 못하는 것이다.

인간은 환경을 구별할 수 있고 자기가 어떤 환경에서는 무기력하고, 무기력하지 않은지 학습할 수 있다. 그래서 한번 좌절한 경험이 있는 환경에 다시 노출되면 그때의 기억이 그를 지배하게 된다.

풀 수 없는 문제만 주던 교사B가 나중에 풀리는 문제를 줘도 못 푸는 것처럼, 적절치 못한 환경에서 무기력을 경험하고 나면 다시 유사 환경에 노출될 때 극복하지 못한다. 할 수 없다는 생각과 하지 못했었다는 생각이 노력을 마비시키고 능력을 막아서, 지레 포기하게 만들기 때문이다.

기억하라. 당신이 할 수 없다고 믿는 동안은 절대로 할 수 없다.

예측할 수 없으면
진짜 무기력해진다

●

이상에서 본 것처럼 통제 불가능은 무기력의 중요한 인자이다. 그런데 통제력을 가장 크게 발휘할 수 있는 자리에 있는 CEO가 무기력을 호소하고, 심하면 자살까지 하는 일이 종종 발생한다. 그 이유가 무엇일까? CEO들은 조직의 꼭대기에 있는 통제자이다. 물론 이들도 국가 권력이나 국제 정세 같은 통제 불가능을 만나지만 대체로 이들이 자주 만나는 환경은 '예측 불가능'이다. CEO들은 예측 불가능, 즉 앞으로 벌어질 일의 추이를 알 수 없으므로 무기력을 호소할 수 있다.

그런데 예측 불가능이 통제 불가능보다 더 위험할 수 있음을 보여 주는 아주 유명한 실험이 있다. 브래디(Joseph V. Brady) 박사가 시행한 '중역 원숭이(Executive monkey) 실험'이다. 8마리의 원숭이를 둘씩 짝을 지어 준다. 한 마리는 중역, 나머지는 사원이 되는데, 8마리 원숭이 중 전기충격에서 벗어나는 버튼을 빨리 누른 똑똑한 4마리가 중역(Control Group)이 되고, 나머지 4마리는 사원(Yoked Group)이 된다.

현실에서 조직의 중역들이 매일 중요한 의사결정을 하듯이, 중역 원숭이들은 전기충격이 오면 버튼을 눌러 이를 멈추어야 한다. 나머지 4마리

사원 원숭이는 중역의 결정에 따라 전기충격을 받을 수도, 받지 않을 수도 있다.

똑똑한 중역과 팀이 된 사원은 전기충격을 피할 수 있을 것이고, 반응 속도가 느리거나 멍하게 있는 중역과 팀이 된 사원은 중역 때문에 전기충격을 받아야 한다. 사원에게는 어떠한 권한도 없다. 즉 사원은 통제 불가능을 경험하고 있는 것이다.

이 실험 후에 4마리의 중역 원숭이가 모두 죽어 버렸다. 사인은 위궤양이었다. 하지만 사원 원숭이 4마리는 위궤양조차 걸리지 않았다고 브래디는 보고했다.

여기서 중요한 사실은 사원 원숭이들은 통제 불가능을 체험했지만 예측 불가능은 몰랐고, 중역 원숭이들은 통제는 가능했으나 언제 전기충격이 올지 모르는 예측 불가능을 체험했다는 것이다. 하나의 실험으로 통제 불가능과 예측 불가능을 동시에 비교할 수 있었다.

이 실험 결과가 말하는 것은 통제 불가능보다 예측 불가능이 더 위험하다는 것이다. 동일한 충격을 주어도 예측할 수 있을 때는 견디기 쉽지만, 예상을 못 하면 그 충격이 훨씬 크다.

사람을 대상으로 이런 결과를 보여 준 실험이 있다. 프라이스(Price)와 기어(Geer)는 대학생들을 대상으로 공포와 전기 피부반응 관계를 실험했다. 대학생들에게 피투성이가 된 시체가 나오는 잔혹한 사진을 여러 장 보여 준 후, 이들 그룹을 예측 가능 집단과 예측 불가능 집단으로 나누었다.

예측 가능 집단은 잔혹한 사진이 나오기 전에 8초간 경고음을 주었다. 즉, 이들은 소리가 나면 시체 사진이 나오고 소리가 없으면 편안한 사진이 나온다는 것을 알고 있는 그룹이다. 하지만 예측 불가능 집단에게는 사전 경고음을 주지 않았다. 이 팀은 언제 시체가 나올지 전혀 예상할 수 없는 것이다.

이 실험에서 예측 가능 집단은 경고음이 울리고 시체 사진이 나오는 동안 전기 피부반응이 높았다. 하지만 다음 경고음이 나올 때까지는 전기 피부반응이 높지 않았다. 경고음과 경고음 사이에는 편안하게 있었다는 이야기다. 반면 예측 불가능 집단은 실험 시간 내내 땀을 흘렸다. 정서반응과 전기 피부반응 측정에서도 안전신호가 없었으므로 공포가 만성적으로 나타났다.

이처럼 예측할 수 없다는 것은 매우 큰 불안과 두려움을 준다. 그래서 환율이나 금리, 경제정책, 세계 정세 등의 변화에 따라 사업 결과가 달라질 수 있는 기업의 관리자들은 선택의 순간마다 극심한 스트레스에 시달리는 것이다.

일관되지 않은 것은 우리를 불안하고 두렵게 한다. 예측할 수 없기 때문이다. 중역 원숭이와 대학생 실험에서 보았듯 예측 불가능은 통제 불가능보다 더 위험할 수 있음을 기억하자.

당신이 회사에서, 일에서 만나는 것은 예측 불가능인가? 통제 불가능인가? 아니면 둘 다인가?

스트레스와 번아웃이
업무 무기력으로

．

하얗게 불태운 당신, 무기력을 조심하라

일중독일수록 무기력에 빠지기 쉽다

과도한 스트레스가 업무 무기력으로

하얗게 불태운 당신,
무기력을 조심하라

●

지금까지 무기력이 생기는 근본적인 원인에 대해 살펴보았다면, 이제는 개인적인 차원에서 업무 무기력을 일으키는 인자들을 살펴보려고 한다. 일반적인 무기력은 내가 통제할 수 없었던 기억이 만드는 학습된 무기력에서 유래한다. 업무 무기력 또한 학습된 무기력에서 올 수 있지만, 대체적으로는 일에서 오는 스트레스와 번아웃 증상이 업무 무기력으로 연장되는 경우가 많다.

번아웃(Burn Out: 탈진 혹은 소진 현상)이란 업무에 지나치게 매달린 나머지 몸과 마음의 에너지를 다 소진해 탈진되는 것을 말한다. 피할 수 없는 압력 하에서 사용할 수 있는 심리적·육체적 에너지나 자원이 없을 때 경험하는 상태로, 1970년대부터 사용된 용어이다. 직업에서 높은 실적과 결과를 요하는 전문가에게 많이 나타난다. 그런데 많은 경우 번아웃 상태가 무기력으로 이어진다.

번아웃은 기본적으로 다음의 7단계를 거쳐 일어난다.

1단계 – 중요시하는 목표가 있다.

2단계 - 그 목표를 달성하겠다는 의욕을 가지고 있다.

3단계 - 목표를 달성할 수 있다는 자신감에 차 있다.

4단계 - 목표를 이루고 나면 그에 합당한 평가를 받을 것이라는 기대도 갖고 있다.

5단계 - 그러한 평가에 부합하는 물질적, 경제적, 사회적 보상이 주어지리라 기대한다.

6단계 - 그런데 그 기대와 어긋나는 일이 발생한다.

7단계 - 자신의 기대대로 되지 않고 목표가 비현실적이었다는 부정적인 생각을 한다.

이러한 일련의 과정을 거치며 나타나는 번아웃의 초기 증상은 일의 효율과 업무 지속력 저하로 나타난다. 그것이 계속되면 피로, 체중 증가나 감소, 소화 장애, 수면 곤란 등의 신체 증상이 수반되고, 분노나 불안이 증가하거나 자기 조절력도 줄어든다.

그러다 번아웃 상태가 심해지면 일의 생산성이 완전히 떨어지고, 자신에 대한 의심이 주변 사람과 사회, 국가로 확대된다. 고지식한 면이 강해지거나 사고방식이 경직되고, 매사에 부정적이고 냉소적으로 변한다. 심한 경우는 술이나 안정제로 번아웃 증상을 잊으려 한다. 그런데 번아웃은 업무 무기력 증상과 유사해 보일 때가 많다. 둘이 연결되어 있기 때문이다.

번아웃에 빠진 사람들이 호소하는 증상들은 다음과 같다. 당신에게 해당되는 증상은 몇 개나 있는지 체크해 보자.

01 - 하는 일이 부질없어 보이고 진이 다 빠진 것 같다. ( )

02 - 도저히 일을 끝낼 수 없을 것 같다. ( )

03 - 압박감을 느끼며 좀처럼 마음이 놓이지 않고 집중하지 못한다. ( )

04 - 맡은 업무의 질적 수준이 점점 하락한다. ( )

05 - 일에 겉도는 느낌이 들고 싫증이 나고 불안과 초조를 느낀다. ( )

06 - 기력이 없고 쇠약해진 느낌이다. ( )

07 - 쉽게 짜증과 화가 나고 말로 표현하기 힘든 감정 상태를 자주 느낀다. ( )

08 - 일할 수 없음에도 역설적으로 일을 더 열심히 하려는 태도를 보이기도 한다. ( )

09 - 직장에서 강렬하게 일에 대한 의욕을 보이다가 이내 시들해지기도 한다. ( )

10 - 무엇이든 할 수 있을 것 같지만 일순간에 그런 느낌이 무너지기도 한다. ( )

11 - 감기, 요통, 두통과 같은 만성적인 신체질환이 나타난다. ( )

12 - 갈피를 못 잡고 좀체 적응하지 못한다는 느낌이 든다. ( )

13 - 신체 징후: 두통, 요통, 근육통, 관절통 등의 통증과 수면 장애, 식욕 조절 장애, 소화 장애 등 신체 곳곳에 문제가 나타난다. ( )

14 - 정서적 징후: 갑자기 눈물이 나기도 하고 히스테리, 불안, 흥분, 슬픔, 불편하고 거북한 느낌이 든다. ( )

15 - 인지적 징후: 집중력 저하, 잦은 실수, 의사결정 시 논리적 사고의 부족을 느낀다. ( )

일중독일수록
무기력에 빠지기 쉽다

●

　스트레스를 적게 받고 일도 즐겁게 하려 노력하지만, 직장을 다니다 보면 자신도 모르게 번아웃 되기가 쉬운 것이 현실이다. 성과 중심의 자본주의 사회에서 기업은 직원들에게 생산성을 높이고, 최대한 많은 성과를 내라고 요구한다. 그런 요구에 답하지 못하면 경쟁에서 낙오되어 승진은 늦어지고, 언젠가 구조조정의 대상이 될 것이므로 전력 질주를 할 수밖에 없다. 그러다 어느 날 타이어가 마모되어 뻥하고 터져 버리듯 일할 수 없는 상태가 된 자신을 발견하게 된다. 내 안의 에너지가 모두 소진되고 나면 남는 것은 공허함뿐, 겉으로는 멀쩡해 보여도 속은 다 타버리고 재만 남았을지도 모른다.

　지금 붙들고 있는 일이 좀처럼 끝날 기미가 보이지 않을 때도 심리적 탈진 상태를 느낄 수 있다. 겉으로는 티 내지 않고 열심히 노력해 끝내려 하지만, 얼마 안 가 지치고 만다. 해도 해도 끝나지 않을 것 같아 갈수록 진이 빠진다. 이렇게 번아웃 되었다고 느끼면 점점 일할 의욕이 사라지고 업무 무기력으로 빠져들 수 있다.

　이런 이유로 강박증을 가진 일중독자들이나 완벽주의자들이 오히려 업무 무기력을 호소할 수 있다. 일 잘하는 그들이 무기력하다니 역설적이다. 능력을 발휘할 수 없어 무기력해진 사람도 있지만, 반면 자신의 일을 사명으로 알고 일에 매몰되어 살던 일중독자도 무기력에 빠질 수 있다는 이야기다.

야근에 주말 근무까지 하며 밤낮 없이 일한 결과, 조직에서 승승장구하고 성공적인 관리자가 된 사람도 그로 인해 건강에 적신호가 오거나 가족관계가 삐걱거리면 일에 대한 회의감이 들 수 있다. 워커홀릭들은 일사불란하게 정력적으로 일하고 경쟁심이 강하다. 집에 없을 때가 더 많고 자신의 모든 것을 바쳐서라도 가장 늦게까지, 가장 헌신적으로 일하는 사람이다. 그래서 누구보다 빨리 출세가도를 달리지만, 어느 날 더 이상 자신이 어찌할 수 없는 통제 불가능을 만나면 갑자기 번아웃 증상을 겪으며 무기력하게 변하기도 하는 것이다. 그래서 일중독자가 무기력에 빠질 가능성이 더 크다.

물론 일중독자와 진짜 일을 사랑하는 사람은 구분되어야 한다. 워커홀릭의 경우 일을 좋아한다기보다는 일 이외의 다른 생활로 타인의 인정이나 존경을 받을 수 없다고 판단해 일에 집착하는 경우가 많다고 임상심리학자들은 말한다. 또 타인과의 경쟁에서 이기기 위해, 혹은 다른 문제에서 도피하기 위해 일에 매달리는 사람도 있다. 그들 역시 어느 날 더 이상 일할 수 없는 지경에 이를 수 있다.

결국 성공 수단, 현실도피 대안 등으로 일이 선택된 경우, 죽도록 일만 하다가 어느 날 업무 무기력에 빠질 수 있다는 이야기다. 일 자체가 즐거워서 할 때만 업무 무기력에서 자유로울 수 있다.

다음은 매클레인(A. A. McLean)이 제시한 일중독자 확인 리스트이다. 몇 개나 자신에게 해당되는지 체크해 보기 바란다.

01 - 배우자나 친구와 대화하는 시간보다 직장에서 동료나 비서와 얘기하는 시간이 더 많다. ( )

02 - 언제나 약속을 정확히 지킨다. ( )

03 - 일요일 오후보다 토요일에 긴장을 더 잘 푸는 편이다. ( )

04 - 빈둥거리며 놀 때보다 생산적인 일을 할 때가 더 편안하다. ( )

05 - 취미 생활을 신중하게 계획하는 편이다. ( )

06 - 배우자나 친구가 기다리게 했을 때 화를 잘 낸다. ( )

07 - 골프를 할 때 주로 업무와 연결되어 있다. 또는 대부분의 오락이 업무의 연장선에 있다. ( )

08 - 배우자나 친구가 당신을 일중독이라고 말한다. ( )

09 - 테니스나 골프 등 구기 운동을 할 때나 그것을 구경할 때 공이 상사 얼굴로 보인다. ( )

10 - 당신의 업무는 대체로 대인관계 접촉을 위한 것이다. ( )

11 - 시간이 촉박하더라도 의사결정 전에 상황을 충분히 파악할 별도의 시간을 갖는 편이다. ( )

12 - 여행을 할 때 사전에 모든 것을 계획하고 그대로 진행되지 않으면 불안하다. ( )

13 - 모임이나 파티에서 말하기를 좋아한다. ( )

14 - 친구들 대부분이 같은 직종에 종사한다. ( )

15 - 가정에 우환이 있을 때 일이 잘되지 않는 편이다. ( )

16 - 읽는 책은 대부분 업무와 연관이 있다. ( )

17 – 동료들보다 더 늦게까지 일을 한다. (　)

18 – 사석에서도 업무 이야기를 자주 하는 편이다. (　)

19 – 사업이나 일 문제로 밤에 자주 깨고 잠들지 못한다. (　)

20 – 꿈을 꿀 때 직업과 관련된 갈등 문제가 나타난다. (　)

21 – 열심히 일하는 만큼 노는 것도 열심히 한다. (　)

22 – 휴가지에서도 일 걱정에 안절부절못한다. (　)

23 – 당신이 가정주부라면 주말에 음식 준비로 대부분의 시간을 사용한
다. (　)

일반적인 무기력과 달리 업무 무기력은 일에서 오는 스트레스나 번아웃 증상이 원인이 될 때가 많다. 그리고 이러한 번아웃은 일중독자나 완벽주의자, 강박 성향의 사람에게 많이 나타난다. 따라서 자신이 이런 성향이라고 판단되면 업무 무기력에 매우 주의해야 한다.

과도한 스트레스가
업무 무기력으로

●

일할 때 스트레스가 없는 사람은 없다. 일이 잘되면 성취감과 유능감을 느끼지만, 일이 막히거나 힘들 때는 누구나 스트레스를 받는다. 스트레스의 의학적 진단은 '적응하기 어려운 환경이나 조건에 처할 때 느끼는 심리적, 신체적 긴장 상태'이다.

우리가 살면서 부딪히는 다양한 자극이나 사건들 자체가 스트레스 요인이 된다. 생물학적, 생리학적, 정서적, 심리적 항상성(Homeostasis)이 붕괴될 때도 스트레스가 유발된다. 즉 육체적이든 심리적이든 환경이든 이전과 달라지면 스트레스가 된다는 말이다. 마음에서도 스트레스가 생겨날 수 있는데 욕구 불만이나 갈등, 압박감 등이 주요 요인이다.

그렇다면 특별히 업무에서 스트레스가 생기는 이유가 있을까? 우선, 과제 자체가 스트레스를 줄 수 있다. 일이 너무 어렵고 복잡하거나 오래 걸릴 때 스트레스가 생긴다. 지루하게 반복되는 과업을 수행하는 경우, 너무 단조로워 흥미와 도전 의식을 떨어질 때도 일이 스트레스가 된다.

또한 역할 갈등(Role Conflict)도 업무 스트레스의 원인이 된다. 역할 갈등은 그 일이 자신에게 맞는지 고민할 때나 두 개 이상의 역할을 가진 사람이 상반된 기대에 부응할 수 없을 때 일어난다. 예를 들어 워킹맘의 경우 직장인과 엄마, 주부의 역할 사이에서 일어나는 역할 간의 갈등이 스트레스로 작용할 수 있다. 두 개의 프로젝트를 동시에 진행해야 할 때 A를 하면서는 B 걱정, B를 할 때는 또 A를 걱정하는 식으로 스트레스를 받은 적이 있을 것이다.

마지막으로 일을 할 때 본인의 역할 수행에 필요한 정보가 없거나 다른 부서에서 자료를 전달받지 못하는 경우가 있다. 이런 때는 역할의 모호함(Role Ambiguity)이 업무 스트레스를 준다. 제품 기획만 하는 것으로 알고 입사했는데, 행정 업무까지 처리해야 한다면 스트레스를 받을 수밖에 없을 것이다.

문제는 일에서 스트레스가 생기면 번아웃으로 변할 수 있고, 그것이 다시 업무 무기력으로 악화될 수 있다는 것이다. 캐나다 스트레스 연구소의 소니아 루피엥(Sonia Lupien) 소장은 "우리가 나약해서가 아니라 우리 몸이 고장 나면 업무 기력이 소진된다"라고 말한다.

스트레스로 인해 신체에 이상이 오면 인지 방식도 부정적으로 바뀌어 왜곡된 시선으로 상황을 바라보게 만들고, 이를 벗어나는 방안에 대해서도 잘못된 판단을 하게 만든다. 그러한 악순환의 고리가 이어지다 보면, 업무 기력이 소진되고 마는 것이다.

스트레스가 많아져 번아웃 되는 첫 번째 신호는 기력이 떨어지는 느낌이다. 이와 함께 짜증이 늘고 화가 나는 등 정서적인 변화가 수반된다고 사빈 바타유(Sabine Bataille)는 말한다. 그런 상황이 계속되면 일에 관심이 줄어들면서 무기력 상태가 고착되고, 급기야 모든 것이 지루해지면서 냉소적인 태도를 보이게 된다.

1단계	스트레스 단계	업무 부담으로 스트레스 시작	• 일에서 스트레스가 생김 • 정신적인 부담 증가 • 출장 등 업무 증가 • 다른 부분에 신경 쓸 여력이 없어지는 고립 초래
2단계	번아웃 단계	스트레스가 번아웃으로 확대	• 일이 많은데 업무는 계속 과중 • 일이 난입해 들어온다는 느낌 • 들어오는 일을 통제할 수 없음 • 목표한 성과에 이를 수 없을 것 같은 회의감 • 죄의식→부정적인 생각→짜증→과민 상태 반복
3단계	업무 무기력 단계	번아웃이 업무 무기력으로 변질	• 가족과 보내는 시간, 여가 시간이 감소 • 자기 폐쇄적인 증상이 나타나고 혼자 고립되 려 함 • 자신의 자질과 능력에 대한 의심이 듦 • 일할 의욕 상실 • 불안, 슬픔, 분노 같은 부정 감정이 나타남 • 역량이 줄어든 것 같은 회의감 • 업무 부담감 과중 • '될 대로 되라'는 마음도 생김 • 회사도 때려치우고 아무것도 하기 싫어짐

TIP 스트레스는 무조건 나쁜 것이다?

스트레스가 반드시 업무 무기력을 낳는 것은 아니다. 적절한 스트레스
는 오히려 일의 생산성을 높여 준다. 이에 대한 설명이 '역U자형 가설'이
다. 건강과 일의 생산성이 스트레스 정도와 역U자 관계에 있다는 이론
이다.

아래 그래프에서 A지점은 스트레스가 적당하여 일도 잘되고 컨디션도
최고로 좋은 상태를 나타낸다. B지점은 스트레스가 다소 높아진 지점으

로 초조, 불안, 긴장, 혼란, 사고, 두통, 위통, 요통, 우울증 등이 나타날 수 있다. 그러다가 C지점에 오면 스트레스가 너무 높아져서 장애가 일어난다. 일의 생산성 저하는 물론 위장 장애, 고혈압 등 각종 질병에 노출될 수 있다.

그런데 스트레스가 전혀 없는 왼쪽 지점도 건강이나 생산성은 바닥으로 떨어진다. 결국 적당한 스트레스를 유지하는 것이 건강과 생산성을 높이는 길임을 알 수 있다.

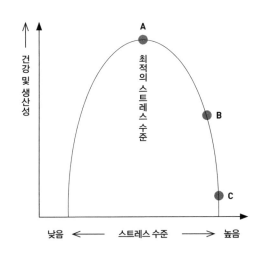

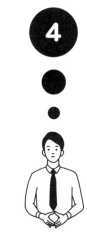

업무 무기력을 만드는
다른 요인들

·

의존적인 성향과 강박적인 성격이 무기력을 부른다

슬럼프가 길면 무기력해진다

창의적인 일이 주는 특별한 무기력

의존적인 성향과 강박적인 성격이
무기력을 부른다

●

의존적인 성격을 가진 사람은 상대에게 의존하나 상대의 태도를 자신이 예상하기 힘들어 예측 불가능을 많이 겪는다. 반면에 강박적인 성격을 가진 사람은 내가 다 해야 한다는 생각 때문에 언젠가 자신의 힘으로 다할 수 없는 통제 불가능을 느낄 수 있다. 그래서 의존성과 강박성은 무기력에 노출되기 쉬운 성격이다.

그런데 업무 무기력은 특별히 강박성과 더 깊은 연관이 있다. 강박 성향이 일중독을 만들고 그것이 번아웃을 일으킬 수 있기 때문이다. 강박적인 성격을 가진 사람일수록 일을 잘해야 한다는 생각과 타인의 힘을 빌리지 않고 혼자 해내려는 성향이 강하다. 그래서 컨디션이 좋을 때는 생산성도 높고 성과도 잘 낸다. 하지만 어려움이 닥쳤을 때는 더 이상 혼자서 그 일을 할 수 없는 상황인데도 이를 인정하기 싫어한다. 기존의 방법을 고수하다 업무 무기력을 만나 좌절하는 것이다. 능력자처럼 보이는 사람이 혼자 있을 땐 축 늘어져 무기력을 느끼는 것도 유사한 이유에서다.

완벽주의에 강박적 성격은 업무 무기력에 매우 취약하다. 따라서 이런 특성을 가진 사람들은 더욱 깊은 자기 성찰과 진단이 필요하다.

슬럼프가 길면
무기력해진다

●

    목표를 세우고 그것을 이루려 할 때 처음에는 일이 순조롭게 잘 진척된다. 그러다 어느 정도 진행되면 더 이상 진척되지 않고 답보할 때가 있다. 이같이 진보가 멈추어진 상태를 슬럼프라 한다. 심리학에서는 이런 현상을 '고원 현상(Plateau)'이라 한다.

    고원은 해발고도가 높은 지대에 있는 평평하고 넓은 땅을 말한다. 이런 고원이 일에서도 나타난다. 일이든 공부든 초보일 때는 수준 향상이 빠르다. 그러나 어느 순간이 되면 더 이상 진척이 없는 고원 상태를 만나게 되고, 그때 우리는 능력의 한계를 느끼고 좌절한다. 이러한 고원 상태를 오래도록 벗어나지 못하면 업무 무기력이 고착될 수 있다.

    하지만 고원 상태를 만난다는 것은 자신이 하던 일이 어느 정도 수준에 올라갔다는 반증이기도 하다. 운동선수가 한계를 만났을 때 그 단계를 넘어서야 기록 단축이 일어나듯, 우리도 학습이나 업무에서 고원을 만나면 무슨 수를 써서라도 빠져나와야 한다. 그리고 그때 우리는 한 단계 성장할 수 있다. 이후 또 얼마간은 진도가 잘 나가다 또 다시 2차 고원을 만날 수 있다. 그렇게 계단식으로 수준이 올라가는 것이다.

따라서 슬럼프라고 느낄 때는 내가 이를 수 있는 최고의 수준인 고원에 도달했다고 자각하길 바란다. 그리고 그 고원을 넘어 다음 산으로 오를 준비를 하자. 그런 마음으로 자신과 싸우는 사람은 업무 무기력을 느낄 여유도, 이유도 없다. 아직 넘어야 할 높은 산이 많이 남아 있기 때문이다.

무기력을 만드는 또 다른 이상 증상으로 '프리젠티즘(Presenteeism)'이라는 것이 있다. '몸은 여기 있지만 마음은 콩밭에 가 있는 현상'에 대한 심리학적 용어이다. 회사에 출근은 했지만 질병이나 컨디션 난조, 스트레스 등으로 인해 머리가 다른 생각으로 가득 차 업무 성과가 저조한 현상을 이른다.

무기력이나 우울증에 시달릴 때 나타나는 지남력 장애처럼, 일의 방향성을 상실하기도 한다. 할 일은 많은데 무엇을 어떻게 해야 할지 갈피를 잡지 못하는 것이다. 좀처럼 집중이 안 되고, 자신과 외부 환경이 분리된 느낌을 받는다. 어디론가 떠나고 싶고, 지금 여기에서 무엇을 할지 도저히 알 수 없는 느낌이다.

창의적인 일이 주는
특별한 무기력

●

　앞서 지루하게 반복되는 일이 스트레스를 유발해 무기력의 원인이 될 수 있다고 했는데, 아이러니하게도 탁월하고 창의적인 일을 해내는 과정에서도 무기력을 만날 수 있다. 창의적인 일은 하루아침에 완성되지 않기 때문에 그 일을 하는 도중 정체기를 만나 극심한 무기력이나 자괴감에 빠질 수 있다.

　한스 셀리(Hans Seyle)는 일이 마음대로 되지 않아 스트레스가 되면 업무 무력감이 생기고 우울증으로 변한다고 했다. 일이 잘되지 않아 우울증에 시달리다 자살하는 천재도 많다. 앞에서 본 헤밍웨이뿐 아니라 뒤에서 만날 고흐도 총으로 자살했고, 발레리노 니진스키는 정신병동에 30년간 수용되어 있다가 거기서 죽었다. 우울증 환자였던 버지니아 울프는 여러 차례 자살 시도 끝에 결국 자살에 성공했다. 예술가들뿐 아니라 대중 스타, 정치가, 대기업 CEO나 고위 공무원들도 복잡하게 얽힌 문제들을 풀지 못할 때 죽음으로 의사 표시를 한다.

　최고의 멕시코 여성 화가 프리다 칼로는 47세에 "나의 이 외출이 행복하기를, 다시는 돌아오지 않기를"이란 마지막 글을 남기고 자살했고, 일본의 국민시인 이시카와 다쿠보쿠는 죽을 사(死) 자를 모래판에 1백 번을 쓰고 자살했으며, 그리스의 사상가 엠페도클레스(Empedocles)는 자기를 따르는 사람들에게 자신이 신이라는 점을 확신시키기 위해 에트나 화산 꼭대기 분화구 속에 몸을 던졌다.

이들 말고도 얼마나 많은 예술가, 사상가, 철학자, 기업인, 정치가가 자살로 인생을 끝냈는지 모른다. 이 특별한 사람들의 죽음 이면에는 일을 제대로 하지 못한다는 업무 무기력이 만든 우울증이 있을 수 있다. 그런데 이들이 만나는 업무 무기력은 창의적인 일이 주는 특별한 무기력이다. 무능해서 무기력한 게 아니라 더 좋은 것을 만들기 위해 무기력 기간을 통과하는 것이다.

창의적이고 탁월한 것을 만들어 내기 위해서는 지루한 자기와의 투쟁 과정을 거쳐야 한다. 미하이 칙센미하이는 창조 과정이 지루한 이유에 대해 창조가 직선형이 아니라 순환적으로 일어나기 때문이라고 설명한다.

칙센미하이는 새로운 것을 창조할 때 준비-잠복-깨달음-평가-완성이라는 다섯 단계를 지나야 한다고 했다. 게다가 이 5단계는 단숨에 거칠 수도 없고, 한번 지났다고 작품이 완성되는 것도 아니라 했다. 창조자는 창조의 5단계를 반복하면서 더 나은 작품을 만들어 내고, 그 과정이 계속 순환되기 때문에 창조적인 활동을 순환적이라고 한 것이다.

우리 역시 새로운 무언가를 만들기 위해서는 오랫동안 생산성 제로의 시간을 통과해야 한다. 창조의 5단계 중 어디쯤 있는 것이다. 생산성 제로인 준비나 잠복기에는 누구나 업무 무기력을 심하게 느끼며 "예전엔 그리 잘되던 일이 지금은 왜 이렇게 안 되지?" 하며 깊은 자괴감에 시달릴 수 있다.

하지만 세 번째 단계인 깨달음에 이르면 엄청난 기쁨이 찾아온다. 그 기쁨을 만나기 위해서는 긴 시간 무기력과 우울, 자괴감으로 괴로워해야 한다. 그 시간을 견디고 깨달음의 단계로 나아가는 사람은 매우 적고, 또 평가를 거쳐 최종 완성에까지 이르는 경우는 더욱 드물다. 그래서 탁월한 작품을 만들어 내기가 그렇게 어려운 것이다. 레오나르도 다빈치 같은 천재도 깨달음 수준에서 끝난 습작품을 얼마나 많이 남겼는지 기억하자.

그러므로 새로운 일을 추진하다 업무 무기력이란 암초를 만나게 되면, '난 안 돼, 할 수 없을 거야'라는 부정적인 인지와 감정에 빠지기보다는 '지금 훌륭한 작품을 만들려고 그러는 것'이라고 생각하자. 쓰레기를 만들면서 무기력하다는 사람은 없다. 무기력은 창조적인 것을 만들 때 나타난다.

어느 95세 노인의 후회

나는 젊었을 때 정말 열심히 근무했습니다.

그 결과 나는 실력을 인정받았고 존경을 받았습니다.

그렇게 65세 때 당당히 정년퇴직을 할 수 있었죠.

그런데 30년 후인 95세 생일 때 얼마나 후회의 눈물을 흘렸는지 모릅니다.

내 65년간의 생은 자랑스럽고 떳떳했지만 퇴직 후 30년간은 부끄럽고 후회 막심인 삶이었습니다.

왜냐하면 나는 퇴직할 때 '이제 다 살았다. 남은 생은 그냥 덤으로 주어진 것이다'라고 생각했고, 그저 고통 없이 죽기 바랐습니다.

그러나 세월이 흐르고 결국 덧없고 희망 없는 삶으로 무려 30년이나 무의미하게 살았습니다.

30년 세월은 지금 내 나이 95세로 보면 자그마치 내 인생의 3분의 1이나 되는 기나긴 시간이었습니다.

만일 내가 퇴직을 할 때 앞으로 30년을 더 살 수 있다고 생각했다면 난 정말 그렇게 살지는 않았을 겁니다.

퇴직하던 그때 나 스스로 늙었다고, 뭔가를 시작하기엔 너무 늦었다고 생각했던 것이 큰 잘못이었습니다.

나는 지금 95세이지만 정신이 또렷합니다.

혹시 앞으로 10년이나 20년을 더 살지도 모릅니다.

이제 나는 내가 하고 싶었던 어학 공부를 시작하려 합니다.

그 이유는 단 한 가지,

10년 후 맞이하게 될 105번째 생일 때, 왜 95세 때 아무것도 시작하지 않았는지 후회하지 않기 위해서입니다.

2008년 8월 14일자 《동아일보》에 실린 95세 노인의 일기이다. 벌써 9년 전의 이야기이니 살아 계신다면 지금 104세쯤 되실 것이다. 지금은 돌아가셨을지도 모르는 이분의 일기에 정신이 번쩍 들지 않는가? 당신도 95세에 이분과 같은 후회를 할 수 있다.

지금 당신이 몇 살이든 인생 전체를 한번 돌아보라. 그대로 가도 될 것 같은가? 아님 혁명이 필요한가? 당신은 이미 그 답을 알아챘을 것이다.

PART 03

무기력의 늪에서
벗어나기 위한
통합적 마음 관리법

"일이 없다면 모든 인생은 부패한다. 그렇지만 일에 영혼이 없다면 인생이
질식사한다."

– 알베르 카뮈(Albert Camus)

앞에서 보았듯 업무 무기력은 무기력이 업무나 과업에 나타나 의욕과
힘을 잃고 일을 할 수 없게 되어 버리는 것을 의미한다. 일반적인 무기력
과 마찬가지로 업무 무기력 또한 원인이 되는 동기, 인지, 정서, 행동의 문
제를 하나씩 해결해야 마음이 총체적으로 움직여서 일할 수 있게 된다.

업무 무기력에서 일어나는 첫 번째 문제인 동기 장애는 "왜 일을 해야
하는지 모르겠다", "일할 의욕이 없다", "무슨 일을 해야 할지 모르겠다",
"이 일을 끝까지 해야 할까?" 등과 같은 왜곡을 일으킨다. 이 상태를 이기
기 위해서는 심리학자 빅터 프랭클(Viktor Frankl)이 만들어 낸 로고 테라
피(Logo Therapy)가 추구하는 '삶의 의미'를 찾아야 한다고 전작《문제는
무기력이다》에서 이야기한 바 있다.

포로수용소와 같은 최악의 환경에서도 삶의 의미를 찾으면 살아야 할
이유와 힘을 만들어 낼 수 있다고 빅터 프랭클은 말하고 있다. 일에서 생

기는 동기 왜곡에서 벗어나려면 '일의 의미'와 '일해야 할 이유'를 찾는 것이 우선이다. 그런데 내가 하는 일이 중요한 의미를 가지려면, 그 일이 '소명'이라는 확신이 있어야 한다. 소명을 찾게 되면 그 일이 나의 '천직'이 된다. 일이 천직일 때 외부의 어떤 혼란에도 흔들리지 않고 일을 계속 해낼 수 있다. 따라서 현재의 업무 무기력을 떨치기 위해 동기에서 찾을 것은 일의 의미→소명→천직이다.

업무 무기력이 만드는 두 번째 장애인 인지 왜곡은 인간이 지니고 있는 사고의 틀과 관계된다. 일을 해낼 자신이 없고 심하면 자책감과 죄의식, 열등감까지 만들어 내는 장소가 인지이다. 그래서 "나는 이 일을 끝낼 수 없을 거야", "해봐야 좋은 성과도 없을 거야", "힘들게 완성해도 팀장 선에서 잘리겠지" 등의 왜곡이 일어나고 심하면 열등감으로 이어질 수 있다. 그러므로 이때 필요한 것은 일을 해낼 수 있다는 자신감이다.

일반적인 무기력이 만드는 인지 왜곡의 경우는 자존감 회복이 우선이다. 그리고 이것이 일과 연결될 경우에는 자신감 획득, 즉 자신은 그 일을 해낼 수 있고, 나아가 잘할 수도 있다는 스스로에 대한 믿음이 문제 해결의 열쇠가 된다. 그러므로 업무에서의 인지 장애를 떨치려면 자신감 획득을 목표로 하면 된다.

세 번째 문제인 정서 장애는 마음의 장애들이 만들어 내는 결과이다. '뭘 해야 할지 모르겠다'는 동기와 '해도 안 된다'는 인지의 장애가 결합되어 만들어 내는 감정의 복합적 결과다. 그래서 불안하고 초조하다. 죄책감과 수치심에 슬프기도 하고 화도 난다. 이 모든 것이 통합되어 무기력한 사람은 늘 '기분 나쁜 상태'를 경험한다. 일이 안 되고 일할 이유도 없고 일의 결과에 자신도 없고, 행동도 하지 않지만 그렇다고 포기도 할 수 없는데 어떻게 기분이 좋을 수 있겠는가? 일을 할 때의 정서는 '평화'가 가장 좋다. 일이 순조롭게 진행되어 갈 때는 당연히 일이 주는 즐거움도 나타난다. 그리고 일의 성과가 좋을 때는 유능감을 느끼며 그 기쁨이 몇 배로 커진다. 이러한 감정은 자신감을 강화시켜 준다.

이 세 가지, 동기·정서·인지의 왜곡이 결합되어 일하지 않고, 일하기 싫고, 하다가 말다가 하는 식의 행동 장애를 일으킨다. 동기·정서·인지가 행동을 만들어 낸다는 인식은 플라톤과 같은 관점이다. 플라톤은 "인간의 행동은 세 가지 원천인 욕망, 감정, 지식에서 생겨난다"라고 했다. 이를 다른 용어로 표현하면 욕망은 동기, 감정은 정서, 지식은 인지로 연결될 수 있다. 행동해야 한다고 생각해 무조건 시작했지만, 마음의 다른 성분이 받쳐 주지 않을 때 그 행위가 용두사미 식으로 사라지는 것을 우리는 얼마나 자주 겪었는가. 그래서 업무에서의 행동 역시 동기, 정서, 인지가 협동할 때 쉽게 시작하고 끝까지 유지할 수 있다.

다만 행동 그 자체로 행동을 이끄는 방법이 하나 있기는 하다. '반복'이다. 수없이 반복해 그 일에 숙련되고, 습관이 되면 하지 않을 수 없게 된다. 그러나 의미 없는 일을 습관으로 만든다면 인생을 낭비하게 되고, 나쁜 행위가 습관이 되면 끊기가 무척 어렵다. 도박이나 알콜 중독, SNS나 게임 중독 같은 것이 얼마나 우리의 시간과 에너지를 많이 앗아 가는지는 말하지 않아도 알 것이다.

따라서 아무 일이나 해서는 안 된다. 신중하게 나의 동기와 인지, 정서가 중요하다고 합의한 일을 반복하여 그 행동에 숙달하게 되면, 거기서 유능감을 찾고 습관이 되게 하여 스스로 일할 수 있는 자발성을 갖는 것이 업무 무기력을 이기는 방법이다.

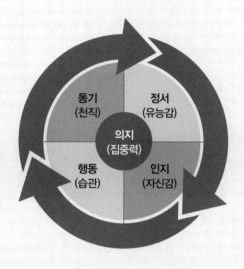

동기, 인지, 정서, 행동이라는 네 성분이 무기력을 이길 수 있는 마음의
엔진이다. 그런데 여기에 한 가지를 더 추가하겠다. 바로 의지다.

의지는 마음의 요소이지만 지금까지는 개인의 문제로 간주되어 상대
적으로 심리학적 연구가 적었던 영역이었다. 그래서 동기심리학이나 인
지심리학, 정서심리학, 행동심리학이 각각 심리학의 한 파트를 차지하는
동안, 의지심리학은 용어조차 생겨나지 않았다. 하지만 무기력을 극복한
후에 생길 수 있는 게으름이나 회피, 미루기 같은 내적 저항을 이기고 우
리 마음을 단단히 하기 위해서는 미리 의지 훈련을 해두는 것이 좋다.

또 업무 무기력 증상을 호소하는 사람의 경우 집중이 잘되지 않을 수 있
는데, 일을 하는 데 있어 가장 중요한 집중력도 의지가 만들어 낼 수 있다.
의지는 일의 시작부터 끝까지 그 일을 완수할 수 있는 집중력을 유지하는
장소이므로 과업 달성에 가장 중요한 엔진이다. 마음의 다섯 번째 성분인
의지가 동기, 정서, 인지, 행동을 끌고 간다고 생각하자. 그렇게 마음의 다

섯 가지 성분이 제대로 돌아가면 일이든 공부든 잘해낼 수 있다.

그런데 현대 심리학에서 밝혀낸 이런 마음의 원리를 이미 오래전에 이야기한 사람이 있다. 철학자 아리스토텔레스이다. 그는 일을 탁월하게 해낼 수 있는 힘을 '실천적 지혜'라고 하며, 실천적 지혜를 가진다는 것은 "상황을 '인지'하고 적절한 '감정'이나 '바람'을 품고 상황에 맞게 '고민'하며 마지막으로 '행동'으로 옮기는 능력에 달렸다"라고 정의했다.

여기서 '바람'을 동기, '감정'을 정서, '고민'을 의지로 연결할 수 있다. 그러면 아리스토텔레스가 말한 실천적 지혜 속에 마음의 5요소인 동기, 정서, 인지, 행동, 의지가 모두 들어 있음을 볼 수 있다. 따라서 당신 마음의 5요소를 강화할 때 실천적 지혜가 찾아온다고 믿어도 좋다. 나를 믿지는 못해도 아리스토텔레스는 믿을 수 있을 것이다. 마음의 5요소는 실천적 지혜를 강화해 일의 실천력, 즉 업무 기력을 회복하는 기본이자 핵심 성분이 될 수 있다.

나는 전작 《문제는 저항력이다》에서 이 5가지 요소를 마음을 움직이는 힘이 나오는 엔진으로 보고 약자를 따서 뮤카(MEWCA: Motivation, Emotion, Will, Cognition, Action)라고 부른 바 있다. 이 뮤카 엔진은 마틴 셀리그만이 말한 행복과 웰빙의 조건인 퍼마(PERMA: Positive Emotion, Engagement, Relationship, Meaning, Accomplishment)와 하나씩 연결된다. 동기, 정서, 인지, 행동이라는 5가지 엔진을 잘 사용하면 일을 탁월하게 해내고 인생을 성공적으로 이끌어 갈 수 있다.

동기:
당신의 천직을 찾아라

·

"인생에서 원하는 것을 얻기 위한 첫 번째 단계는 내가 무엇을 원하는지 결정하는 것이다."

– 벤 스타인(Ben Stein)

동기(Motivation)는 일할 의미와 이유, 의욕을 만들어 내는 첫 번째 마음의 엔진이다. 그런데 일을 하면서도 왜 일해야 하는지, 어째서 다른 일이 아닌 이 일이어야 하는지 확신이 없는 사람이 많다. 내가 하는 일에 의심이 들면, 그 일에 몰입할 수 없고 당연히 잘해낼 수 없다. 앞서 말했지만 동기는 일의 의미를 찾아야 만들어지고, 일의 의미는 그 일에 소명이 있고 천직이라고 느낄 때 강하게 느낄 수 있다. 천직이라고 생각되는 일이라면 그 어떤 상황에서도 해내려고 할 것이다.

지금 당신이 하고 있는 일은 어떤 의미가 있는가? 그 일에 명확한 소명이 있고, 그래서 당신의 천직이라고 느끼는가? 지금의 일을 천직이라고 느끼지 못할지 모른다. 하지만 당신이 하는 마지막 일만큼은 천직이어야 한다. 인생과 맞바꾸며 하는 일에 깊은 의미가 있을 때, 행복하게 일하다가 편히 떠날 수 있기 때문이다. 그러니 시간이 걸리더라도 반드시 당신의 소명과 천직을 찾아야 한다. 다음 사례를 보며 당신의 천직을 한번 생각해 보면 좋겠다.

노예에서
1달러 동전 모델이 되기까지

●

새커거위아(Sacagawea)라는 이름을 들어본 적이 있는가? 우리에게는 좀 생소하지만, 미국에서는 동전에 얼굴이 새겨질 만큼 잘 알려진 국민적 영웅이다. 미국 1달러 동전 앞면에는 역대 대통령이나 유명인의 얼굴이 새겨져 있는데, 그중 새커거위아라는 인디언 여자의 얼굴이 새겨진 1달러 동전을 '새커거위아 달러'라고 부른다.

2012년 7월 24일 〈타임〉지는 미국 역사상 가장 영향력 있었던 인물 20인을 선정했다. 스티브 잡스, 무하마드 알리, 마틴 루터 킹 목사, 토머스 제퍼슨, 에이브러햄 링컨, 앨버트 아인슈타인, 토머스 에디슨 등 이름만 들어도 쟁쟁한 20인 가운데 산아제한 운동가였던 마거릿 생어(Margaret Sanger)와 새커거위아라는 두 명의 여성이 이름을 올리고 있었다. 새커거위아는 어떻게 이들 쟁쟁한 20인 속에 포함될 수 있었을까?

미국의 3대 대통령 토머스 제퍼슨(Thomas Jefferson)은 1803년 프랑스로부터 미시시피 강 서부 유역 평방 214만 4,520킬로미터에 달하는 광대한 영토를 헐값에 사들인다. 미국 영토를 2배로 만든 이 역사상 최대의 토지 거래를 '루이지애나 매입(The Louisiana Purchase)'이라고 부르는

데, 제퍼슨은 매입한 방대한 땅을 영토화하기 위해 지금의 미국 동부에서 서부를 가로질러 태평양에 이르는 탐험을 지시한다.

메리웨더 루이스(Meriwether Lewis) 대위와 윌리엄 클라크(William Clark) 소위의 지휘 아래 지원자를 뽑아 1804년 5월부터 1806년 9월까지 탐험을 실시했는데, 새커거위아는 이 루이스-클라크 탐험대의 일원이었다.

루이스-클라크 탐험대의 첫 번째 목적은 미주리 강을 따라가며 그 땅이 콜롬비아 강과 연결되어 있거나 근접해 있는지 알아보는 것이었다고 한다. 탐험하는 동안 루이스와 클라크는 아메리카 대륙을 가로지를 경로를 찾아냈고, 그로써 다른 나라에 그 땅이 미국 영토임을 주장할 수 있었다 한다.

두 번째 목적은 경제적 이익을 취할 수 있는 자원을 찾는 것이었다. 그래서 탐험대는 동식물 생태계, 지리, 천연자원들을 연구하고 숨어 있는 강과 호수에 대한 정보를 원주민에게 얻어 그것들을 정리했다. 탐험이 끝난 후 이들은 탐험 과정에서 작성한 많은 그림, 기록, 지도 등을 제퍼슨 대통령에게 전달한다.

이런 중요 작전에서 새커거위아는 탐험대를 안내하는 가이드와 원주민과의 통역을 맡았다. 그리고 그녀의 헌신적인 노력 덕분에 그 탐험을 무사히 완수할 수 있었다 하여 새커거위아는 미국의 국민적 영웅이 되었다. 도대체 어떻게 했기에 한 인디언 여성이 영웅으로 불리게 된 것일까?

사실 그녀의 일생은 좀 기구하다. 그녀는 원래 쇼숀(Shoshone) 인디언족 태생이지만 인디언끼리의 전쟁이 잦았던 탓에 히다차(Hidatsa) 부족에게 열두 살에 납치되어 노예가 된다. 이후 모피 거래상이자 사냥꾼인 프랑스계 캐나다인 투생 샤르보노(Toussaint Charbonneau)에게 팔렸고, 그의 부인이 된다. 샤르보노는 두 명의 부인을 두었는데 둘 다 노예였고 폭행이 잦았다고 한다.

루이스-클라크 탐험대가 탐험을 시작하여 히다차 부족 마을에 도착했을 때 길 안내와 통역사가 필요했는데, 인디언 언어에 능통했던 그녀의 남편 샤르보노가 채용되었다. 또한 잡일을 도와줄 여자가 필요해 새커거위아도 동행하게 된다.

당시 그녀는 열여섯 살로 임신 중이었다. 첫 아이 존이 태어난 것은 1805년 2월 11일로, 그때 탐험대는 노스다코타의 마을에 머물고 있었다고 한다. 탐험의 마지막 지점인 아메리카 대륙 서쪽 태평양 바닷가에 도착한 것이 1805년 11월이었다고 하니, 길에서 태어난 아이가 길에서 자라 9개월이 되었을 때 태평양 바다를 보게 된 것이다. 이 아이는 훗날 미국의 유명인사가 된다. 험하고 낯선 땅을 탐험하는 중에 아기를 낳고 그 젖먹이를 키우며 탐험을 계속해 간 이 여성의 여정을 한번 상상해 보라. 놀랍지 않은가?

탐험대에서 유일한 여성이었던 새커거위아의 역할은 두드러졌다. 식량이 떨어졌을 때는 들과 산에서 주운 식물과 씨앗, 풀뿌리로 대원들을 연명시켰고, 탐원대원이 병에 걸리면 의사 대신 약초로 치료해 주었다. 길을 잃고 방황할 때는 인디언의 직감과 본능으로 길을 찾아냈다. 그렇게 탐험하던 중 열두 살에 생이별했던 가족을 기적처럼 만나는 행운도 얻는다. 1805년 8월 탐험대는 로키 산맥을 지나기 위해 쇼숀 부족에게 말을 빌려야 했다. 부족과 탐험대 사이에서 통역을 하던 새커거위아는 그 부족의 추장이 오래전 헤어진 오빠라는 사실을 알게 돼 감격의 재회를 한다.

탐험대가 횡단하며 통과한 대부분의 지역은 인디언 땅이었다. 인디언과의 충돌이 일어날 수 있는 상황이었지만, 인디언들은 그녀가 탐험대원이라는 이유만으로 먼저 공격하지 않았다. '여자가 있으면 절대 공격하지 않는다'는 것이 인디언의 원칙들 중 하나이기 때문이다. 다만 그녀의 출신인 쇼손족에 적대적인 부족들이 문제가 되었다. 하지만 그 또한 새커거위아가 잘 해결해 나갔다고 한다.

수많은 인디언이 살고 호전적인 전사들이 끊임없이 전쟁을 벌이던 지역을 낯선 33명의 원정대가 싸움 한 번 없이 지나갔다는 것은 그 자체로 놀라운 사실이 아닐 수 없다. 당시 탐험대원들의 일기에는 모두가 그녀 덕분이라고 쓰여 있다. 게다가 기록에 따르면 새커거위아는 2년 4개월의 험난한 여정 동안 한 번도 불평을 하지 않았다고 한다.

하지만 유일하게 단 한 번 그녀가 대장에게 항의를 했다는 이야기가 나온다. 탐험의 끝 지점인 태평양 틸라무크 근처에 도달했을 때였는데, 대원들 전부가 바다를 보러 떠나는 것이 어려워 몇 명만 보내기로 했다고 한다. 선발대원 명단에 자신이 빠진 것을 보고, 새커거위아는 대장에게 이렇게 말한다.

"저는 오직 태평양과 고래를 보기 위해 이 어렵고도 긴 여행을 참으며 여기까지 왔습니다. 이제 바로 태평양 앞에 왔는데, 여기서 회색 고래와 태평양(The Great Waters)을 보지 못한다면 저는 결코 참지 않을 것입니다. 저도 반드시 보게 해주길 바랍니다."

이 항의에서 우리는 그녀가 그 탐험을 견딘 이유를 알 수 있다. 회색 고래와 태평양을 보겠다는 말 속에 내포된 깊은 의미는 파악할 수 없지만, 탐험대장에게 처음으로 항명할 정도로 그 목적의식만큼은 분명했다는 것을 알 수 있다. 결국 대장 클라크는 새커거위아와 9개월 된 아들 존이 함께 태평양을 볼 수 있게 해주었다.

일해야 할 이유가 명확히 있었기 때문에, 그녀는 통역과 안내 역할에 충실했다. 그녀의 영웅적인 행동은 탐험 일지 곳곳에 나타난다. 1805년 5월 14일 카누를 타고 가던 탐험대들이 급류에 휩쓸렸고 루이스와 클라크의 일지를 포함한 귀중한 자료와 물품들이 물살에 떠내려갔다.

모두가 그 광경을 망연자실 쳐다보고 있었는데, 새커거위아가 아기를 업은 채로 물에 뛰어들어 물건들을 모두 건져 냈다고 한다. 남자들도 급류가 무서워 못 나서던 상황에 어린 여자가 아기를 업고 뛰어들어 귀중품을 건져 내는 장면을 상상해 보라. 무엇이 그녀로 하여금 그런 힘을 낼 수 있게 한 것일까?

인디언으로 태어나 어린 시절 납치되어 노예로 팔렸고 주인의 학대를 받으며 그의 아내로 살아야 했던 어린 인디언 여자에게 미국 대륙을 횡단해 태평양을 육안으로 보는 것은 특별한 꿈이자 삶의 의미였는지 모른다. 그리고 그런 일이 주어진 것에 감사하며, 탐험대원을 보호하고 탐험을 무사히 마치게 돕는 그 일에 특별한 소명의식을 가졌을지 모른다. 소명을 느끼는 일은 천직이 된다. 그때 일할 동기와 그 일을 탁월하게 해줄 힘이 만들어지는 것이다.

강한 동기는 용기를 준다. 그래서 평소에 할 수 없던 일도 하게 해준다. 동기가 명확한 사람은 일을 절대로 대충하지 않을뿐더러 중도에 포기하지도 않는다. 그녀에게는 태평양을 보겠다는 강한 동기가 있었고, 그 동기가 용기를 내어 강물 속으로 뛰어들게 했는지 모른다. 이 일에 감동한 탐험대 사령관은 그 강 이름을 '새커거위아 강'으로 명명한다.

일의 의미와 목적, 일하는 이유가 우리에게도 이렇게 작용할 수 있다. 내가 그 일을 해야 할 이유와 목적이 되는 강력한 동기가 있다면 우리는 어떤 것도 이겨 낼 수 있고 무엇이든 할 수 있다. 동기와 연동하는 꿈, 희망, 목표, 이유는 전진할 수 있는 힘과 에너지를 준다. 나무가 빛을 향해 자라듯 동기는 원하는 방향으로 우리를 이끌어 간다.

클라크 대위는 일지에 이렇게 적고 있다.

"그녀는 놀랄 만한 참을성을 타고난 여인이다. (…) 긴긴 여정으로 피곤한 중에 아기를 낳고 그 어린아이를 19개월 동안 보살피면서도, 그녀의 인내심은 끝을 알 수 없었다. 그녀는 경이로움 그 자체이다. 그녀는 우리가 고난을 만날 때마다 놀라운 해결책을 찾아주었다. 그녀가 제시한 방법들은 모두 적절했고 정확했다. 그녀는 지혜로웠고, 종달새같이 우리를 즐겁게 했으며, 절대 지치지 않고 충실히 역할을 해내며, 우리 모두에게 영감을 주었다."

여기서 일 잘하는 사람의 태도를 볼 수 있다. 고난의 해결책을 제시할 만큼 적절하고도 헌신적이면서, 지치지 않는 열정으로 즐거울 수 있다는 것은 그녀가 높은 정신수준에 있음을 알려 준다. 니체가 말한 사자는 물론 어린아이와 초인의 특징을 새커거위아에게서 발견할 수 있다. 그 높은 에너지는 주변을 끌어올린다. 일에서 이런 힘을 보이려면 명확한 이유와 목적, 일의 의미가 반드시 있어야 한다. 그 일에 소명이 있다면 죽음조차 그를 막지 못한다.

탐험 이후 새커거위아는 딸 리제트를 낳고 2년 뒤인 1812년, 25세의 나이로 이름 모를 병에 걸려 죽는다. 그녀는 인디언 노예로 단 25년밖에 살지 못했지만, 혼신을 다해 탐험을 도운 공로로 미국 역사에 큰 영향을 끼친 20인의 영웅 중 한 사람이 되고, 1달러 주화에 초상이 새겨지게 되었다. 자신에게 주어진 일을 너무나도 잘해냈기 때문이다. 일이란 바로 이런 것이다. 하나의 일을 탁월하게 잘할 수 있다면 역사가 당신을 기억할지 모른다.

방송에 소개되는 수많은 달인들이 있다. 30년간 통장 비닐 커버를 자르는 일을 했다는 75세의 할머니는 지금도 그 일을 젊은 장정들보다 잘해낸다. 각종 요리의 달인들은 하나의 메뉴를 최고로 만들기 위해 수년에서 수십 년간 기울인 노력의 결과를 보여 준다. 그런데 쫄면 가게 주인이 그 일이 시시하다고 통닭에 도전하다가 그것도 별로라고 호두과자를 만들겠다면 그는 그중 하나라도 최고로 만들 수 있을까? 하나를 끝까지 하는 정신, 그 분야에서만큼은 최고가 되겠다는 생각이 그들의 일을 탁월하게 해준다.

수많은 성공한 사람들의 공통점 중 하나가 '남들이 포기한 것도 나는 하겠다. 남들보다 탁월하게 해내겠다'라는 목표이다. 남들보다 탁월하게 잘하겠다는 것, 역사에 남을 뭔가를 만들겠다는 것이 일의 의미이자 일하는 목적이 되어 그들을 끌고 가는 것이다.

생을 불태울
연료가 담긴 연료통

●

"욕구가 있어야 원하는 것이 생기고 계획이 있어야 끝이 보인다."

− 시몬 드 보부아르(Simone de Beauvoir)

이처럼 일해야 할 확고한 이유와 동기가 있는 사람은 끝까지 그 일
을 해낸다. 그렇다면 동기는 마음에서 정확히 어떤 역할을 할까? 심리
학에서는 동기를 '어떤 개체의 행동이 활성화되고 목표를 향해 나아가
도록 밀어주는 힘'이라 정의한다. 원래 동기를 의미하는 단어 'Motive',
'Motivation'은 '움직이다'를 뜻하는 라틴어 'Movere'에서 유래되었다.
우리를 움직이게 해주는 원동력이 동기에서 나온다는 의미로 볼 수 있
다. 즉, 동기란 어떤 일을 하도록 돕는 추진력이 나오는 마음의 장소이다.

데일 슝크(Dale H. Schunk), 폴 핀트리치(Paul R. Pintrich) 등은 동기를
"목표 지향적인 활동이 유발되고 지속되게 하는 과정"이라 했다. 즉 동기
(Motivation)는 생을 불태워 일할 연료가 담긴 연료통이다. 그 연료통에 불
이 붙으면 로켓을 쏘아 올리듯 우리는 행동에 돌입할 수 있고, 연료가 부
족하면 비행체는 추진력을 잃고 추락한다. 연료가 넉넉해야 목적하는 곳

까지 갈 수 있다. '동기'가 처음부터 끝까지 지속될 때 일의 마무리를 볼 수 있는 것이다.

물론 동기가 마음 내부에서만 생기는 것은 아니다. 외부 자극이 동기를 만들어 주기도 한다. 좋은 집, 좋은 차를 보고 '멋지다' 혹은 '갖고 싶다'라고 생각할 수 있다. 외부의 인자가 우리 마음 어딘가를 건드린 것이다. 이처럼 동기의 원인이 외부에 있는지, 내부에 있는지에 따라 외재동기와 내재동기로 분류된다. 일반적으로 돈이나 상, 보상, 인센티브 혹은 처벌 회피 등이 외재동기이다. 반면 행위 자체가 주는 즐거움이나 보람 때문에 외부 보상이 없어도 자발적으로 그 일에 참여하는 것은 내재동기가 작용한 결과이다.

한 세탁소 사장은 대한민국 최고의 세탁업자가 되겠다는 목표 아래 남들이 못 지우는 얼룩을 지우기 위해 밤낮으로 연구한 결과 지금은 한국에서 유일하게 복잡한 세탁을 해내는 것으로 유명해지고 방송에도 소개되었다. 그는 인터뷰 말미에 남들이 못 하는 것을 하겠다는 각오로 일하면 모든 자영업자가 성공할 것이라고 조언해 주었다. 이런 동기는 누가 강요해서가 아니라 스스로 만들어 내는 내재동기이다. 반면 프로젝트가 선정되면 인센티브와 해외여행이 포상으로 주어진다는 것을 듣고 팀원들이 며칠 밤을 새서 제안서를 만들었다면 이때는 외재동기가 작용한 것이다.

심리학자 대니얼 카너먼(Daniel Kahneman)이 내재동기의 중요성을 발견한 공로로 노벨 경제학상을 받은 이후, 현재는 외재동기보다 내재동기가 더 강력하고 지속력이 길다고 알려져 있다. 하지만 일에서는 높은 급여 같은 외재동기 역시 무시하지 못할 기능을 한다. 외재동기든 내재동기든 내가 꼭 그 일을 해야 할 이유, 그것도 끝까지 해야 할 이유, 잘해야 할 이유가 있다면 당신은 그 일을 멈추지 않을 것이다.

그런데 보통의 동기보다 높은 차원의 고차동기(Higher Order Motives)라는 것도 있다. 소명 같은 것이 고차동기에 해당된다. 헨리 머레이(Henry Murray) 등 하버드 심리연구소의 성격학자들은 인간 성격을 연구하던 중, 인간에게는 고차동기가 있다는 사실을 밝혀냈다. 그들에 따르면 인간에게는 배고픔, 목마름 같은 기본적인 생물학적 욕구와는 다르고, 타액 증가, 위 수축 등의 특유한 생리적 변화도 일으키지 않는 어떤 동기가 있다고 한다. 하버드 성격학자들은 개인이 특별히 가치를 두는 목표나 성과에 대한 심리적인 욕망, 소망이 만드는 새로운 동기를 '고차동기'라 불렀다.

우리가 더 높은 목적에 끌려 자신을 헌신하며 일할 수 있도록 만드는 것이 고차동기이다. 타인을 위해 자기 목숨을 내어놓는 사람, 평생을 아프리카 오지에서 의료 봉사를 하는 사람, 전 재산을 익명으로 기부하거나 대가 없는 희생을 기꺼이 감수하는 이들은 고차동기에 이끌려 그 일을 하는 것이다. 고차동기가 내재동기가 되어 현실의 행복보다 더 큰 무언가를 위해 일하게 하는 것이다.

일에서 그런 고차동기는 소명이라 볼 수 있다. 신이나 운명이 자신에게 시킨 일이라는 의미이다. 그래서 인간적인 욕구를 뛰어넘어 더 깊은 헌신이 가능해진다. 소명에 따라 하는 일은 '천직'이 된다.

희망이 일할
이유를 만든다

●

    하지만 모든 사람이 소명을 찾았거나, 일의 중요성과 의미를 가지고 일하는 것은 아니다. 심지어 일하기를 싫어하는 사람도 있고, 내일을 위해 오늘 뭔가를 준비하는 것조차 귀찮아하는 사람도 많다.

    인류학자 마셜 살린스(Mashall Sahlins)가 연구 여행 중 남아프리카 원주민들을 만났을 때의 일이다. 원주민들이 농사를 짓지 않는 것이 이상하여 "왜 당신들은 농사를 짓지 않죠?"라고 물었다. 그랬더니, "몽고몽고넛이 이렇게 많은데 힘들게 왜 씨를 뿌려야 하지요?"라고 답했다고 한다. 당장 눈앞에 먹을 것이 차고 넘치니 농사지을 필요가 없다는 것이다. 이런 사람이 아프리카에만 있을까? 나도, 당신도 그중 한 명일 수 있다.

    옛 친구를 26년 만에 재회한 적이 있다. 그 친구는 공부를 무척 잘해 우리나라 최고의 학부를 다녔고, 성품도 좋았다. 오랜 세월이 흘러 만났을 때도 성공한 상태였다. 그런데 살아온 이야기를 나누던 중, 그는 내가 애쓰고 노력해 왔던 부분을 언급하며 자신도 그렇게 살아야겠다고 말했다. 그 말을 듣는 순간 그가 26년 전에도 그런 식으로 말했던 것이 기억났다. 그때도 그는 타인에게서 장점이 보이면 바로 배우려는 사람이었다.

26년 전에는 미처 알지 못했지만, 지금 내 눈에는 그의 성공 비결이 보였다. 나한테만 그랬겠는가? 만나는 사람마다 상대의 장점을 발견하고 그것을 배워 자기 것으로 만들어 왔기에 현재의 그 위치에 올랐을 것이라는 생각이 들었다. 하지만 모든 사람이 이렇게 살지는 않는다.

당장 먹을 것만을 위해 일해서는 안 된다. 인간에게는 더 큰 목적에 따라 살 수 있는 잠재력이 있다. 그것을 사장시켜서는 안 된다. 리치먼드 대학교의 석좌교수로 노동철학 전문가인 조안 B. 시울라(Joanne B. Ciulla)는 "인간에게는 배가 불러도 일하려는 욕망이 있고 그 욕망대로 살아야 건강하다"고 했다. 또 시울라는 "인간의 가장 독특한 점은 기본 욕구를 충족시키고 난 후에도 일하기를 택한다는 것이다. 또한 지금 하는 일이 아무리 하찮다 하더라도 그 일을 통해 내 꿈을 이룰 수 있다면 견디는 것이 인간이다"라고 했다. 희망이나 꿈이 일할 이유를 만들기 때문에 견딜 수 있다는 것이다.

시울라는 공부하는 동안 비싼 학비를 벌기 위해 많은 아르바이트를 했다고 한다. 웨이트리스, 요리사, 대학 강사 등 숱한 직업을 거쳤는데, 그녀는 그때의 경험을 《일의 발견》이라는 책에서 이렇게 말하고 있다.

많은 젊은 학자들처럼 나 역시 시간강사로 경력을 쌓기 시작했다. 때로는 연간 4개 내지 8개의 강좌를 맡기도 했는데 전임의 4분의 1가량의 돈을 받으면서 아무 혜택도 없이 전임들과 비슷한 일을 했다. 하지만 그때 조건이 아무리 열악해도 나는 시간강사 일을 다른 일과 바꾸지 않았을 것이다. 나는 당시 박사논문을 쓰고 있었고, 철학 강의를 할 수 있는 곳은 드물었다.

강의를 시작한 처음 9년 동안 나는 식당에서 음식을 나르고 바텐더와 요리

사로 일하며 생활비를 충당했다. 그런데 사람들은 내가 대학 강사일 때와 대학원생일 때, 웨이트리스일 때 대하는 방식이 전혀 달랐다. 한 식당에서 나는 발레댄서와 모델과 함께 일했는데 우리는 모두 원대한 야망을 가지고 있었다. 하지만 그 식당 지배인은 우리의 포부를 비웃었고 우리를 무시하고 공격하는 말로 가학적인 즐거움을 얻었다. 그러나 그때 함께 일했던 발레댄서는 결국 주연 발레리나가 되었고, 그 모델은 이탈리아 〈보그〉지의 표지모델이 되었으며, 나는 하버드 경영대학원의 연구원이 되었다.

그리고 그녀는 이렇게 정리했다. "그 일이 우리를 원하는 곳으로 이끌어 주거나 적어도 원하는 길을 가는 동안 우리를 먹여 살려줄 것이라고 기대할 때 그 어떤 최악의 일이라도 견딜 수 있다."

그녀의 말처럼 어떠한 핍박을 받아도, 희망과 목적이 분명할 때는 하찮은 일과 모멸을 견뎌 내는 것이 인간이다. 반대로 희망 없는 일은 진짜 하기 싫어지는 것이 우리이다. 인간은 해야 할 이유가 있을 때 그것을 반드시 한다. 일할 이유는 일의 의미가 만들어 낸다.

💬 TIP 똑똑한 회사는 월급을 많이 준다

일할 이유 중 가장 힘이 센 것은 '급여'다. 대기업이나 복지혜택이 좋은 강소기업에서는 다른 기업보다 월급을 많이 준다. 회사가 돈이 많아서가 아니다. 똑똑해서 그런 것이다. 그런 회사는 더욱더 승승장구한다. 우수한 직원이 빠져나가지 않기 때문이다.

1980년대 중반 노벨 경제학상을 수상한 조지 애커로프(George Alcerlof)의 연구에서 그 근거를 찾을 수 있다. 조지 애커로프와 그의 아내인 경제학자 재닛 옐런(Janet Yellen)은 일부 회사가 수요와 공급의 원칙에 따르지 않고 그보다 높은 월급을 직원들에게 준다는 것을 확인했다. 그것은 이들이 이타적이라서가 아니라 오히려 더 영리했기 때문이라고 조지 애커로프는 논평했다.

애커로프와 옐런은 시장의 수요보다 많은 돈을 주면 뛰어난 인재가 모이고, 이직률이 줄며, 생산성과 사기가 북돋아진다는 사실을 확인했다고 정리했다. 월급이 많아지면 당연히 회사의 비용이 늘어날 것 같지만, 실질적으로는 회사의 비용을 줄이는 결과를 초래한다고 한다. 급여를 다른 회사 평균보다 많이 주면, 직원은 적어도 자기 회사가 불공정성하다고 의심하거나 착취당한다고 생각하지 않으며, 다른 회사와도 비교하지 않는다. 즉, 돈 문제로 인해 직원들이 일에 몰입하지 못하는 문제를 전면 차단하기 때문에 비용이 줄어드는 것이다.

높은 급여는 명확한 동기요인이므로 웬만한 위생조건이 발생해도 이들은 회사를 떠나지 않는다.

일할 이유가 있는 한
멈추지 않는다

●

사람들이 일을 하는 이유는 다양하다. 《번아웃》의 저자이자 프랑스의 노동사회학자인 사빈 바타유는 "무엇을 위해 일을 하는가?"라고 사람들에게 질문한 뒤 그 대답을 책에 소개했는데 아래의 17가지가 그 답변이다.

01 – 돈을 벌기 위해

02 – 학업을 계속해 개인적인 발전을 이루기 위해

03 – 아이 교육, 가족 부양, 먹고살기 위해, 가족을 지키기 위해

04 – 집세를 내거나 살 곳을 위해, 내 집을 마련하기 위해, 더 큰 집으로 이사 가기 위해

05 – 직업을 통해 발전하려고

06 – 취미 생활을 잘하기 위해

07 – 사회적인 활동을 위해

08 – 상황 타개를 위한 해법을 찾기 위해

09 – 자신의 문제에 지나치게 함몰되지 않고 전념할 수 있는 일거리를 찾기 위해

10 – 내가 쓸모 있는 존재라는 것을 느끼기 위해

11 – 다른 사람을 도와주기 위해

12 – 다른 사람들이 편히 지낼 수 있도록 돕기 위해

13 – 아이들에게 좋은 환경을 남기기 위해

14 – 젊은 세대를 가르치기 위해

15 – 내가 사는 동네, 지역, 국가 등의 경제 발전을 위해

16 – 노인들에게 유용하고 편안하게 할 무언가를 제공하기 위해

17 – 연구에 참여하기 위해, 역사적인 것을 남기기 위해

위와 같은 일하는 목적이나 이유를 '근로욕구'라 한다. 근로욕구는 임상 사회심리학자 질 아르노(Gills Arnaud)와 심리 코치 및 분석가인 롤랑 갱샤르(Roland Guinchard)가 인간과 일 사이의 관계에 대한 연구를 하던 중 도출해 낸 심리개념이다.

근로욕구란 '인간이 진로를 결정하고, 각자가 어떤 일을 선택해서 어떤 태도로 업무 수행을 하게 되는지를 좌우하는 의식적·무의식적 결정 요인'이다. 즉, 우리를 매일 직장으로 향하게 만드는 것이 바로 '욕구' 때문이라고 보는 게 '근로욕구 이론'이다. 사람은 욕구에 의해 일한다는 것이다. 근로욕구가 깊은 내재동기나 고차동기와 결합될 때 일은 하지 않으면 안 되는 것이 된다.

하지만 일하기 싫은 이유도 분명히 있다. 앞에서 말한 허즈버그의 위생요인이다. 동기요인과 위생요인에 따라서 회사는 천국이 될 수도 지옥이 될 수도 있고, 일은 '삶의 빛'이 되기도 하고 '삶의 짐'으로 전락하기도 한다. 동기는 높이고 위생을 줄이는 것이 업무 무기력을 줄이는 길임을

이제 이해했을 것이다.

일이 '삶의 빛'이 될 수도 '삶의 짐'이 될 수 있다고 한 사람은 르네상스 인 윌리엄 모리스(William Morris)이다. 동기와 위생에 대한 은유적 표현인 셈인데, 그는 이 둘의 차이점을 '희망'의 유무로 보았다. 희망이 있을 때 일은 '빛'이지만 희망이 없다면 '짐'으로 전락한다는 것이다. 희망이 동기 요인과 위생요인으로 나뉘게 하는 기준이 된다는 의미이다.

결국 직장생활을 견디게 하는 것은 '희망'인지 모른다. 그게 없다면 일 할 이유도 버틸 힘도 없다. 일할 이유가 있는 동안은 누구도 멈추지 않는 다. 또한 희망은 기적을 만든다. 만약 지금 일하기 싫어 죽을 지경이라면 당신에게 희망이 없기 때문은 아닌지 생각해 보라. 해서 희망을 먼저 찾 는 것이 일의 동기, 일해야 하는 이유, 그 일을 잘해내야 할 이유를 찾는 첩경이다.

내가 커리어 코칭을 했던 한 사람은 프리랜서 강사로 20년 이상 일했 다. 그러다 국가기관에서 교육하는 계약직 일자리가 생겼고, 처음에 그는 출근할 사무실이 있다는 것이 너무 좋다며 기뻐했다. 그러나 3개월 정도 흐르자 그는 회사에 희망이 없다고 했다. 팀장 나이가 자신보다 세 살이 나 적고, 20년가량 나이 차가 있는 어린 동료들과 함께 교안을 만드는 일 이 지옥 같다고 했다. 얼마 지나지 않아 회사를 그만두었다.

처음 직장이 천국 같다고 느꼈다면 희망을 주는 동기요인들 때문일 것 이다. 하지만 결국 사직하게 만드는 것은 위생요인이다. 그런 위생 조건 이 삶의 짐으로 작용해 희망 없다고 생각하게 만들면 아무리 돈이 좋아 도 사표를 내게 되는 것이다. 다음 표는 일반적으로 생각할 수 있는 일의 동기와 위생의 조건들이다.

당신의 업무에 어떤 동기와 위생 조건이 작용하고 있는지 한번 생각해 보길 바란다. 그리고 이 리스트에는 없지만 당신의 일이 주는 보상과 위생 조건이 따로 있다면 아래 빈 칸에 각각 세 가지만 써보자. 지금 하고 있는 일이 주는 인생의 희망도 한번 적어 보자.

동기 조건 (보상을 주는 것)	위생 조건 (노력이나 헌신을 요하는 것)
〈물질적 보상〉 • 급여 인상 • 기본 상여금 • 특별 인센티브 • 쾌적한 사무실 • 노트북과 프린트 같은 기기 지원 • 최신 스마트폰 지원 • 업무용 차량 지원 • 백오피스(Back office) 지원 • 해외여행 기회 • 자녀 학자금 지원 • 주거지 지원 〈사회적 보상〉 • 직위 • 직급 • 호봉 • 승진 • 내 브랜드 가치 상승 〈기타 상징적인 보상〉 • 축하 파티 • 감사패나 상장 • 복지 혜택(헬스장이용권, 콘도이용권 등) • 문화적인 혜택(공연관람권, 도서상품권 등)	• 긴 출퇴근 시간 • 출퇴근 시 느끼는 교통지옥 • 장거리 근무지 • 교대 근무 • 주말이나 시간 외 근무 • 과도한 근로 활동 경비 부담 • 잦은 부서 변경 • 잦은 출장 • 넓은 업무 활동 지역 • 잦은 납기일 단축 요구 • 고객 납기 준수 의무 • 팀 축소 편성 • 손발 맞지 않는 팀 구성원들 • 반복적이고 지루한 업무 • 새로운 기술에 대한 대응 • 상반된 지침 하달 • 잦은 근로 조건 변경 • 미래에 대한 불확실성 • 업무 재량권 미미 • 엄격한 사무실 분위기 • 정보 점유와 불충분한 정보 • 하향식 정보 전달
당신의 일이 주는 보상은? 1. 2. 3.	당신을 힘들게 하는 위생요인은? 1. 2. 3.

• 당신의 일이 주는 희망은 무엇인가?

(   )

• 그 일에 소명이 있는가?

(   )

• 그 일을 언제까지 할 생각인가?

(   )

• 소명이나 희망이 있는 다른 일이 있는가?

(   )

• 죽기 전에 꼭 하고 싶은 다른 일이 있는가? 그게 무엇인가?

(   )

목표는 동기만큼
힘이 세다

●

그런데 일할 때 동기만큼 중요한 것이 목표이다. 하루의 목표 분량을 정해 놓고 그것을 달성하려 할 때 일을 멈추지 않고 했던 경험이 다들 있을 것이다. 정한 목표를 달성하고 나면 성취감과 더불어 유능감이나 승리감을 느낄 수 있다. 그러고 나면 다음 목표에 또 도전하고 싶은 마음이 생긴다.

에드윈 로크(Edwin Locke)와 게리 래덤(Gary Latham)은 목표가 업무 수행에 도움이 되기 위한 조건들을 네 가지로 압축하여 '목표설정이론(Goal Setting Theory)'을 제시했다.

우선 목표가 구체적이어야 한다. 목표가 추상적일 때보다 구체적일 때 업무 수행 능력이 더 높아진다. '오늘 열심히 공부하자'보다 '수학 문제를 세 개 풀고 영어 단어를 열 개 외운다'라는 구체적인 목표가 더 달성하기 쉽다. 달성이 쉬워야 해볼 마음도 생긴다. 나의 경우도 '오늘 많이 써야 하는데……'라고 막연히 생각하면 한 줄도 못 쓰기 쉽지만, '오늘 1부 2장은 완성한다'라는 식의 구체적인 목표를 세우면 더 열심히 하게 되고 능률이 오르는 것을 확인할 수 있다.

둘째, 목표의 난이도가 적정해야 한다. 목표에 대한 몰입은 목표의 난이도에 비례한다. 목표가 너무 쉬우면 대충하고, 너무 어려우면 짐짓 포기해 버리는 것이다. '스트레스의 역U자 곡선'처럼 목표로 하는 일의 난이도가 자신의 능력보다 적당히 높을 때 업무 수행 정도가 높아진다. 미하이 칙센트미하이도 능력보다 약간 높은 수준이라야 긴장도를 유지하면서 몰입할 수 있다고 말했다.

셋째, 피드백이 있어야 한다. 목표를 달성하는 데 있어 어느 정도의 성과를 거두고 있는지 피드백을 받을 때 높은 수준의 업무 수행을 한다. 다이어리나 플래너에 오늘 하루 일한 내용과 시간을 적고 나면 다음 날도 일에 탄력이 붙는 것을 느낀 적이 있을 것이다. 그렇게 하루나 일주일, 한 달 동안 일한 양을 피드백 받을 때 우리는 유능감을 느끼고 목표 달성을 더 잘할 수 있다. 직장에서 팀별로 업무 진도를 화이트보드에 기록해 두고 팀원들이 보게 하는 경우가 있다. 그런 자극과 피드백이 일의 능률 향상에 도움이 된다.

넷째, 자발성이다. 스스로 업무 수행의 목표를 세울 때 더 높은 달성을 보인다. 당연히 사람들은 시켜서 하는 것보다 자발적으로 하는 것을 더 좋아한다. 인간의 본성이다. 물론 패널티를 피하기 위해 시키는 일을 억지로 하는 경우도 있으나, 실제로는 남이 시킨 것보다는 자신이 원하는 것을 더 하고 싶어 한다. 자발적으로 한다는 것은 스스로를 통제하는 것이기 때문에 업무 무기력을 이길 수 있다.

이상의 네 가지 조건을 정리하면, '자신이 원하는 구체적인 목표가 있되 그것이 자기 노력으로 달성 가능하고 피드백이 빠를 때 더 열심히 일하고 일의 능률과 생산성이 높아진다'고 볼 수 있다. 매일 할 일을 정해서 달성하고, 그것을 주 단위와 월 단위로 확대하는 것부터 시작해 보자. 일의 능률이 높아지는 것을 눈으로 확인할 수 있을 것이다.

일이 안 풀릴 때
치맥이 당기는 이유

●

스트레스를 폭식으로 푸는 사람이 있다. 우리는 왜 일이 안 될 때 치맥 생각이 나고 폭식을 하게 될까? 그 이유를 직무동기 이론에서 확인할 수 있다. 알더퍼(C. Alderfer)는 ERG(Existence, Relatedness, Growth)라는 직무동기 이론을 주장했는데, 인간이 일을 하는 동기가 한 개가 아닌 여러 개이고, 그 동기들 간에 순서와 위계가 존재한다는 것이 그의 주장이다.

알더퍼의 ERG 이론은 매슬로의 욕구위계설과 비슷하다. 매슬로는 "인간의 욕구란 생리적 욕구 같은 아래 단계가 충족되어야 자아실현과 같은 위 단계로 나아간다"라고 주장했다. 하지만 알더퍼가 주장하는 일의 욕구는 정반대이다. 일을 할 때, 고차원 욕구가 좌절되면 그 아래 단계의 욕구로 퇴행해 간다는 것이 알더퍼가 말하는 욕구의 '좌절-퇴행이론'이다.

여기서 알더퍼가 말하는 ERG는 존재 욕구(Existence), 관계 욕구(Relatedness), 성장 욕구(Growth)이다. 일에서는 성장 욕구가 가장 상위 욕구로 성장 욕구 → 관계 욕구 → 존재 욕구의 순으로 위에서 아래로 하강한다.

법관이라는 명예를 얻기 위해 사법고시를 수년간 준비하다가 그것이 좌절된 사람이 돈이라도 많이 벌자며 불법을 일삼는 경우가 있다. 상위 욕구가 해결되지 않으니 하위 욕구라도 충족하려는 것이다. 아무리 노력해도 상위 욕구를 채울 수 없을 때 돈이나 섹스, 젊음 유지를 위한 수술이나 운동 등으로 자신이 이루지 못한 것을 채우려 하기도 한다는 것이다.

일이 마음대로 안 될 때 스트레스를 이기지 못하고 폭식을 하는 것도 같은 맥락으로 볼 수 있다. 일에서 자아실현이 어려우니 낮은 레벨인 식욕이라도 채우려는 것이다. 어쩌면 그렇게 해서라도 살아남아야 다음 기회에 자아실현을 이룰 수 있으므로 진화과정에서 살아남기 위한 생존 본능인지 모른다.

알더퍼의 직무동기 이론에 따르면 일에서는 고차원적인 것을 추구하는 것이 좋다. 먼저 자신의 성장을 추구하고, 그다음으로 일을 통해 사회에 공헌하고 타인과 소통하는 관계의 욕구를 생각해야 한다. 돈을 벌고 먹고살기 위해 일하는 존재 욕구가 중요하지 않다는 것은 아니다. 그러나 존재 욕구에 갇히면 자신의 성장은 차마 생각할 수가 없다. 그런 의미에서 일에서만큼은 고차동기를 따르는 것이 좋다.

인간은 높은 수준의 가치를 지니는 일을 추구하는 동안 아래를 내려다보지 않는다. 도자기 장인이 가마에서 꺼낸 작품이 마음에 들지 않을 때 가차 없이 던져 버릴 수 있는 이유다. 그가 추구하는 것이 돈이었다면 불량품도 헐값에 팔아 치우려 했겠지만 장인들은 그렇게 하지 않는다. 존재 욕구보다 더 높은 수준의 욕구가 그들의 일을 끌고 가기 때문이다. 그런 사람들이 장인이 되고 예술가가 되어 대가의 반열에 오르는 것이다.

당신에게 일은 생업인가?
직업인가? 천직인가?

●

그렇다면 어떻게 해야 성장 욕구를 추구할 수 있을까? 내가 먹고살기 위해 일하는지, 높은 이념을 추구하는지를 알면 내가 어떤 욕구를 따르는지 알 수 있을 것이다. 일의 특성에 따라 작용하는 욕구가 다른데, 일은 생업, 직업, 천직으로 분류할 수 있다.

알더퍼의 직무 욕구		일의 특성		정신의 수준
존재 욕구(Existence)	↔	생업(Job)	↔	낙타
관계 욕구(Relatedness)	↔	직업(Career)	↔	사자
성장 욕구(Growth)	↔	천직(A Calling)	↔	아이/초인

생업(Job)이란 먹고살기 위해 하는 일이다. 무슨 일이든 돈이 되기만 하면 된다. 일에 일관성이 없어도 되고 자주 변할 수도 있다. 알더퍼의 '존재 욕구'에 충실하다. 그러나 직업(Career)은 좀 다르다. 하나의 직업을 갖기 위해 전문 교육을 받고 오랜 기간 한 분야에 헌신하며 경력을 쌓아 가는 것이 직업으로서의 일이다. 예를 들어 교사나 의사는 직업이지 생업으

로 보지 않는다.

어떤 청년이 패스트푸드점에서 일하다가 돈을 더 주는 이삿짐센터로 옮겼고 지금은 낚시터에서 심부름을 하며 먹고산다고 할 때 그 일은 직업이라기보다 생업이다. 하지만 그가 패스트푸드점 아르바이트생으로 출발해 특출한 능력을 발휘하고 그 체인점 본사로 발령이 나서 팀장에서 임원으로 승진해 간다면 그의 일은 더 이상 생업이 아닌 직업이 된다. 먹고살기 위해 시작한 아르바이트를 통해 자신의 능력과 재능을 발휘하고 경력을 유지하며 점점 높은 지위로 올라갔기 때문이다.

생업은 먹고사는 문제인 '존재 욕구'만 만족시키면 충분하지만 직업은 '존재 욕구'로는 되지 않는다. 사회 속에서 자신의 가치와 존재를 계속 확인하는 '관계 욕구'를 만족해야 직업이라 할 수 있다. 하지만 천직은 이 모두를 뛰어넘어 '성장 욕구'와 연관이 있다. 그리고 '성장 욕구'를 추구하게 만드는 것이 '소명(Calling)'이다.

소명이란 일생을 통해 자신이 운명이나 신의 부름을 받아 살고 있다는 자각이다. 소명이 깃든 일은 하늘이 준 직업이라는 의미로 '천직(A Calling, A Mission)'이라고 부른다. 그 일이 자신의 소명이라고 믿는 사람은 아무리 어렵고 힘들어도 포기하거나 추락하지 않고 끝까지 자신의 길을 간다. 일생을 통해 나타나는 삶의 의미들을 전부 연결하여 자기 인생의 의미를 찾을 때 그게 소명이 될 수도 있다. 직업인이던 의사가 자신의 운명이 아프리카 의료선교에 있음을 깨닫고 아프리카로 건너가 무료봉사를 한다면 그의 일은 더 이상 직업이 아니다. 그에게 일은 '소명'이 움직인 '천직'이라 볼 수 있다.

그렇다면 천직에는 어떤 특징이 있을까? 심리학자 에이미 브제스니에프스키(Amy Wrzesniewski)는 '의미 있고 매력적이며 재량권이 있는 일이 행복의 근원'이라고 말하며 이때의 의미 있고 매력적이고 재량권이 있는 일이 '소명'이라 했다. 즉, 천직이 되는 일은 의미도 있고 매력도 있으며 재량권도 있다는 것이다.

브제스니에프스키 연구팀은 20년 동안 '일의 특성'을 연구했는데, 자기 일을 생업으로 보는 사람들, 즉 존재 욕구에 따라 일하는 사람들은 일에서 재량권을 거의 누리지 못할 뿐 아니라 자기 일에 별로 몰입하지 못하며 일의 의미도 찾지 못한다는 것을 발견했다. 이들은 월급을 받기 위해 일하기 때문에 더 많은 보수가 제공되는 일자리가 생기면 한순간 직업을 바꾸고, 하루 빨리 은퇴할 시점만 기다린다. 또 자녀가 자기 일을 이어받는 것도 달가워하지 않는다.

이런 사람들을 주변에서 많이 볼 수 있다. 하지만 돈만을 위해 여러 일을 전전하다가 통제 불가능과 예측 불가능을 만나면 누구든 곧바로 업무 무기력에 빠질 수 있다. 그런 면에서 낙타의 일이 생업이라 할 수 있다.

다음으로 자기 일을 '직업'으로 보는 사람들은 일을 생업으로 여기는 이들에 비해서는 재량권을 더 많이 누리고 몰입도도 높다. 하지만 자기 일에서 깊은 의미를 찾지는 못한다. 그들은 일을 즐기지만 그 일을 승진과 높은 보수, 더 나은 일로 가기 위한 중간 다리로만 여긴다. 성공을 위해 열심히 일하지만, 더 높은 목적인 성장 욕구와 연결되지 않으므로 일을 소명으로 보는 이들에 비해서는 일의 의미를 찾지 못하는 것으로 나타났다. 일이 직업인 사람은 사자의 정신 수준에 이르렀다고 볼 수 있다. 하나의 목적을 위해 자신이 결정하고 추구하는 점이 건강한 사자를 닮아 있다.

마지막으로 브제스니에프스키는 자기 일을 '소명'으로 보는 사람들이 일에 대한 만족도가 가장 높다고 보고했다. 그들은 그 일이 자신의 '천직'이라 여기며, 거기서 자기의 정체성을 찾는다. 일을 함에 있어 상당한 재량권을 누릴뿐더러 일을 즐기고, 자기가 하는 일 덕분에 세상이 더 나아진다고 믿으므로 친구와 자녀에게 자신이 하는 일을 권할 수 있다. 비로소 어린아이와 초인의 수준에 이른 것이다. 어린아이는 즐기며 오래 일한다. 그러나 타인을 위한 헌신은 초인 상태로 올려 준다. 소명을 따르며 일하는 천직은 자신과 타인의 성장을 위한 헌신으로 일한다.

그러나 일을 소명이라 여긴다고 해서 늘 즐거운 것만은 아니다. 일이 잘될 때는 누구보다 기쁘겠지만, 자기에게 주어진 그 일이 막히거나 하지 못하게 될 때 다른 사람들보다 더 큰 고통을 받는다. 생업도 직업도 아닌 천직이기 때문에 그 일을 잘하지 못하면 자기 소명을 다하지 못했다는 죄책감마저 느낄 수 있다. 천직을 찾아 그 일을 하며 사는 것이 행복할 수도 있지만, 그에 반대되는 엄청난 고통을 각오해야 하는 선택일 수도 있음을 알아 두자. 특히 제대로 하지 못한다고 느낄 때는 업무 무기력을 매우 강하게 느끼고, 자기 의심이나 자괴감으로 힘들 수 있다.

나는 65세 정년이 보장된 IT계열 교수직을 자발적으로 사직하고, 지금은 사람을 돕고 성장시키는 연구와 일을 하고 있다. 교수직은 오래 준비하고 노력해서 이루어 낸 나의 직업이었다. 가르치는 일은 행복했으나 IT분야의 일에는 특별한 의미나 소명이 없었던 것 같다. 하지만 사람의 성장을 돕는 일은 소명에 따라 선택한 나의 천직이다.

소명에 이끌려 교수직을 버렸지만, 그 길이 결코 꽃길은 아니었음을 고백한다. 그래서인지 나의 선택이 어리석었다고 말하는 지인도 많다. 나 역시 그리 생각했던 때가 있었다. '왕이 되려는 자, 왕관의 무게를 견뎌야 한다'고 했던가? 만약 당신이 소명을 찾고 천직에 따라 살려고 한다면 반드시 그에 마땅한 대가를 치러야 할 것이다. 제임스 앨런(James Allen)의 "작은 것을 성취하고자 하는 사람은 작은 것을 희생해야 하고, 큰 것을 성취하고자 하는 사람은 큰 것을 희생해야 한다"라는 선언이 생생한 현실로 나타날 것이다. 하지만 그 낯선 일에 자유를 느낄 지경이 되면, 인생의 의미를 찾는 행운도 뒤따른다는 것을 알아 두면 좋겠다.

천직은 일의 종류가 아니라
누가 하느냐에 달려 있다

●

그렇다면 천직이 될 만한 일은 따로 있는 것일까? 아니면 같은 일도 사람에 따라 생업이나 직업, 천직으로 변하는 것일까? 이미 짐작했겠지만 브제스니에프스키는 후자라고 결론 내리고 있다. IT분야 교수직이 나한테는 천직이 아니었지만 그 일을 천직으로 여기는 사람이 많을 것과 같은 맥락이다.

브제스니에프스키는 한 대학교의 직원들을 연구했다. 대학의 직원이라면 직업으로 볼 수 있다. 그 일을 하려면 적어도 고등 교육을 받아야 하고 어려운 조건을 통과하여 채용된 뒤 일을 계속 배우며 승진해 가는 시스템이기 때문이다. 행정직원들이 하는 일은 비슷비슷하다. 그런데 브제스니에프스키가 연구한 바에 따르면 표면적으로는 같은 일을 하고 있었지만, 그들이 자기 일에 대해 느끼는 의미는 전혀 달랐다고 한다. 직업이긴 하지만 사람에 따라 그 일을 생업으로 생각할 수도, 천직으로 생각할 수도 있기 때문이다.

생업으로 받아들이는 이들은 돈을 벌어야 하므로 마지못해 출근하고는 적당히 일하다 퇴근 시간만 기다릴 것이다. 하지만 대학 행정직을 자신의 소명이 깃든 천직으로 여기는 이들은 자신이 그 대학에 있는 이유가 분명히 있다고 생각할 것이다. 따라서 행정 시스템 개선을 제안하거나 학생들의 복지를 위해 남다른 아이디어를 내고, 봉사활동을 통해 학교의 이미지 제고를 꾀할지 모른다.

브제스니에프스키는 "어떤 일을 하느냐가 아니라 그 일을 누가 하느냐가 차이를 만든다"라고 했다. 한 나라의 국가 원수도 누가 하는가에 따라 전혀 다른 통치의 결과를 보여 준다는 것을 최근 우리 역사를 통해 보고 있지 않은가? 국가 원수도 자신의 일을 소명으로 생각해야 본인도 국민도 행복해질 수 있다.

브제스니에프스키는 여기에 다른 연구 결과를 하나 더 덧붙였다. 자신의 일을 소명으로 삼고 일에서 만족을 느끼는 데 재량권이 매우 중요한 역할을 한다는 것이다. 재량권이란 '어떤 일을 자기의 생각대로 헤아려 처리할 수 있는 자격이나 권리'를 말한다. 따라서 재량권이 있으면 전체 상황을 파악하고 적절한 행동과 판단을 내리는 것이 가능해진다. 예측 가능하고 통제 가능하다는 말이다. 다른 말로 재량권이 없을 때는 업무 무기력에 노출되기 쉽다는 의미이기도 하다. 이처럼 재량권과 업무 기력은 서로 연관되어 선순환을 일으킨다. 우리는 의미 있는 일을 하고 재량적인 판단이 가능할 때 행복을 느끼고 힘을 가질 수 있어 업무 무기력에 빠지지 않는다.

당신의 일이 생업, 직업, 천직인지를 아는 하나의 방법이 그 일에 재량권이 얼마나 있는가라는 점을 이해했을 것이다. 재량권을 많이 가지고 있다면 만족과 보람이 클 것이고, 당연히 업무 무기력이 아닌 업무 기력이 넘칠 것이다.

불행히 낙타처럼 일하고 있다면 그 일은 결코 천직은 아닐 것이다. 낙타의 일은 마지못해, 죽지 못해 하는 생업과 같다. 반면 일에 한해 사자나 어린아이의 모습이라면 그 일은 적어도 생업은 아닐 것이다. 사자가 사냥하듯 전략적으로 쟁취해 가는 일은 직업으로 보면 되고, 아이가 즐기듯 행복하게 하는 일은 직업도 될 수 있지만 천직으로도 볼 수 있다. 초인으로 헌신하며 하는 일은 천직임이 확실할 것이다.

자연에서 배우는 동기 사용법
삼밭의 쑥처럼 살아남아라

●

'삼밭의 쑥대(蓬生麻中)'라는 말을 들어 보았는가? 삼밭에 자라는 쑥이 삼을 닮아서 저절로 곧아진다는 말로, 주변 친구들을 잘 사귀어야 한다는 의미로 잘 사용되는 속담이다. 그런데 이 속담 속 쑥이 자라는 과정을 통해 '동기'의 작동원리를 볼 수 있다.

쑥은 국화과(Asteraceae)에 속하는 다년생 식물이다. 뿌리와 줄기가 옆으로 기는 듯 자란다. 봄에 어린 쑥을 캐지 않으면, 키가 최고 60~120센티미터까지 자란다. 반면 대마나 마로 알려진 삼은 한해살이 풀로서 뿌리는 30~40센티미터 정도 땅속으로 뻗고 키는 3~6미터까지 자란다. 이처럼 삼과 쑥은 키 차이가 엄청나다.

6미터까지 자라는 대마 밭에 쑥의 씨앗이 우연히 하나 뿌려졌다고 생각해 보자. 한해살이 풀 대마가 쑥쑥 자라는 동안 여러해살이 식물인 쑥은 높이 크지 못하고 광합성을 하지 못해 말라죽을 것이다. 쑥에게 대마의 큰 키는 넘을 수 없는 한계이다. 하지만 식물의 유전자에는 빛을 향해 자라는 '양성 굴광성'이라는 성질이 있다. 광합성을 하지 못하면 죽어 버리므로 빛을 좋아하고 빛의 방향으로 굽는 것이 양성 굴광성이다.

삼밭의 쑥은 높이 자라지 않으면 그늘에 가려 말라죽지만, 반면에 너무 빨리 키를 키워도 위험하다. 위로 자라느라 줄기가 약해져 버티지 못하고, 잎맥이 파열될 수 있기 때문이다. 또한 깊게 뻗어 나가지 못한 뿌리가 몸통을 지탱하지 못해 쓰러지거나 수분 공급이 막힐 수도 있다. 그대로 있어도 위험하고 위로 자라도 위험하다.

이때 쑥은 선택을 해야 한다. 오늘의 안전을 선택할 것인가? 그러면 내일 위험하다. 그래서 내일을 위해 다른 선택을 해야 하나? 그러면 오늘이 위험하다. 이때 일부는 양성 굴광성을 따라 위로 올라간다. 빛을 향해 높이 올라가며 키를 키운다. 대마가 6미터까지 자라는 동안 쑥은 겨우 1미터 남짓밖에 자랄 수 없으므로 성장 속도라는 한계가 좌절을 줄 수 있다. 또한 뿌리와 줄기가 옆으로 퍼지려는 본능적 유혹도 이겨야 한다. 소명에 따라 살아가고자 마음먹었을 때 우리가 겪어야 하는 과정도 이와 다르지 않다. 위험과 유혹을 이기고 하나의 목표에 집중해야 한다.

쑥은 한계와 유혹을 이기고 죽을힘을 다해 키를 키웠다. 어린 쑥은 오늘을 위한 '존재 욕구'가 아닌 내일을 향한 '성장 욕구'를 따라 움직인 것이다. 그러던 어느 날 대마들 틈에서 젖동냥하듯 얻어먹던 햇빛 줄기가 소나기처럼 잎과 줄기에 내리쬐기 시작했다. 쑥은 그 눈부심에 깜짝 놀랐다. 얼마나 그리웠던 햇빛인가? 그렇게 죽기 살기로 키를 키웠더니 이제 키가 대마만큼 자란 것이다. 줄기는 살이 오르지 않았지만 건강했고, 약한 뿌리는 잘 버텨 주었다. 잎맥과 수관 모두 정상이다.

쑥은 한계를 넘었고 자신을 이겼다. 함께 이곳으로 날려 왔던 다른 쑥의 씨앗들은 오래전에 전부 말라죽었다. 그들은 두려움을 넘지 못했고 용기를 내지 못했으며 옆으로 기려는 욕망에 굴복했다. 그러나 자신만은 그 모두를 견뎌 냈고 대마 밭에서 살아남았다. 이렇게 자란 쑥대는 다른 쑥들보다 현저히 키가 크고 곧은 모습을 지니게 되었다.

우리에게 동기는 쑥에게 빛과 같은 것이다. 오늘만이 아닌 내일을 향해 살도록 우리를 이끌어 주는 힘이다. 식물이 빛을 향하듯 인간에게 동기가 지향점이 됨을 기억하자. 동기가 명확하면 다른 두려움이 있어도 목표를 향해 나아갈 수 있다.

나의 천직은 무엇일까?

이제 그동안 해온 일들을 전부 돌아보며 당신의 천직을 생각해 보는 작업을 하려 한다. 아래의 표에 해온 일들과 앞으로 할 일들을 써보자. 5년 단위로 내가 그 일을 왜 하고 있었고, 성취한 것이 무엇인지 써보자.

내가 지금 하는 일에 만족하고 있는지, 다른 일을 하고 싶은 욕구는 없는지 생각해 보자. 평생 무엇을 위해 일할지 미리 생각해 보고 그것이 소명이 있는 천직인지, 혹 다른 일이 천직은 아닐지 고민해 보는 것이다. 표를 정리해 보는 것만으로도 삶의 방향을 결정하는 데 도움이 될 것이다.

21~25세

• 어떤 일을 했나?

(   )

• 무엇을 위해 그 일을 했나?

(   )

• 그 일을 통해 성취한 것은?

(   )

26~30세

• 어떤 일을 했나?

(   )

• 무엇을 위해 그 일을 했나?

(   )

• 그 일을 통해 성취한 것은?

(   )

31~35세

• 어떤 일을 했나?

(   )

• 무엇을 위해 그 일을 했나?

(   )

• 그 일을 통해 성취한 것은?

(   )

36~40세

• 어떤 일을 했나?

(   )

• 무엇을 위해 그 일을 했나?

(   )

• 그 일을 통해 성취한 것은?

(   )

41~45세

- 어떤 일을 했나?

(   )

- 무엇을 위해 그 일을 했나?

(   )

- 그 일을 통해 성취한 것은?

(   )

46~50세

- 어떤 일을 했나?

(   )

- 무엇을 위해 그 일을 했나?

(   )

- 그 일을 통해 성취한 것은?

(   )

51~55세

- 어떤 일을 했나?

(   )

- 무엇을 위해 그 일을 했나?

(   )

- 그 일을 통해 성취한 것은?

(   )

56~60세

• 어떤 일을 했나?

(   )

• 무엇을 위해 그 일을 했나?

(   )

• 그 일을 통해 성취한 것은?

(   )

• 당신이 여태 일을 해왔던 이유는 무엇인가? 다 적어 보자.

(   )

• 당신이 앞으로 일을 해나갈 이유는 무엇일 것 같은가?

(   )

• 당신의 소명은 무엇인가?

(   )

• 당신의 천직은 무엇인가?

(   )

정서:
유능감을 회복해야 일이 즐겁다

"나는 순전히 재미있는 일을 하고 살면서 평생 너무 많은 보상을 받았다."

— 폴 새뮤얼슨(Paul A. Samuelson, 노벨 경제학상 수상자)

일이 즐겁지 않다면 정서에 문제가 생긴 것이다. 일이 하기 싫고 아무것도 할 수 없다면 우리는 화가 나거나 우울하고 슬플 것이다. 일할 마음도 생기지 않지만 일을 해도 재미가 없다. 저마다의 이유가 있겠지만 많은 경우 자신이 하는 일에서 유능감을 느끼지 못하는 데서 기인한다. 소명이 있는 일도 잘하지 못하는 동안은 우울하다. 하지만 능숙해지고 순조롭게 일이 될 때는 긍정 정서가 저절로 만들어진다.

앞에서 아리스토텔레스가 일을 탁월하게 하기 위해 필요하다고 했던, "상황을 '인지'하고 적절한 '감정'이나 '바람'을 품고 상황에 맞게 '고민'하며 마지막으로 '행동'으로 옮기는 능력" 중 '감정'에 해당하는 부분이 정서이다. 일에 관한 적절한 감정이란 대체로 일에 대한 유능감과 관련될 때가 많다.

정서는 행동에 불을 붙이는 도화선 역할을 하거나 불을 끄는 소화기 역할을 한다. 분노에 차서 과격해지면 행동이 촉발되고, 슬픔에 갇히면 우울함 때문에 아무것도 하지 않으려 한다. 따라서 정서를 적절히 활용하고 조절하여 일의 생산성과 창의성을 높이는 것이 정서 훈련의 목적이라 볼 수 있다. 적절한 감정으로 실천적 지혜가 생겨 일이 잘되면 즐거움과 함께 마음의 평화를 얻을 수 있다.

감정의 불길에 타 죽은
혼돈 속의 천재

●

    감정은 마음의 폭탄과 같다. 강한 에너지를 가지고 있어 우리의 행동에 중요한 기능을 하지만, 생명을 앗아 가기도 한다. 분노 때문에 상대를 죽이거나 우울하여 스스로 목숨을 끊는 사람을 뉴스를 통해 보지 않는가? 그 에너지를 잘 사용할 수만 있다면 좋겠지만, 너무나 위험해서 잘못 사용하게 되지 않을까 늘 염려해야 하는 대상이 정서이다.

    현재 최고가에 거래되는 그림 리스트 20위 안에 가장 많은 수의 작품이 올라 있는 화가가 누구인지 아는가? 네덜란드의 화가 빈센트 반 고흐(Vincent Willem van Gogh)이다. 〈가셰 박사의 초상〉이 1,660억(4위)에 거래되었고, 〈우체부 조셉 룰랭〉이 1,210억(7위), 〈아이리스〉가 1,210억(9위), 〈수염 없는 자화상〉 1,130억(11위), 〈밀밭과 사이프러스〉가 1,020억(16위)으로 5개의 작품이 랭크되어 있다.

    고흐는 렘브란트 이후 가장 위대한 화가로 인정받고 있다. 모든 것이 살아 꿈틀거리는 것처럼 보이는 그의 작품은 현대 회화, 특히 독일 표현주의 화가들에게 강한 영향을 끼쳤다. 그가 화가로 활동한 기간은 1880~1890년이다. 불과 10년 남짓한 기간 동안 그는 900여 점의 그림과 1,100여점의 습작 등 2천여 점의 작품을 생산했다. 하지만 살아생전에는 데생 1점만이 팔렸을 뿐이다.

고흐의 작품에는 강렬한 색채, 거친 붓놀림, 뚜렷한 윤곽을 지닌 형태가 나타난다. 그런데 그 독특한 기법이 그를 자살로 몰고 간 정신질환의 고통이 만들어 준 것일지 모른다는 관점도 있다. 고흐는 천재에게 나타나는 파우스트적 거래, 즉 천재성과 정신질환을 함께 가지고 있었다. 그래서인지 불타오르는 감정의 혼란과 창작 욕구라는 열정의 도가니 속에서 살았다. 현대의 뇌신경과학자들은 고흐의 그런 증상이 측두엽 기능장애 때문이었을 것으로 분석한다.

젊은 날, 사촌이던 미망인 케이 보스에게 고백했다 거절당한 상처로 인해 고흐는 평생 여자에게 집착했다. 좌절된 욕망이 만든 집착이었다. 네 살 어린 동생 테오는 그가 기댈 수 있는 유일한 사람이었다. 그는 형에게 매달 생활비를 송금했고, 그 돈으로 그림을 그려 고흐는 테오에게 전부 보냈다. 테오의 집에는 고흐의 그림이 산더미처럼 쌓여 있었지만 아무도 사거나 보려 하지 않았다.

1872년부터 고흐가 동생 테오와 친구들에게 쓴 편지들은 그의 희망과 절망, 격정, 수시로 달라지는 혼돈스러운 정신 상태를 생생하게 담고 있다. 사후에 출판된 고흐의 편지들은 독특하고 감동적인 전기 자료로 알려져 있는데 동생 테오에게 보낸 편지에는 그의 복잡한 감정과 혼란스러운 마음을 가늠할 수 있는 구절이 많다.

"나는 내가 완벽하다고 생각하지 않는다. 나는 끔찍할 정도로 게으르고 우울하고 신경이 곤두서 있다. 하지만 사람들과 어울리고 싶지 않아. 주변에 사람들이 많이 있지만 그들과 이야기하는 건 버겁고 난처한 일이야. 이런 내 행동은 노이로제 때문이야. 지난날 너무 비참하게 살아왔기 때문에 신체적·도덕적인 면에서 노이로제에 걸리고 말았어. 의사들은 알 거야. 차가운 거리에서 밤을 보내고 어디서 빵 한 조각을 얻어먹을 수 있을까 하는 초조와 불안감, 끝없는 긴장감, 친구와 가족 때문에 일어나는 짜증스런 일로 내 성격은 별나고 변덕스러워졌어. 내가 우울증에 빠진 것은 그 때문이야."

그는 외롭고 고독하게 자기 예술세계와 정신세계 속에서 삶과의 치열한 전쟁을 치른다. 절망스러운 생활이 지속될 때 고흐에게 시엔이라는 여자가 나타났다. 둘은 한동안 잘 사는 듯했지만, 시엔은 동생 테오가 보내주는 돈을 탕진하기 시작했고 급기야 다른 남자의 아이까지 낳는다. 이후에도 계속 다른 남자를 만나던 그녀는 결국 고흐를 버리고 창녀촌으로 가 버린다. 이 사건은 젊은 날 실연의 상처를 자극하는 기폭제가 된다. 시엔이 떠나고부터 고흐는 심각한 감정의 요동에 빠지게 되고, 혼자서는 살기가 힘들게 되어 테오에게 얹혀살게 된다.

그는 점점 더 상태가 나빠졌고, 급기야 1888년 12월 23일 아를(Arles) 사창가 매춘부에게 자신이 자른 왼쪽 귀를 화대라고 건네는 유명한 사건이 터진다. 매춘부의 신고를 받은 경찰은 그를 곧바로 병원으로 이송한다. 그 일 이후, 주민들이 그를 '미친 네덜란드 사내'라고 하며 마을을 떠나라고 하자 고흐는 스스로 1889년 5월 8일 생레미의 한 정신병원에 들어간다.

상태는 이미 절망적이었다. 정신질환의 양상은 사람에 따라 다르게 나타나는데, 고흐의 경우는 '고통'이었다. 여자에게 집착하고 동생에게 경제적으로 의존하는 데서 오는 죄의식, 화가로 성공하지 못한 데 따른 열등감

등으로 감정의 격랑이 계속되었고, 그의 마음은 전쟁터나 다름없었다.

정신병원에 수용되어 있는 동안 자해한 귀의 상처는 아물어 갔고, 그와 함께 고흐의 마음도 조금씩 안정을 찾았다. 주치의 레이 박사는 다시 그림을 그리게 하는 것이 재발 방지책이라고 여겨 그를 병원에서 퇴원시킨다. 대신 매일 병원에 와서 귀의 붕대를 갈게 했고, 위험한 행동을 하지 않는지 사람을 시켜서 감시했다. 한 달 반 동안은 아무 일이 없었다. 그때 테오에게 보낸 편지를 보면 스스로도 안정을 찾아간다는 것을 느꼈던 듯하다.

하지만 그것은 그의 착각이었다. 감정은 작은 불씨 하나에 발화되는 폭탄이고, 한번 부서진 마음은 언제든 다시 깨질 수 있음을 고흐도 의사도 간과하고 있었다. 당연히 정신 혼란은 몇 번 더 재발되었고, 희망은 점점 사라져 갔다. 그가 지나가면 사람들은 전부 피했다. 철 지난 낡은 외투, 붕대 감은 귀, 물감으로 얼룩진 바지……. 아이들은 그의 꽁무니를 쫓아다니며 "미친 놈!"이라고 외치며 돌을 던졌다. 쫓기듯 집으로 숨어든 그는 모든 의욕을 상실했다. 더 이상 아무것도 할 수 없고, 하고 싶지 않은 무기력의 깊은 절망에 빠져든다.

1890년 2월 미술비평가인 앨버트 오리에(Albert Aurier)가 〈르 메리퀴르 드 프랑스〉에서 화가 빈센트 반 고흐를 '이 시대의 가장 위대한 화가'라고 칭송했다는 사실을 동생이 알려주지만 고흐는 그 의미조차 제대로 알아듣지 못한다. 이제 그는 더 이상 자신을 이겨 낼 수 없는 지경에 이르렀고, 어떤 의사도 그를 도울 수 없었다.

1890년 7월 27일 뜨거운 여름날, 고흐는 묵고 있던 여관 주인에게 까마귀가 그림을 그리지 못하게 꽥꽥거린다며 까마귀를 죽여야겠다고 총을 빌려 들판으로 나간다. 까마귀는 그가 만든 심리적 펑계물이었는지도 모른다. 들판에 나간 그는 까마귀가 아닌 자신의 가슴에 총을 쏘았다. 하지만 바로 죽지 않았고, 집으로 실려 왔다.

가제트 박사가 "제가 당신을 꼭 살려 내겠습니다"라고 말하자 고흐는 "그러면 다시 자살을 시도해야겠군요"라고 대답했다. 삶을 완전히 포기하기로 선택한 것이다. 동생 테오가 소식을 듣고 파리에서 왔을 때 "울지 마라. 우리 모두를 위해서 한 일이다"라고 말했다고 전해지고 있다. 전쟁터 같은 마음 상태 가운데 치명적인 정신질환을 보였으나 그래도 정상의식이 가능한 상태로 돌아왔을 때 자신과 주변을 위해 자살을 선택한 것이라는 증언이다. 더는 어찌할 수 없어 죽음을 선택했는지 모른다.

고흐는 48시간 동안 버티다가 동생이 바라보는 앞에서 숨을 거둔다. 37세, 너무 젊고 아까운 나이였다. 그가 80~90세까지 살았다면 얼마나 많은 훌륭한 작품을 남겼을까? 그가 죽었을 때 주치의였던 가제트 박사는 고인을 가리켜 "그는 감정의 불길에 사로잡혀 타 죽었습니다"라고 말했다. 감정이라는 폭탄이 그를 터트린 것이다. 37세, 전쟁은 빨리 끝났다. 몇 개월 후 동생 테오도 매독과 만성 신장병으로 죽었고, 두 형제의 시신은 나란히 묻혔다.

일과 정서는
상호 작용한다

●

　주치의 가제트 박사가 고흐를 타 죽게 만들었다고 했던 감정, 즉 정서 (Emotion)가 무엇인지 잠시 생각해 보자. 정서는 마음의 상태가 외부로 표출되는 신호나 결과이다. 흔히 슬픔, 분노, 기쁨, 공포 같은 감정이 정서 라고 알고 있다. 그러나 감정과 정서는 약간 다르다. 정서는 감정(Feeling) 을 포함한다.

　정서심리학자들은 정서란 '어떤 대상이나 상황을 지각하고 그에 따르 는 생리적 변화를 수반하는 복잡한 상태'라고 말한다. 20세기 초까지만 해도 정서와 감정은 동일하게 사용되었고 지금도 둘을 혼용해 쓰기도 한 다. 그러나 정서심리학자들은 정서와 감정을 분리한다. 감정이란 느낌이 나 기분만을 말하고, 그런 감정에 생리 현상까지 합해진 것이 정서이다. 즉, 마음에서 어떤 느낌이 생기는 것이 감정이라면, 그런 느낌과 함께 눈 물이 난다거나 얼굴이 상기되거나 땀이 나는 등 생리적 변화까지 동반된 다면 정서라고 할 수 있다.

　마음에서 무슨 일이 생기면 가장 먼저 나타나는 것이 정서이고, 복잡 한 마음의 상태가 정서로 드러난다. 때로는 마음이 느끼지 못해도 얼굴이 화끈거리거나 열이 나고 눈물이 나는 경우가 있다. 마음에 어떤 변화가 일어났는지 느끼지 못해도 생리적 변화가 일어났다면 정서가 발생했다고 볼 수 있다.

업무 무기력이 만드는 정서의 문제는 일이 잘되지 않고 재미가 없다든가, 이 일이 자신에게 도움이 안 된다거나 자신이 발전하고 있지 않다는 부정적인 생각과 함께 생겨난다. 그래서 업무 무기력을 느낄 때는 당연히 기분이 나쁘고 슬프거나 화가 나거나 즐겁지 않다. 반대로 일이 재미있다는 것은 그 일에서 유능감을 느끼고 자신감을 가지고 있으며, 그 일의 결과가 자신에게 크게 도움이 된다거나 동기요인이 명확할 때 나타나는 현상이다. 따라서 일이 재미있는가, 일하는 것이 즐거운가 하는 것은 일이 주는 정서 평가에 중요한 기준이 될 수 있다.

신시내티 대학교 심리학 교수 제럴드 매튜(Gerald Matthews)는 《정서 지능 그 오해와 진실》에서 일에서 강한 정서가 만들어지는 이유를 다음 세 분야로 나누어 설명한다. 첫째는 직업상의 업무 수행과 관련된 일, 둘째는 인사 이동이나 승진 등의 경력 변화, 셋째는 일이 잘 안되거나 어려워 스트레스가 생길 때이다. 이때 정서가 도움이 되기도 하고 방해가 되기도 한다.

직장에서 너무 화가 나서 책상을 내리친 적이 있는가? 상사로부터 받은 모욕 때문에 울었던 적은 없는가? 구조조정에서 살아남지 못할까 봐 두려워 잠 못 이루고 뒤척이지 않았는가? 아니면 밤새워 준비한 프로젝트가 선정되어 뛸 듯이 기뻤고, 그로 인해 승진까지 하게 되어 자신감이 하늘을 찔렀던 적은 없는가? 이 모두가 일이 만드는 정서로, 일과 정서는 깊은 상관관계를 가진다. 제럴드 매튜도 "직장에서의 매순간은 삶과 따로 떼어 생각할 수 없고, 따라서 정서발생 요인은 직장의 도처에 널려 있다"라고 단정적으로 말하고 있다.

한편 심리학자 페크룬(Reinhard Pekrun)과 프레제(Michael Frese)는 직장에서는 자신뿐 아니라 타인의 정서에도 깊은 영향을 받는다고 주장한다. 우리는 직장에서 다양한 사람들을 만나고 그들의 성공 경험이나 상황 대처능력을 보며 직·간접적인 정서 경험을 하고 사회 경험을 축적해 간다. 그런 탓에 사회생활을 많이 해본 사람이 감정이나 생각의 폭이 넓은 경우가 많다. 우리는 생각보다 직장에서 많은 것을 보고 배우고 있는지 모른다.

제럴드 매튜는 직업과 정서가 상호 교류한다고 보았다. 그는 대부분의 사람에게 정서적인 삶과 생활수준을 결정짓는 첫 번째 요소가 '직업'이라고 보았다. 직업은 개인의 안녕, 자기 존중감, 경제적인 수입, 사회적 지위 등에 영향을 미치므로 정서를 일으키는 주요 원천이 직업이라는 것이다. 또한 직업에서의 성공과 실패가 정서를 통해 개인의 심리 발달과 건강에 영향을 미칠 수 있다고 보았다.

반대로 정서가 일의 생산성, 만족감, 안녕감에 영향을 주어 일과 직업에서의 행동과 성취에 영향을 줄 수도 있다. 이때는 정서가 업무를 잘해낼 수 있을지 여부를 결정짓는 요인으로 작용한다. 그래서 기분 좋을 때는 일이 잘되지만 기분 나쁘면 생산성이 떨어지는 것이다. 심리학자 라자러스(Richard S. Lazarus)와 포크만(Susan Folkman)은 "정서는 우리가 직업적인 도전 요구와 위협들을 얼마나 잘 다루고 있다고 생각하는지를 알려주는 실시간 현장지도와 같다"라고 했다. 이렇게 정서와 직업은 서로 깊은 상호 연관성을 가지고 있다.

일을 하며 만나는
네 종류의 정서

●

　페크룬과 프레제는 직장에서 일을 할 때 만들어지는 정서는 두 가지 차원으로 분류할 수 있다고 정리했다. 첫 번째 차원은 일이 우리에게 주는 인센티브(Incentive) 혹은 패널티(Penalty)로 주관적인 가치에 의해 만들어진다. 인센티브란 승진이나 보너스 수령 등 당근에 해당하는 부분이고, 패널티는 일을 하지 않거나 잘하지 못할 때 오는 불이익으로 채찍에 해당한다. 당연히 인센티브는 긍정적인 영향, 패널티는 부정적인 영향을 나타낸다.

　두 번째 차원은 일의 결과에 관심과 초점이 있는 경우로 과제 수행능력이나 사회적 영향력에 따라 정서가 일어난다. 어떤 일을 할 때는 그 일이 잘되는 것만으로도 충분히 기쁘다. 이때는 초점이 과제 자체에 있을 때다. 하지만 일의 성패에 따라 승진 혹은 좌천되는 것에 관심이 있는 경우도 있고, 일의 결과로 대중적인 인기를 얻어 정계에 나갈 수 있다든지 하는 식으로 사회관계나 영향력에 초점이 맞춰질 수도 있다. 이런 것이 두 번째 차원이 된다.

　이처럼 일을 바라보는 관점의 차이에 따라 여러 가지 정서가 나타나는

데, 페크룬과 프레제는 두 개의 차원에 따라 일을 할 때 발생하는 정서를 네 그룹으로 구분했다. 다음은 페크룬과 프레제가 제안한 것을 독자의 이해를 돕기 위해 변형한 것이다.

초점과 관심 \ 결과	부정적인 결과 (패널티)	긍정적인 결과 (인센티브)
과제나 일 자체	지루함 불안 절망 슬픔 수치심/죄책감 분노	즐거움 안심 희망 기쁨 자긍심 평화
사회적 지위 사회적 영향력	불안 질투 모욕 두려움	감사 공감 감탄 동정

위에서 보듯 일을 할 때 초점을 어디에 두는지와 일이 주는 인센티브와 패널티에 따라 네 그룹의 정서가 나타날 수 있다. 간단히 생각해 '해봐야 나한테 별로 큰 이익이 없다'고 느끼면 그 일이 지루하지만, '내게 큰 돈을 벌어다 준다'라고 생각하면 그 일을 하는 것이 큰 즐거움을 준다. 또한 이 일의 결과로 나의 사회적 위치에 부정적 영향이 온다면 불안을 느끼겠지만, 일을 끝내고 승진이 되었다면 감사를 느끼는 것이 인간이다.

물론 각 그룹 내에서 나타날 수 있는 정서가 더 많을 수 있고 개인적으로 나타내는 정서에도 차이가 있을 수 있으므로 이 표가 절대적인 것은 아니다. 하지만 일과 정서를 연관하여 정리한 것이므로 당신이 일을 할 때 왜 지루한지 또는 왜 평화로운지 생각해 볼 수 있는 참고지표는 될 수 있을 것이다.

지시받는다고 생각하면
유능감이 사라진다

●

　유능감은 업무 무기력과 매우 연관이 깊다. 내가 지금 하고 있는 일에 유능감이 생기면 긍정 정서가 만들어지면서 업무 무기력을 조금씩 벗을 수 있다. 유능감과 무기력 간의 관계는 심리학자 엘런 랭거(Ellen. J. Langer)가 고등학생들을 대상으로 실시한 실험을 통해 밝혀진 바 있다.

　실험은 다음과 같다. 우선 종과 횡으로 나열된 많은 문자 속에서 상품명을 찾는 과제가 주어진다. 상품명은 비교적 눈에 잘 띈다. 따라서 대부분의 피험자는 상품명을 찾을 수 있고, 성공했다는 느낌과 유능감을 가질수 있다. 그 뒤에 여러 회사의 광고를 주고 그 광고가 조금 전 발견했던 상품명과 연관이 있는지를 판단하게 한다. 즉, 이전의 문제에서 안경과 수영복이라는 단어를 찾았다면 콘택트렌즈, 수영장, 물안경 등의 광고를 보고 연관성이 있다고 판단할 수 있다. 여기까지가 1차 실험이다.

　이 1차 실험이 끝난 후 피험자들은 모의 피험자들과 함께 2차 실험에 참여한다. 이때는 가짜 제비뽑기를 하게 하여 피험자들에게는 무조건 '노동자(Worker)'의 역할을 주고, 모의 피험자들에게는 '관리자(Manager)'의 역할을 준다. 2차 실험의 과제는 1차 실험에서 봤던 상품에 맞는 광고를 연결시키는 것이다. 그런데 이때 '노동자' 역할을 맡은 피험자는 '관리자'가 말하는 상품명을 받아쓰고, 그에 따라 광고를 분배해 간다. 당연히 피험자는 모의 피험자가 '관리자'이면서 '지시자'로 자신을 통제한다는 느낌을 받게 된다. 피험자에게 통제받는 느낌을 주려는 것이 랭거의 의도다.

이런 2차 작업이 있은 후 3차 실험을 하는데, 피험자로 하여금 또다시 종횡으로 나열된 문자 속에서 상품명을 찾는 1차 실험과 같은 과제를 수행하게 한다. 그런데 여기서 놀라운 일이 벌어졌다. 3차 실험은 1차 실험과 별다른 차이가 없어 쉽게 답을 찾을 수 있어야 하는데, 2차 실험에서 '노동자' 역할을 맡았던 피험자들의 정답을 찾는 비율이 현저히 떨어진 것이다. 자신이 '노동자'이고 '관리자'의 지시를 받는다고 한번 생각하자 학생들은 3차 실험에서 제 역량을 발휘하지 못했다는 것이다.

랭거 박사팀은 이후에 또 다른 실험에서 제비뽑기를 하지 않고 실험자들끼리 역할을 자발적으로 나누어서 '관리자'와 '노동자', '우두머리'와 '조수' 식으로 신분의 차이를 느낄 수 있게 분류시켜 실험을 진행했는데, 거기서도 마찬가지 결과가 나왔다. 랭거 박사는 맡은 역할에 따라 성적이 떨어지는 것을 다시 확인했다고 보고했다.

이 실험들을 통해 명확히 알 수 있는 것은 우리가 자신을 누군가의 노예, 즉 낙타라고 생각하는 동안은 절대 일을 잘해내기 힘들다는 사실이다. 이미 성공의 경험이 있고 유능감을 가졌다 하더라도 이후에 누군가의 지배를 받는 통제 불가능을 경험하면 유능감이 훼손되고 무기력해질 수 있다.

남이 시키는 일, 의미 없는 노동은 무기력을 낳는다. 그래서 거듭 말하지만, 우리는 자신의 일을 해야 한다. 설사 그 일이 회사 일이라 할지라도 나의 일이라는 사고를 해야 자발적으로 일할 수 있다.

취업은 IQ,
승진은 EQ

●

"직업은 삶의 만족과 안녕감의 주요 원천일 뿐만 아니라 개인에게 정체성과
목적의식을 제공할 수 있다. 동시에 직업 환경이 개인적인 고통의 주요한 원
인이 될 수도 있다."

– 카트라이트와 쿠퍼(Cartwright & Cooper)

수석으로 입사한 사람이 조직에 적응하지 못하고 몇 년 되지 않아 회
사를 그만두는 경우가 있다. 반면 입사 성적은 중간 정도였는데 동기 중
에 가장 먼저 승진하는 경우도 보았을 것이다. 입사 때의 성적을 기준으
로 보면 수석 입사자가 승승장구할 것 같은데, 왜 현실은 그렇지 못한 것
일까? 결론부터 말하면 이는 정서지능과 관련이 있다. 정서를 잘 알고 조
절할 수 있는 역량, 즉 정서지능이 직장에서의 성공을 좌우한다는 연구
결과가 많이 보고되고 있다.

대니얼 골먼(Daniel Goleman)이 글로벌 컨설팅 회사 이곤젠더(Egon
Zehnder International)의 부에노스아이레스 지점에서 업무 수행에 성공한
사람과 실패한 사람 227명을 비교한 연구 결과는 다음과 같았다. "모든

사례에서 그들의 치명적인 약점은 정서지능에 있었다. 그들은 거만하고 지나치게 지력에 의존하며 그들의 지역에서 벌어지는 종잡을 수 없는 경제 변동에 적응하지 못했고 팀워크나 협동의 가치를 경시하였다."

결국 일에서의 성공과 실패가 정서지능 때문이라는 것이다. 골먼은 "똑똑한 사람이 거만할 때 오히려 일을 제대로 수행하지 못한다"라고 했다. 또한 그는 일본과 독일의 성공한 관리자와 실패한 관리자도 비교 분석했는데, 이들에게도 동일한 패턴이 나타났다고 보고했다. 정서 적응력은 직장생활의 필수 요소이며, 융통성과 사회성이 부족한 사람은 절대로 성공할 수 없다는 것이 골먼의 결론이다. 내가 아무리 열심히 일해도 그 열매를 아부 잘하는 동료가 채갈 수 있는 것이 정서지능의 힘이라는, 두려운 이야기이다.

지금 당신이 도서관에서 영어 공부에 매달리고 스펙 쌓기에 열중하는 동안, 경쟁자가 취미 활동에서 사귄 CEO를 통해 쉽게 입사하는 것을 질투만 해서는 안 된다. 자신과 상대의 정서에 대해 잘 알지 못한다면 언젠가는 경쟁에서 뒤처질 수 있다는 경고이니 말이다.

이런 연구 결과들 탓인지, 최근에는 적성검사 등을 통해 정서지능을 측정하여 직원을 선발하거나 인사 이동을 하는 기업이 늘고 있다. 이런 현상이 늘어나는 것에 대해 로버트 쿠퍼(Robert Cooper)와 에이먼 사와프(Ayman Sawaf)는 "20세기의 비즈니스를 이끌어 온 동력이 IQ라면 21세기에는 EQ가 그 자리를 차지할 것이다"라고 했다. 또한 깁스(Gibbs)는 〈타임〉지에 실린 논평에서 "공동체 세계에서 당신을 고용시키는 것은 IQ(지능)지만 당신을 승진시키는 것은 EQ(정서지능)다"라고 했다. 똑똑해야 취직이 되지만 타인의 감정을 공감하는 정서적인 지능이 있는 사람이 회사생활을 잘할 수 있다는 것이다.

정서지능이 승진에 도움이 된다고 연구자들이 말하는 근거는 팀워크를 발휘하거나 상호 협력해야 하는 상황에서 정서지능이 다른 사람들과 얼마나 효과적으로 함께 일할 수 있는지 알려주는 기준이 되기 때문이다. 정서지능이 높은 사람이 조직에서 잘 견뎌 낸다.

마틴 셀리그만은 피터 슐만(Peter Shulman)과 함께 실시한 연구를 통해 정서지능에 긍정성까지 가진 사람은 직업에서의 성공 확률이 높다고 했다. 낙관적인 해석 방식을 가진 보험사 직원들이 비관적인 해석 방식을 지닌 직원보다 높은 비율로 생존하는 것으로 조사되었다는 것이 그들의 설명이다. 낙관성에 반 이상 체크한 보험 판매원이 비관성에 반 이상 체크한 판매원보다 37% 이상 보험상품을 더 많이 판매했다고 한다. 이후 103명의 신입 판매원을 대상으로 실시한 후속연구에서도 비슷한 결과가 나왔다고 말하며, 셀리그만은 긍정적인 해석 방식을 가진 판매원이 더 잘 견디고 판매도 더 잘한다고 결론지었다.

긍정성은 일하는 태도에 영향을 준다. 또 일이 잘되면 긍정성이 올라가는 시너지 효과가 있다. 이처럼 긍정 정서는 일에 매우 중요한 도구가 될 수 있다. 누구나 화가 나거나 슬플 때 일을 차분히 하지 못했던 경험이 있을 것이다. 반면 성적표를 받았는데 생각보다 성적이 잘 나온 경우 기분이 좋아져 공부가 더 잘되기도 한다. 정서가 일을 돕거나 방해한 사례이다.

직장생활을 성공으로 이끄는
정서지능의 역할

●

　그렇다면 정서지능의 어떤 특징이 일에 도움을 주고 승진도 시킨다는 것일까? 정서지능에는 여러 기능이 있는데, 일의 성공을 위해서는 그중에서도 '정서 인식', '자기 정서 조절', '타인 정서 공감', '타인 정서 조절'이라는 네 가지 기능이 매우 중요하다고 제럴드 매튜는 말하고 있다. 즉, 자기 정서를 알고 조절할 수 있고 타인의 정서를 공감하고 조절할 수 있다면 조직생활에서 무리 없이 일을 잘 처리할 수 있다는 것이다. 직장생활을 성공으로 이끄는 정서지능의 네 가지 기능은 다음과 같다.

　하나, 자신의 정서 인식하기. 정서 인식이란 지금 자신이 느끼는 정서가 무엇인지 알아채는 능력이다. 정서 인식이 일에 사용되려면 일의 목표와 가치가 정서와 어떻게 연관되는지 알아야 하고, 자신의 사고와 행동, 정서가 또 어떻게 연결되어 있는지, 어떤 정서가 성취에 영향을 미치는지도 알아야 한다.
　대니얼 골먼은《감성지능》에서 "높은 정서 인식능력이 직업 환경에서의 정서지능의 역할을 설명하기 위한 발판으로 여겨진다"라고 했다. 정서지능이 높아서 자기 정서를 잘 인식하는 사람은 스스로를 잘 알기 때문에 정서를 조절할 수 있고 뒤따라오는 행동도 잘 관찰할 수 있다. 이런 사람들은 일의 성취에 도움이 되도록 자기 행동을 조절하는 것이 가능하다.

순간 욱해서 책상을 치려고 할 때, 그 분노의 감정을 가라앉히고 행동을 조절하기 위해서는 먼저 화가 났다는 것을 스스로 알아차리고, 무엇이 지금의 이 분노를 촉발했는지 정확히 집어낼 수 있어야 한다. 그런데 사실 이게 말처럼 쉽지가 않다. 왜 화를 내는지도 모르면서 분노에 휩싸여 일을 그르치는 경우가 얼마나 많았던가? 자신의 변화에 예민하게 반응하며 자기의 정서를 정확히 인식할 수 있는 능력이 일의 성공을 보장하는 첫 번째 열쇠임을 기억하자.

둘, 자신의 정서 조절하기. 지금 나에게 나타나는 정서가 무엇인지 인식하고 이해했다면, 그 정서가 일에 도움이 되지 않을 때 조절할 수 있어야 한다. 충동을 억제하거나 조절하고, 과도한 불안이나 두려움, 근심은 줄이고, 미움이나 질투 같은 부정적인 감정에서 벗어나려는 노력을 해야 한다. 그리고 의도적으로라도 즐거움을 유지해야 하지만, 때로는 그와 정반대인 불쾌한 감정을 일부러 만들어 내야 할 때도 있다. 일에 도움이 되는 방향으로 감정을 쓸 수 있어야 정서지능이 높은 사람이다.

개그맨이 직업인 사람은 무대에 오르기 전 즐거운 기분을 유지하려고 노력해야 하지만, 의사가 환자에게 받아들이기 힘든 소식을 전해야 할 때는 즐겁게 말했다간 큰일 날 것이다. 서비스업종에 종사하는 사람은 밝은 표정으로 고객을 대해야 좋은 업무 평가를 받을 수 있지만, 장례식장에서 서비스한다고 하이 톤에 즐거운 표정으로 고객을 응대했다가는 해고되기 십상이다. 이처럼 때와 장소에 맞는 분위기와 표정을 유지해야 한다. 그것을 결정하게 해주는 것이 정서지능이다.

정서심리학자 피터 샐로비(Peter Salovey) 박사는 글을 쓸 때 일부러 지하 골방에 들어가 침울한 음악을 틀어 놓고 차분한 정서를 유지하려고 애쓴다고 한다. 나카무라 슈지 교수는 분노를 역이용해 LED 연구에 매진하여 노벨상을 받을 수 있었다고 말한 바 있다. 이들은 모두 정서를 조절하여 일에 도움을 받는 똑똑한 전략을 쓴 사람들이다. 이렇듯 일과 직업에서의 정서 조절은 개인의 욕구와 기대를 조직에 맞춰 주어진 일을 잘 수행하게 해주는 역할을 한다고 대니얼 골먼은 이야기한다.

정서 조절을 위해서는 자기 통제, 끈기, 적응력 및 정서 대처와 같은 역량이 필요한데 이것은 인지, 동기, 의지, 행동과 연동하여 작동한다. 이들 모두가 잘 협력하여 일을 제대로 수행하면 유능감과 기쁨을 느끼겠지만, 반대로 일이 잘 안되고 삐걱거릴 때는 부정적인 정서가 나타날 수밖에 없다. 이때 자신이 왜 그런 정서를 보이는지를 아는 것이 다시 마음의 엔진을 조율하여 제대로 작동하게 만드는 첩경이다.

그런데 여기서 오해하기 쉬운 것이 하나 있다. 정서 조절이 자신의 진짜 감정을 숨기고 억제하여 남을 속이는 것이 아니라는 점이다. 일을 하다 보면 화를 내야 할 때도 있다. 앞에서 새커거위아가 태평양을 보러 갈 수 없다는 것을 알고 사령관에게 처음 화를 내며 항의했던 것을 기억하는가? 분노를 표현했기에 그녀는 선발대에 포함될 수 있었다. 적절한 분노는 사회생활을 하는 데 중요한 역할을 한다. 일의 마무리가 안 되는 팀원에게는 팀장이 따끔하게 한소리 하는 것이 버릇을 고치는 길이 될 수 있다. 그가 평소 그 팀원을 아꼈다 하더라도 의도적으로 혼을 내는 것이

장기적으로는 그를 돕는 일이다.

셋, 타인의 정서를 공감하고 이해하기. 타인의 감정, 욕구, 근심을 알아차리고 이해하는 공감 능력은 조직생활의 필수 요소이다. 공감 능력은 타인에게 적극적인 관심이 없을 때는 생기지 않는다. 상대에게 신경을 쓰지 않는데 어떻게 겉으로 드러나지도 않는 깊은 감정까지 알 수 있겠는가? 그러므로 일을 잘해내기 위해서는 함께 일하는 이들의 감정 변화에 예민한 사람이 되어야 한다.

이에 대해 대니얼 골먼은 "공감은 직업에 필요한 모든 사회적 역량의 기본"이라고 말하며, "직장에서 다른 사람이 자신을 돕도록 만들기 위해서는 그들 개개인의 목표와 가치 선호도를 인식할 필요가 있다"고 했다.

판교에 있는 공학 소프트웨어 벤처기업인 마이다스 아이티의 이형우 대표를 그의 사무실에서 만난 적이 있다. 그 회사는 취업준비생이 가장 들어가고 싶어 하는 기업 중 하나로 2016년 입사 경쟁률이 1천 대 1을 넘었다. 이 대표는 자신은 대차대조표도 볼 줄 모른다며, 사람 키우는 일만 했더니 어느 날 매출이 그 업계에서 세계 1위가 되어 있었다고 말했다. 성공 비결을 묻자 그는 잠시 생각하고는 '공감'이라고 말했다. 대니얼 골먼의 이야기처럼 그는 공감하는 능력으로 사람을 움직였고, 그 사람들이 회사를 업계 1위로 만들었다는 것이다.

넷, 타인의 정서 조절하기. 일의 성공은 자신의 성공뿐 아니라 함께 일하는 사람의 성공을 돕는 것도 포함한다. 여기서도 이형우 대표의 철학이 보인다. 그는 한 번도 회사를 키우려 하지 않았다고 했다. 매일 새벽 6시에 출근해서 저녁 9시에 퇴근할 때까지 사람을 만나 그들을 키우는 것만 했다고 말한다. 그렇게 직원의 성장을 추구하니 회사가 더욱더 성장하더라는 것이다. 타인의 성장을 돕는 것이 진짜 리더십임을 보여 준다.

사실 타인의 정서를 공감하고 조절할 수 있다는 것에는 매우 많은 것이 내포되어 있다. 그것이 가능하려면 든든한 청취자나 상담자가 되어야 하며, 상대의 꿈을 이해하고 그들이 목표를 세우고 실행할 수 있도록 도와주어야 한다. 정서지능이 매우 높아야 가능한 일이다. 제럴드 매튜는 타인의 정서를 조절하기 위해서는 두 가지 기술이 반드시 요구된다고 했다.

첫째는 타인에게 영향을 줄 수 있어야 한다. 즉, 타인을 설득하고 감정을 자극하지 않을 정제된 표현을 할 수 있어야 하며, 상대에게 합의를 보여 주고 그의 지지를 받기 위해서는 여러 가지 복잡한 전략을 사용할 수 있어야 한다.

둘째는 타인과 효과적으로 의사소통을 할 수 있어야 한다. 이를 위해서는 정서를 잘 활용하고 어려운 논쟁도 잘 끌어갈 수 있어야 한다. 즉, 상대의 말을 잘 들어주면서도 본인의 이야기를 다 할 수 있고, 타인과 정보를 공유하면서 열린 의사소통 분위기를 조성하는 능력이 필요하다.

결국 일을 잘해내고 조직에서 타인에게 역량을 발휘하려면, 카리스마 있는 리더가 되어 거부할 수 없는 영향력을 주면서도 반대로 따뜻한 조언자가 되어 상대와 늘 원활한 의사소통이 가능해야 한다는 말이다. 이런 사람은 자신의 일과 타인의 일 모두에서 성취를 이뤄 낼 수 있다. 그들은 자신도 행복하고 타인에게도 행복을 준다.

창의성도 뛰어넘는
최고의 능력, 열정

●

경영의 구루(Guru)라고 불리는 게리 하멜은 업무 능력이 '기업 성장에 공헌하는 정도'에 따라 복종, 근면, 지성, 추진력, 창의성, 열정이라는 6단계로 세분한 바 있다. 가장 낮은 단계는 복종이고, 최고의 단계는 열정이다.

하멜은 모든 업무 능력을 능가하는 최고의 능력이 열정이라 했다. 열정이 창의성마저도 뛰어넘는다는 것이다. 사실 열정은 능력이라기보다는 기질, 태도, 근성이라 볼 수 있다. 그는 기업 성장을 돕는 '새로운 가치 창조'에 위의 여섯 가지 업무 능력이 기여하는 비율을 제시한 바 있는데, 복종은 0%, 근면은 5%, 지성은 15%, 추진력은 20%, 창의성은 25%, 열정이 35%였다.

즉, 가치 있는 새로운 것을 만드는 데 가장 큰 영향력을 미치는 것이 '열정'이라는 것이다. 흔히 새로운 것을 창조하는 능력을 창의성이라 보는 경우가 많다. 그런데 창의성보다 열정이 더 큰 영향을 미친다니, 우리가 일반적으로 알고 있던 것과는 다르다. 그러므로 열정을 만들어 낼 수 있는 조직의 리더가 진짜 리더이다. 열정적으로 일하는 사람은 감정이라는 강력한 에너지를 모두 다 일에 쏟고 있다고 볼 수 있다. 열정이 탁월한 성과를 가져온 예를 한번 보자. 고흐와는 반대의 결과를 낳은 사람들이다.

수브라마니안 찬드라세카르(Subrahmanyan Chandrasekhar)는 인도 태생의 미국인 천체물리학자이자 수학자이다. 그는 백색왜성 연구로 1983년 노벨 물리학상을 수상했다. 제 빛을 다해 쪼그라든 백색왜성 가운데 태양 질량의 1.4배를 넘는 경우는 자신의 중력 안으로 '무한히' 붕괴된다는 게 찬드라세카르의 이론이었다.

그의 이론은 너무나 독특해서 과학자들조차 수년 동안 받아들이지 못했고, 당대 천체물리학의 최고봉이었던 아서 에딩턴(Arthur Eddington)은 '별 장난'에 불과하다고 무시해 버렸다. 그러나 1930년대 후반을 지나면서 에딩턴을 제외한 대부분의 천체물리학자들이 찬드라세카르의 주장에 동조하기 시작한다. 결국 그가 생각한 별의 진화 모델은 블랙홀 이론의 토대가 된다.

많은 천재가 그랬듯 그도 매우 열정적인 학자였음을 다음의 일화를 통해 알 수 있다. 찬드라세카르는 대학에 몸담으며 50명이 넘는 대학원생들의 박사 연구를 지도했는데 그의 강의에 얽힌 재미있는 일화가 있다. 그가 시카고 대학교에서 천체물리학 강의를 맡게 됐을 때의 일이다.

강의를 하려면 130킬로미터나 떨어진 천문학 관측소까지 가야 했는데, 불행히도 그 강의를 신청한 학생이 두 명에 불과했다. 당연히 강의가 취소되리라 모두들 생각했지만 그는 취소하지 않았고, 왕복 260킬로미터의 외진 시골길을 오가며 강의를 진행했다. 많은 사람이 비효율적인 행위라고 비웃었다고 한다. 단 두 명을 위해 한 주 내내 연구와 자료 수집을 해 교안을 만들고 260킬로미터를 운전한다는 것은 자기 일에 대한 소명이나 열정 없이는 절대로 할 수 없는 일이다.

학생들 또한 대단했다. 슬며시 취소할 수도 있었을 텐데 그 과목을 수강하기로 결정한 것은 과목이나 담당 교수에 대한 애정이 특별했다는 증거이다. 학생이 둘뿐이니 수업을 따라가려면 자신의 모든 능력을 동원해야 했을 것이다. 교수는 수시로 둘에게 질문을 던졌을 것이고 레포트나 시험에 있어서도 어떤 요령이나 편법이 통하지 않았을 것이다. 열정이 우선하지 않았다면 절대 진행되지 못했을 강의이다. 이렇게 열정으로 똘똘 뭉친 세 명의 사제는 새로운 이론을 실현할 방법을 찾아내고 정립해 간다는 기쁨으로 수업에 몰두했고 높은 성취감을 느꼈다고 한다.

세월이 흘러 그때의 두 학생이었던 리(T. D. Lee)와 양(C. N. Yang)은 1957년 노벨 물리학상을 받았다. 세월이 더 흘러 1983년에는 교수였던 찬드라세카르도 마침내 노벨 물리학상을 수상했다. 사람들의 비웃음을 샀던 그들 세 사람은 노벨상 수상이라는 쾌거를 이루었고 마지막에 함께 웃을 수 있었다. 교수를 포함해 수업에 참석한 학생 모두가 노벨상을 받았으니 대학 역사상 가장 성공적인 수업이 아니겠는가?

무엇이 이들로 하여금 그런 강의를 충실하게 할 수 있게 했을까? 재능과 자질이 있었겠지만, 가장 중요한 것은 열정이다. 일과 공부에 대한 열정과 호기심이 세 사람을 어린아이 마음으로 올려 주었고, 그 마음이 결국 진리를 찾을 수 있게 했을 것이다. 탁월함의 최고봉에 진리가 있음을 기억하자. 진리를 하나라도 찾을 수 있다면 그 삶은 최고로 평가받을 수 있을 것이다. 대한민국에 노벨 과학상 수상자가 한 사람도 없는 것은 아직 누구도 발견하지 못한 진리를 찾아낸 사람이 없기 때문이다.

열정은 동기와 감정이 융합되어 우리를 로켓처럼 쏘아 올려주는 마음의 힘이다. 그래서 게리 하멜이 열정을 창의성마저 뛰어넘는, 가장 중요한 업무 능력이라 했는지 모른다. 누가 무어라 하든, 어떤 불이익이나 고통이 따르든 상관없이 일에서 오는 행복을 지키기 위해 우리도 이처럼 열정적으로 무언가에 몰두할 수 있을까? 찬드라세카르의 작은 강의실을 상상하며 그들과 같은 마음으로 하루하루를 살아간다면, 분명 내가 몸담고 있는 분야에서 새로운 가치를 창출해 낼 수 있을 것이다.

기억하자. 일에 가장 도움이 되는 능력은 열정이다.

죽음의 공포를 넘어선 새끼 독수리의 비상

●

나는 새끼 흰머리 독수리이다. 절벽 끝에 달린 둥지에서 태어나 들쥐와 물고기를 먹고 자라는 중이다. 둥지에 깔아 놓은 부드러운 담요는 엄마가 사냥한 토끼털을 몇 겹 쌓아 만든 것이다. 따뜻하고 포근하다. 먹이는 풍부하고 둥지도 안전하다. 밤이 되면 좀 춥긴 하지만 토끼털 담요와 엄마의 몸이 나를 따뜻하게 지켜 줬다. 이 둥지에서는 무서운 것도 어려운 것도 없다.

그런데 어느 날 엄마가 둥지에 깔아 놓았던 그 포근한 토끼털을 둥지 밖으로 물어서 던져 버리기 시작했다. 나는 너무 놀랐다. 엄마가 토끼털을 남김없이 절벽 아래로 던지자 날카로운 가시들이 드러났다. 아직 연약한 내 살이 가시에 찔려 아프고 무섭다. 엄마는 대체 왜 이러는 것일까? 잠시 후 엄마는 나를 둥지 끝으로 밀었다.

힘이 약한 나는 엄마에게 떠밀려 둥지 끝까지 왔다. 무서워 벌벌 떨었다. 몸 곳곳이 가시에 찔려 피가 났지만 엄마는 못 본 체했다. 그리고 나를 밖으로 확 밀어 버렸다. 나는 숨이 턱 막혔다. 천 길이나 되는 벼랑 끝 둥지 아래에는 바위들이 가득하다. 떨어져 부딪치면 그대로 죽을 게 뻔하다.

나는 아직 비행술을 모른다. 엄마는 하늘을 나는 법을 알려 주지도 않고 나를 이렇게 공중으로 떠밀어 버렸다. 날개를 퍼덕여 보았지만 역부족이다. 거의 바닥까지 떨어졌다. '이제 저 날카로운 바위와 부딪힐 것이다'라고 생각한 바로 그때 엄마의 두 발이 나를 낚아채 올렸다. '그럼 그렇지. 엄마가 실수하셨던 거야' 하고 생각했다. 하지만 둥지 위에 도착해 숨을 몰아쉬는 순간 엄마는 또 다시 나를 둥지 밖으로 밀었다.

두 번째 당하니 정신이 아득하다. 다시 죽기 살기로 날갯짓을 했다. 처음보다는 좀 힘이 생긴 듯했지만 그래도 아직 스스로 몸을 띄울 수는 없었다. 이번에도 땅에 부딪히기 직전에 엄마가 나를 낚아채 올렸다. 그렇게 엄마는 그날 오후 내내 나를 둥지에서 밀어내고 끌어올리는 이해하지 못할 행동을 반복했다.

엄마가 나를 일곱 번째 밀어냈을 때 조금 다른 느낌을 받았다. 아래로 떨어지면서 나는 여유 있게 날개를 폈고 몇 번 날갯짓을 하자 더 이상 아래로 내려가지 않는 것이 느껴졌다. 내가 날고 있었다! 너무나 황홀했다.

그때 엄마가 내 옆으로 날아오더니 "얘야 오늘 고생 많았다. 아프게 밀어내서 미안해" 하셨다. 우리 엄마가 달라진 것이 아니었다.

그날 저녁, 엄마는 맛있는 들쥐 한 마리를 통째로 주시며 오늘 내가 받은 훈련이 우리 독수리들만의 특수한 훈련법이라고 말씀해 주셨다. 우리 독수리는 새들 중에서 가장 강한 힘을 가지고 있는데, 그 힘은 새끼 시절 죽을 만치 혹독한 훈련을 거쳐 만들어지는 것이라고 하셨다. 그래서 오늘 내게 그런 훈련을 시키신 것이다.

엄마는 마지막으로 말씀하셨다. "네가 독수리임을 잊지 말아라." 나는 오늘 내가 받은 특공대 훈련이 너무 감사했다. 죽음의 문턱에 왔다고 느낄 만큼 무서웠던 그 훈련을 통해 어쩌면 엄마는 공포, 두려움, 슬픔 같은 감정을 뛰어넘는 법을 가르쳐 주신 것이 아닌가 생각한다. 나도 가장 강한 독수리가 될 수 있을 거라는 기쁨과 자신감에 밤잠을 설쳤다.

독수리가 새끼를 훈련시킬 때 어미 독수리는 둥지를 어지럽히고 새끼를 둥지 밖으로 밀어낸다고 한다. 새끼 독수리는 떨어져 죽지 않기 위해 필사적으로 날갯짓을 한다. 어린 새끼 독수리는 아직 날개가 약하기 때문에 아무리 날갯짓을 해도 중력을 이기지 못하고 땅으로 추락한다. 그러면 땅에 부딪히기 직전에 어미가 먼저 하강해 그 새끼를 받고는 둥지로 데려가 또 다시 떨어뜨린다. 그 훈련을 통해 새끼 독수리는 비행술을 터득한다.

어미 독수리가 이렇게 위험하고도 혹독한 훈련을 시킬 수 있는 이유는 자신의 날개 근육을 믿고 있기 때문이다. 중력으로 떨어지는 속도보다 더 빨리 하강하여 새끼를 잡을 수 있는 비행 속도를 가진 새는 독수리뿐이라 한다. 그런데 어미 독수리가 가지고 있는 그 강인한 날개 근력은 바로 새끼 시절 천 길 낭떠러지로 밀려나 추락하는 공포 속에서 죽기 살기로 날갯짓을 할 때 만들어진 것이다.

믿지 못할 이야기이지만 여기서 한 가지 기억하고 갈 것이 있다. 공포, 두려움, 슬픔과 같은 강한 부정 정서를 뛰어넘을 때 우리 마음에 강한 힘과 튼튼한 근력이 생긴다는 점이다. 특히 감당하기 힘든 일이 주는 공포와 두려움을 극복할 때 우리는 유능감과 자신감을 배운다. 감정 극복이 우리에게 남겨 주는 결과이다. 사실 부정적인 감정들은 죽고 싶을 만큼 우리를 고통스럽게 한다. 그래서 정신과 의사를 찾고 심리상담사를 만나는 것이다. "인지방식이 잘못되었나 봐요" 혹은 "일할 동기가 없어서 고통스러워요" 하며 병원을 찾는 사람은 없다. 사람들이 병원을 찾을 때는 부정 정서에 아프게 짓눌릴 때다.

정서는 우리를 아프게 한다. 하지만 그런 힘들고 아픈 부정 정서를 뛰어넘으면 웬만한 두려움에는 눈 하나 까딱하지 않을 담대함이 만들어진다. 근육 운동도 마찬가지다. 누워서 TV 보며 팔 몇 번 흔든다고 지방이 타 없어지거나 근육이 만들어지지 않는다. 현재의 한계를 버티지 못하고 근육이 찢어질 때 새로운 근육이 만들어진다. 자신의 한계를 넘으려고 할 때 근력이 만들어지는 것이다. 마음의 근력도 마찬가지다. 죽을 듯한 고통을 이겨 내야 마음에도 힘이 생긴다.

마음을 훈련시키는 고통은 두려움, 불안, 슬픔과 같은 부정 정서와 함께 온다. 한계이므로 두렵고 불안하고 슬픈 것이다. 그러므로 지금 만약 두렵고 불안하고 슬프다면 당신 마음에 한계가 왔음을 인정하고, 지금이 마음의 근력을 만들 절호의 기회라고 생각하라. 한계를 느끼는 그 순간이 성장할 수 있는 시기다.

그래서인지 가장 깊은 고통을 이긴 자는 어떤 일이 일어나도 놀라지 않고 흔들리지도 않는다. 그는 다만 모든 것이 지나가길 기다린다. 그것이 바로 니체가 말한 운명애인 아모르 파티(Amor Fati), '운명을 사랑하라'는 정신이 실현되는 순간인지 모른다.

인지:
자신감은 찾되 자만심은 버려라

·

"자신을 좋게 생각할수록 더욱 생산적이 되고 더 생산적이 될수록 더욱더 자신을 좋게 생각하게 된다."

– 나다니엘 브랜든(Nathaniel L. Branden)

인지는 생각을 만들어 내는 틀이다. 인지방식이 다르면 같은 상황도 다르게 판단한다. 인지가 왜곡되면 판단 역시 잘못될 수밖에 없다. 일에서의 인지 왜곡은 '그 일은 해봐야 소용없어' 혹은 '잘할 자신이 없어'와 같은 자신감 상실로 나타나고, 심하면 열등감, 수치심, 죄책감 같은 인지적 부정 정서를 동반하기도 한다.

일을 제대로 해내기 위해서는 자신감이 중요하다. 열등감에 사로잡혀 있다면 잘못된 인지방식을 전환하여 자신감을 회복해야 업무 무기력을 떨쳐 낼 수 있다.

인지에서 중요한 것은 균형이다. 균형을 잡고 모든 것을 제대로 보는 것을 '직시'라고 부른다. 진실을 정확히 본다는 뜻이다. 매사에 인지방식을 정확히 유지해야 하지만, 일을 할 때는 자신감을 가지는 것이 더 좋다. 열등감에 눌려도 안 되겠지만, 자신감이 자만심으로 흘러도 위험하다. 정신은 균형이 가장 중요하다.

'나는 신이다'라고 외친
영혼의 절규자

●

잘못된 인지방식에 갇혔던 한 사람의 일생을 보려고 한다. 바슬라프 니진스키(Vaslav Fomich Nijinsky)라는 천재 발레리노이다. 니진스키는 여성 발레리나의 보조 역할만 해왔던 남성 발레리노를 발레리나와 대등한 위치에 올려놓은 사람으로 평가받는다. 니진스키 이전에는 남성 무용수가 발레에서 주역을 맡은 사례가 없었다. 하지만 주인공을 할 수밖에 없을 만치 기량이 뛰어났던 니진스키로 인해 남자 무용수도 주연이 되고, 남성을 위한 안무도 만들어졌다고 한다.

니진스키는 1889년 3월 12일 우크라이나의 키예프에서 태어났다. 발레를 했던 부모를 둔 덕에 그는 다섯 살 때부터 형, 누나와 함께 혹독하게 발레 훈련을 받았다. 그가 죽을 때까지 배운 것은 발레와 관련된 것뿐이었다. 그 결과 남다른 무용수가 되었지만 발레 말고는 배운 것이 없었기에 다른 것은 생각할 줄 몰랐다.

그는 매일 발레만 연습하고 새로운 안무만 구상했다. 하나에 집중한다는 것은 탁월해질 수 있는 매우 중요한 마음의 힘이다. 하지만 질서와 조화를 이루지 못하는 집중은 오히려 마음의 왜곡, 특히 인지의 왜곡을 만들 소지가 크다. 잘못된 믿음에 고착되어 인지가 왜곡되고, 그 왜곡을 벗지 못하면 자기가 만든 틀 속에 갇히기 때문이다. 심리학에서는 그런 틀을 프레임(Frame)이나 스키마(Schema)라고 부른다.

누구에게나 깊은 믿음이 있을 수 있다. 하지만 그것에 경도되거나 그 믿음을 절대시하면 오히려 편집증 같은 몰입이 생겨 마음의 질서를 파괴하고 혼돈을 일으켜 우리를 해친다. 니진스키에게 발레가 그런 것이었다. 니진스키에게 발레는 성장의 도구였지만, 그 집착이 성숙을 막는 지붕이 되었다. 그리고 추락을 일으키는 부조화의 근원이 되었다. 결국 그는 정신병원에 갇히게 된다.

이런 현상은 과도한 몰입과 집중력으로 뇌의 에너지를 임계치 이상 능가해 버릴 때 천재들에게 나타날 수 있는 증상과 비슷하다. 그래서 '몰입'을 체험한 황농문 교수는 매일 일정 시간 운동으로 몰입된 정신을 풀어야 한다고 말한다. 하나에 집중할 때 오는 부조화가 정신에 문제를 일으킬 수 있기 때문이다.

니진스키는 '자신을 신이라고 생각'하는 인지적 착각에 빠졌다. 그가 자신의 정신 붕괴를 예감하며 스물아홉 살에 쓴 '일기'를 엮은 책 《영혼의 절규》에는 '나는 신이다'라는 문장이 셀 수 없이 많이 나온다. 히틀러를 분석한 랑거 박사의 보고서에 따르면 히틀러 역시 자신이 '독일의 운명을 책임지기 위해 보내진 특별한 존재 혹은 신의 대변자'라는 말과 글을 수도 없이 반복했다고 한다. 한두 번이 아니라 계속 반복한다는 것은 그들이 실제로 그렇게 믿었다는 증거이다. 자존감과 자신감이 임계치를 넘어 자만심과 오만함으로 변질되었고, 그 결과 자신을 진짜 신이라고 착각하기에 이른 것이다.

니진스키는 도약 기술을 수만 번 반복하며 발레만 했고 새로 올릴 작품의 안무를 어떻게 구상할지 생각하고 또 생각했다. 그래서 신경과민이 되었다. 그런 그를 사람들은 미쳤다고 했고, 어느 날 장모는 그를 강제로 정신병원에 수용시켜 버렸다. 중력조차 멈춘 듯 보이게 만든다던 그의 도약 기술 '엘레바시옹(Elevation)'을 병실에서 보여 줄 수는 있었겠지만, 무대에 다시는 오를 수 없다는 사실에 그는 절망하고 또 절망했을 것이다.

니진스키는 정신병원에 수용된 이후 암묵의 세월을 보낸다. 니진스키의 전기 작가 리처드 버클(Richard Buckle)은 그의 일생 60년을 "10년은 자라고 10년은 배우고, 10년은 춤추었으나, 30년은 암묵 속에서 보냈다"라고 정리했다. 그는 마음의 전쟁에서 패했고, 어둠에 갇힌 채 남은 30년을 병원에서 연명하다가 1950년 4월 8일 런던의 사설진료소에서 신장 질환으로 사망했다.

어둠은 견고했고 누구도 니진스키를 치료하지 못했다. 정신분열증(Schizophrenia)이란 낱말을 처음 만든 블로일러(Eugen Bleuler) 박사를 필두로 정신분열증과 조울증을 구별한 크레펠린(Emil Kraepelin) 박사, 우리가 너무도 잘 아는 프로이트(Sigmund Freud)와 융(Carl Jung), 아들러(Alfred Adler) 등 당대 가장 탁월한 정신과 의사들이 차례로 니진스키를 진료했지만 누구도 그를 고쳐 내지 못했다. 그들의 충고는 한결같았다. "정신의학자의 간호 아래 최상의 상태로 육신을 편하게 해주고 조용한 환경을 마련해 주십시오." "그로 하여금 꿈에 잠겨 있도록 내버려 두세요."

그들이 내린 처방은 무질서한 마음에 평화를 주라는 것이었지만 니진스키는 너무나 고통스러워했다. 스스로 "나는 그리스도보다도 더 고통을 받았다"라고 자탄했을 정도였다. 무대가 사라진 무용수의 절망은 부모의 시신 앞에서 울고 있는 전쟁고아의 막막함과 다를 바가 없다. 더 이상 일할 수 없게 될 때 오는 절망은 세상을 잃은 것과 진배없기 때문이다.

할 수 있던 것을 할 수 없게 되면 무질서도인 엔트로피가 급격히 상승하고 마음과 정신은 동반 추락을 시작한다. 헤밍웨이의 고통이 니진스키에게도 보이지 않는가? 둘 다 자기 일을 하지 못하는 데서 온 고통이다. 그래서 미하이 칙센미하이가 "일이란 유기체가 엔트로피로 인해 쇠퇴하지 않도록 스스로 수행하는 행위다"라고 말했는지 모른다.

니진스키처럼 극단적이지는 않으나 누구나 인지의 왜곡으로 마음에 문제를 만들 수 있다. 업무 무기력이 주는 열등감과 죄책감, 수치심은 마음의 수준을 최하위로 떨어뜨려 버린다. 그래서 더 일하지 못하는 악순환이 일어난다. 업무 기력을 회복하기 위해 필요한 것은 열등감을 자신감으로 바꾸는 것이다. 그 인지적 전환이 우리에게 다시 일할 힘을 줄 것이다.

당신을 막는 것은
상황이 아니라 생각이다

●

인지(Cognition)란 외부 상황을 파악하고 거기서 획득한 정보를 해석하고 판단한 후 목적이나 목표에 맞는 행동을 하는 고차원적 정신 과정이다. 비슷한 말로 인식(Perception)이 있다. 인식은 감각기관을 통해 뇌에 전달된 자극이 무엇인지 해석해 행동에 영향을 미치는 과정이다. 인식은 지각이라고 부르기도 하는데, 인지는 그보다 높은 상위개념이다. 인지는 지각한 감각 정보를 변형, 축소, 정교화, 저장, 인출하는 과정을 포함하기 때문이다.

흐릿한 그림을 보고 '삼각형이구나'라고 알아차리는 것이 '지각'이라면, 그 삼각형이 삼각자인지, 트라이앵글인지 혹은 피라미드를 정면에서 본 모양인지 등을 정확히 구분할 수 있는 것이 '인지'이다. 인지에는 주의 집중, 기억회상, 문제해결, 창의적 사고 등 마음의 모든 과정이 포함되므로, 인지 능력이 뛰어나다는 것은 매우 똑똑하다는 의미로 볼 수 있다.

그런데 아이러니하게도 이렇게 똑똑한 인지가 실수를 아주 잘한다. 왜곡도 할 뿐 아니라 이미 만들어진 경험이나 정보에 의해 오판하는 실수도 잘 저지른다. 고무 호스를 보고 순간 뱀이라고 인지하는 것처럼 말이다.

때로는 잘못된 것을 한참 눈치채지 못할 수도 있고, 평생 동안 착각하기도 한다. 가장 똑똑해야 할 인지가 바보에다가 거짓말까지 하는 것이다.

문제는 인지의 착오가 마음을 낮은 차원에 머물게 한다는 것이다. 죄책감이나 수치심, 자존심, 자만심, 열등감 같은 자의식은 인지가 만들어 내는 마음의 상태이다. 우리는 매일 매 순간 인지에 착오를 일으킬 수 있다. 잘못 형성되어 내재된 신념에 따라 판단 착오하는 것은 거의 모든 사람이 하는 실수이다. 이런 착오를 치료하기 위해 만들어진 심리치료 방법이 펜실베이니아 대학 아론 벡(Aaron T. Beck) 박사가 창시한 인지치료이다.

인지의 오류는 자동적 사고(Automatic Thought)와 스키마로 인해 만들어지는 경우가 많다. '자동적 사고'란 어떤 상황에 노출되거나 어떤 사건을 떠올릴 때 뇌에 이미 만들어진 회로의 순서를 따라 마음속에 자동으로 떠오르는 생각을 말한다. '스키마'는 정보 처리의 기본틀이나 규범을 말하는데, 기존에 만들어져 있는 스키마에 따라 외부 정보를 분류하고 걸러 내고 부호화하여 특별한 의미를 찾게 되므로, 스키마가 잘못되었을 때도 판단 착오를 할 수 있다. 이것을 아론 벡은 핵심 신념(Belief)이라고 했다.

이렇듯 잘못 만들어진 스키마나 신념에 따라 자동적 사고를 할 때 인지의 실수가 일어난다. '나는 뭘 해도 안 돼', '내가 그렇지 뭐'라거나 '이쯤이야 식은 죽 먹기지', '단숨에 해치울 수 있어'라는 식의 왜곡된 인지의 틀을 가지고 있다면, 그 틀에 의해 무기력한 사람은 해보지도 않고 포기하고, 오만한 사람은 일을 미루고 또 미루면서도 단숨에 할 수 있다고 착각하게 된다.

업무 무기력을 느낄 때 인지는 자신의 존재 가치를 비하한다. 할 수 없다고 믿게 하여 실제로도 일하지 못하게 만들고 결국은 업무 무기력까지 호소하게 해버리는 그 근원에 인지의 왜곡이 있다. 상황이 아니라 할 수 없다는 생각이 우리를 막고 있다. 그렇게 실패가 반복되다 보면 '나는 해도 안 된다'는 생각이 팽배해져 열등감이 생기고 자존감과 자신감은 바닥으로 떨어진다. 그리고 무기력을 호소한다.

앞서 말했듯 이런 사람에게는 자존감 확보가 우선이다. 반면 게으름으로 일을 미루거나 회피하는 사람은 자존감은 있지만 해본 적이 없기에 자신감이 다소 떨어져 있을 수 있다. 그래서 일의 자신감을 먼저 회복해야 한다. 자신감이 있어야 일을 겁내지 않고 할 수 있기 때문이다.

문제는 자신감이 단숨에 생기지 않는다는 데 있다. "나는 할 수 있다!"라고 아무리 다짐한들 마음속에 저장된 스키마나 믿음이 그대로인데 인지방식이 바뀌겠는가? 그래서 우리는 좌절하는 것이다. 자신감은 근거가 있어야 한다. 누군가 성공의 경험을 한두 번 안겨 준들 절대 자신감 형성에 도움이 되지 않는다. 오히려 의존성만 커질 뿐이다.

자발적으로 이룬 성취에서 오는 자신감이 진짜 근력으로 남는다. 이전에 실패한 경험이 있다 하더라도 현재의 성공 경험이 더해지면 자신감이 단단해진다. 따라서 작은 성공을 만들어 내 자신감을 먼저 회복하는 것이 자동적 사고와 스키마가 만든 인지 왜곡을 극복하는 중요 전략이다.

자신감 회복은 승리의 경험이 누적될 때 이루어진다. 그래서 우리는 매일 자신만의 승리 경험을 만들어야 한다. 오늘의 할 일을 매일 수첩에 적고 하나하나 이룰 때마다 리스트를 삭제해 나가는 단순한 행위가 효과가 있는 것은 그것이 승리의 경험을 누적시켜 주기 때문이다.

높이뛰기 선수가 처음 뛰기 시작할 때는 낮은 데서 시작해 하나하나

넘을 때마다 바의 높이를 올리는 것과 같은 이치이다. 어제 1미터를 넘은 선수는 오늘 1미터 10센티미터에 두려움 없이 도전할 수 있다. 이렇게 매일 조금씩 작은 성공의 경험을 쌓아 나가다 보면 어느덧 대형 프로젝트를 완수한 자신을 볼 수 있을 것이다.

거듭 말하지만 여기서 잊지 말아야 할 것은 자신감이 자만심으로 변질되어서는 안 된다는 것이다. 그 순간 또 다른 인지방식의 문제가 발생한다. 탁월한 기술을 가진 장인들이 대가나 예술가로 진화하지 못하고 그 수준에서 막히는 이유가 '이 정도면 충분해' 하는 자만심 때문일 수 있다. 홀로 작업하는 사람은 누구에게도 막히지 않지만, 자만심에 의해 스스로 갇힌다. 스스로를 냉정하게 판단할 수 있어야 인지가 왜곡되지 않는다.

생각 때문에
죽은 쥐

●

    일을 하다 스트레스가 심해지면 사람들은 '이 스트레스가 사라지면 일을 잘할 수 있을 거야'라고 생각한다. 하지만 스트레스 상황은 잘 바뀌지 않을 뿐 아니라 그것이 사라져도 또 다른 스트레스가 생긴다. 그렇게 우리는 스트레스에 치여서 살고 있다. 그런데 이런 스트레스가 실은 나의 인지가 만들어 낸 경우가 많다. 즉, 내 생각이 스트레스 요인이라는 것이다.

    심리학자 로버트 아더(Robert Ader)와 면역학자 니콜라스 코헨(Nicholas Cohen)은 쥐를 대상으로 스트레스의 영향을 실험했다. 이들은 구토를 유발하는 면역억제제에 단맛 나는 인공감미료 사카린(Saccharine)을 넣어 여러 번 쥐에게 먹였다. 그런 뒤 면역억제제를 뺀 사카린만 투여하는 2차 실험을 했다. 그런데 사카린만 먹은 쥐들이 계속 구토를 했고, 많은 쥐가 토하며 죽어 갔다. 그 쥐들은 왜 죽었을까? 이에 대해 연구자들은 "그 쥐들은 구토라는 신체 증상과 사카린의 맛을 연합하여 사카린 맛에 조건화가 되었다"라고 보고했다.

    결국 쥐들이 죽은 것은 자기 생각 때문이라는 것이다. 면역억제제가 들어가지 않은 사카린이므로 구토할 이유가 전혀 없었지만, 단맛이 구토를 일으킨다는 선행학습 내용이 계속 쥐들을 괴롭혔던 것이다. 생각이 만드는 이런 현상이 인간에게도 일어날 수 있다. 아니, 고등동물인 인간에게는 이런 현상이 더 잘 일어날 수 있다. 열등감이나 자만심 같은 부정적인 자의식에 한번 물들면 쉽게 회복되기가 어렵다. 우리는 어떤 상황에서도 자신의 마음을 잘 지켜야 한다.

부정적인 스키마와 왜곡된 사고, 비합리적인 믿음들이 만드는 인지 왜곡을 조심하고, 자만심과 비합리적인 생각에도 주의해야 한다. 자신의 마음에 갇히면 구원도 힘들다. 그러므로 자만심은 멀리하되 자신감은 가질 수 있는 냉정함이 필요하다. 자신을 냉정하고 정확히 볼 수 있는 자기 직시와 자기 이해가 인지에서 가장 필요하다. 이를 위해서는 스스로 자신의 마음과 생각, 즉 인지과정을 낯선 눈으로 지켜보는 제3의 관찰자가 되어야 한다.

스스로 하는 인지치료법
ABCDE 기법

●

　자신의 인지 왜곡을 알았다면 그 잘못된 인지방식을 바꿀 수 있어야한다. 인지방식을 변화시키는 방법은 많지만, 여기서는 아론 벡이 인지치료에서 제시한 ABCDE기법을 소개하려 한다. 가장 흔히 사용되는 기법중 하나이다.

- A(Activating Event): **선행사건**
- B(Belief): **비합리적 믿음**
- C(Consequence): **결과**
- D(Dispute): **반박**
- E(Effect): **효과**

　다음은 한 독자가 메일로 보낸 상담 내용의 일부를 수정한 것이다. 아마 대부분 이 청년과 유사한 생각에 갇혔던 경험이 있을 것이다. 그때 어떤 식으로 인지 전환을 해야 하는지 이 사례를 통해 살펴보도록 하자.

저는 대학 졸업반으로 취업준비생입니다. 어릴 때부터 모범생이었고 항상 부모님을 실망시키지 않았습니다. 학교 성적은 늘 좋았고 SKY 대학의 인기 학과에 입학해 부모님과 친척들은 제게 큰 기대를 하고, 좋은 직장에 취업할 것이라 믿어 의심치 않습니다. 사실 제 형과 동생은 저보다 공부를 못했고 중류 대학에 인기학과에 간 것도 아닙니다. 그래서 저는 항상 제가 부모님을 가장 기쁘게 해드릴 수 있다고 생각했고, 열심히 스펙을 쌓으며 대기업 취업 준비를 하였습니다. 그런데 이력서를 내고 면접을 봐도 계속 떨어집니다. 이번에 P기업에 이력서를 냈는데 또 안 될까 걱정입니다. 이번이 올해 마지막 기회이므로 실패하면 큰일입니다. 그래서 저는 숨이 막히고 밤에 잠을 잘 잘 수가 없으며 걱정이 됩니다. 어떻게 해서라도 좋은 회사에 취업해야 한다고 생각하니 하루하루 생활이 매우 어렵습니다. 저는 어찌해야 할까요?

이 청년의 경우 메일에는 상세히 적지 않았으나 아마 무기력감, 우울감, 스트레스, 좌절감, 자존감 저하, 자기 비하 등의 부정적인 인지와 정서에 시달리고 있을 것이다. 메일로 미루어 보건대 그는 부모님의 기대를 충족시켜 드려야 한다는 강박증을 가지고 있는 듯하다. 유명 대기업에 취업해 그 기대에 부응해야 한다고 생각하지만 쉽지가 않다. 게다가 이번 응시가 마지막 기회일지 모른다는 비합리적 사고를 하고 있다.

위에서 말한 ABCDE기법으로 비합리적 사고를 합리적 방법으로 변화시켜 보자.

A(선행사건): P기업에 입사 지원.

B(비합리적 믿음): 나는 부모님을 실망시켜 드리지 않기 위해 반드시 P기

업에 들어가야 한다. 이번이 졸업 전 대기업 지원 마지막 기회이다.

C(결과): 극도의 우울, 불안, 긴장감, 스트레스.

여기까지가 현재 상황이고, 다음은 그 상황을 타개하기 위한 의도적인 노력이다.

D(반박): 스스로 자신의 생각을 반박해 보는 것이다.

• **논리성 반박:** 부모님의 기대를 충족시키기 위해 P기업에 취업한다는 것이 과연 옳은 판단인가? P기업에 입사하지 않아도 부모님께 기쁨을 드릴 방법이 있지 않을까?

• **현실성 반박:** 이번에 불합격하게 될 사람들은 모두 나와 같이 절망할까? P기업 합격자 중 몇 달 만에 별로라고 생각해 사표를 내는 사람이 있을지도 모르고, 낙방자 중에도 다른 회사 입사나 창업 준비를 매우 즐겁게 하는 사람이 있을지 모른다. 그들이 틀렸다고 할 수 있는가?

• **효용성 반박:** P기업 입사에 실패했다고 절망한다면, 그 절망이 나한테 이익이 될까? 절망하는 것은 그 어떤 경우도 나에게 도움이 되지 않을 것 아닌가? 그렇다면 세상이 멸망해도 낙망하고 있어서는 안 되는 것 아닌가?

이렇게 자신에게 반박을 하고 나면 다음과 같은 생각이 떠오를 것이다.

E(효과)

• **인지 전환:** 나의 미래는 스스로 결정하는 것이며, 부모님의 기대는 다

른 방법으로 얼마든지 충족시킬 수 있을 것이다.

- **정서 안정:** P기업에 입사하지 못하면 약간 실망스럽겠지만 그렇다고 우울하거나 불안해하진 말자.
- **행동 지속:** 나는 이 불안을 떨치고 P기업에 들어가기 위해 최선의 노력을 할 것이다.
- **동기 강화:** 이번에 실패하더라도 다른 기회를 찾을 것이고, 대기업이 아니라도 나를 채용해 주는 곳이 있다면 그곳으로 가겠다.
- **의지 강화:** 더 이상 내 생각에 갇혀 나를 망치는 행위는 하지 않을 것이고 나의 발전을 위해 늘 정진할 것이다.

이와 같은 방법으로 생각을 바꿀 수 있다. 물론 다르게 반박하고 다른 결과도 낼 수 있다. 당신이 어떤 문제에 갇혀 열등감이나 수치심, 자괴감을 느낀다면 그 문제를 정리하여 이런 식으로 인지 전환을 해보는 것이 좋다. 스스로 하는 셀프 인지치료이다.

자신감은
자존감에서 온다

●

자신감(Self-Confidence)을 가지고 일할 수 있는 근본적인 힘은 자신을 존중하는 자존감(Self-Esteem)에서 나온다. 자존심(Pride)이란 남과의 비교에서 오는 것이므로 언제든 열등감으로 변할 수 있다. 하지만 자존감은 그 어떤 경우에도 나를 존중하는 마음이므로 실패하더라도 다시 자신감을 회복할 수 있는 근본적인 힘이 나오는 곳이다.

자존감에 대해 연구한 쿠퍼스미스(S. Coopersmith)는 "자존감 강한 아이는 분명하고 명백한 내적 기준을 가지고 있고, 자존감이 약한 아이는 자신의 역량을 측정할 만한 내적 기준을 가지지 못했다"라고 했다. "자존감은 누군가 부여하는 것이 아니라 스스로 획득해야 한다"는 것이 쿠퍼스미스의 설명이다. 그는 또한 "장애물, 어려움, 불안, 경쟁이 없다면 존엄심, 유능감, 자존감을 가진 새로운 세대를 기대할 수 없다"라고 말했다. 자존감이란 쉽게 얻어지지 않는 것임을 알 수 있다.

TIP 나의 자존감은 얼마나 높을까? _ 셀프 자존감 체크리스트

　이제 당신의 자존감 수준이 어느 정도인지 알아보자. 다음은 프랑스 심리치료사 크리스토프 앙드레(Christophe André)가 제시한 자존감 진단 항목이다. 특별히 몇 개 이상일 때 '자존감이 높다'라는 기준은 제시하지 않았으나 해당되는 것이 많을수록 자존감이 높다고 볼 수 있다. 주기적으로 이 체크리스트를 해보며 자존감이 얼마나 상승했는지 평가하는 것이 마음 훈련에 도움이 될 것이다.

01 - 생각한 대로 말한다. (　)

02 - 원하는 대로 행동한다. (　)

03 - 어려움에 부딪쳐도 밀고 나간다. (　)

04 - 포기를 부끄러워하지 않는다. (　)

05 - 유행이나 광고에 끌려다니지 않는다. (　)

06 - 놀림을 당해도 호탕하게 웃는다. (　)

07 - 실패해도 살아남을 수 있다는 것을 안다. (　)

08 - 과감하게 '싫어' 혹은 '그만해'라고 말한다. (　)

09 - '몰라'라는 말을 용기 있게 할 수 있다. (　)

10 - 혼자서도 내 일을 꿋꿋하게 한다. (　)

11 - 스스로 행복해질 권리를 누린다. (　)

12 - 스스로 사랑받을 만한 존재라고 느낀다. (　)

13 - 실연을 당해 일시적으로 불행한 기분이 들지라도 견뎌 낸다. (　)

14 - 혼자 있어도 마음이 차분하다. (　)

15 – '두려워'라든가 '나는 불행해'라는 말을 해도 자신을 비하하는 기분이 들지 않는다. ( )

16 – 다른 사람들을 사랑하지만 그들을 억누르거나 감시하지는 않는다. ( )

17 – 목표하는 일을 이루기 위해 최선을 다하되 스스로에게 압박을 가하지는 않는다. ( )

18 – 내가 남을 실망시키거나 실패를 할 수도 있다는 것을 인정한다. ( )

19 – 남에게 도움을 청해도 내가 그 사람보다 못하다는 생각은 하지 않는다. ( )

20 – 나 자신이 불만스러울 때도 나를 폄하하거나 학대하지는 않는다. ( )

21 – 다른 이의 행복에 배 아파하지 않는다. ( )

22 – 지금 불행하더라도 결국에는 극복할 수 있음을 안다. ( )

23 – 내 의견일지라도 곰곰이 생각한 후 얼마든지 바꿀 수 있다. ( )

24 – 나 자신을 두고 농담을 할 수 있다. ( )

25 – 긴장이 되더라도 할 말은 한다. ( )

26 – 내가 저지른 실수들을 교훈 삼는다. ( )

27 – 날씬한 몸매가 아니어도 당당히 수영복을 입는다. ( )

28 – 과거의 상처를 잘 치료했다고 느낀다. ( )

29 – 미래가 두렵지 않다. ( )

30 – 장점도 있고 단점도 있지만 이 모습 그대로의 내가 좋은 사람임을 안다. ( )

31 – 내가 점점 더 나아지고 있으며 살아가면서 뭔가를 배우고 있다고 느낀다. ( )

32 – 현재의 내 모습 그대로를 받아들이되 변화된 내일을 포기하지 않는
다. (   )

33 – 나에 대한 생각을 접고 다른 것에 대한 생각으로 나아갈 수 있다. (   )

패배의식이
열등감을 키운다

●

사실 자존감을 높이기란 그리 쉬운 일이 아니다. 마음의 5엔진이 모두 결합되어 지속적인 훈련을 통해 성취를 이루며 스스로에 대한 평가와 믿음이 달라져야 자존감이 높아질 수 있다. 하지만 그런 방법이 아니라도 자존감을 높일 수 있는 방법이 있다. 자신을 믿는 것이다. 나를 믿기 시작하면 자존감은 상승한다. 자신감은 자기 신뢰에서 온다. 반대로 패배의식은 열등감을 만들고 자신감을 죽인다.

다음은 데이비드 번즈(David Burns) 박사가 제시한 자기 패배적인 믿음을 확인하는 척도이다. 다음 35개의 문항을 읽고 당신이 어떤 생각을 갖고 있는지 점수를 기입하자. 그리고 1~5, 6~10, 11~15, 16~20, 21~25, 25~30, 31~35 각 항목의 점수를 합산하여 아래의 표에 기입하면 된다.

전혀 아니다	다소 아니다	그저 그렇다	다소 그렇다	매우 그렇다
0점	1점	2점	3점	4점

01 – 비판을 받으면 나는 보통 속이 매우 뒤틀린다. (점)

02 – 누군가로부터 인정을 받지 못하면 내가 매우 가치 없는 사람처럼 느껴진다. (점)

03 – 내가 행복하고 가치 있는 사람이라고 생각하기 위해서는 다른 사람으로부터 인정을 받아야 한다. (점)

04 – 다른 사람이 나를 비난하면 곧잘 방어적이 된다. (점)

05 – 다른 사람이 나를 어떻게 생각하느냐에 따라 나의 자신감은 크게 달라진다. (점)

06 – 다른 사람으로부터 사랑을 받지 못한다면 나는 행복감과 충족감을 느낄 수 없다. (점)

07 – 다른 사람으로부터 사랑을 받지 못한다면 나는 불행하게 될 수밖에 없다. (점)

08 – 다른 사람으로부터 거절을 당한다면 나에게 무엇인가 잘못된 것으로 느낄 것이다. (점)

09 – 내가 행복하고 가치 있는 사람이라고 생각하기 위해서는 사랑을 받아야 한다. (점)

10 – 내가 외톨이가 되고 사랑받지 못한다면 불행해질 수밖에 없다. (점)

11 – 나는 인생에서 성공적이지 못한 것 때문에 마음이 편치 않음을 느낀다. (점)

12 – 뚜렷한 경력, 사회적 지위, 재산 또는 명성을 가진 사람들은 성공하지 못한 사람들보다 더 행복할 것이다. (점)

13 – 많은 것을 성취한 사람들은 그렇지 못한 사람들보다 더 가치 있다. (점)

14 - 나보다 지능이 높고 성공한 사람 앞에서는 열등감을 느끼곤 한다.
(점)

15 - 내가 얼마나 생산적이고 성공적이냐에 따라 나의 존중감은 크게 달라진다. (점)

16 - 사람들은 내가 실패하거나 실수를 하면 나를 업신여길 것이다. (점)

17 - 내가 실패하면 자신이 가치 없게 느껴질 것이다. (점)

18 - 사람들은 내가 저지른 모든 실수를 알게 되면 나를 업신여길 것이다. (점)

19 - 실수를 하게 되면 나는 매우 당황할 것이다. (점)

20 - 나는 완전무결하도록 노력해야만 되는 것처럼 느껴진다. (점)

21 - 사람들이 나의 기대를 만족시켜 주지 못하면 당황하곤 한다. (점)

22 - 나는 다른 사람들로부터 더 좋은 대우를 받을 권리가 있다고 느끼곤 한다. (점)

23 - 다른 사람과 대인관계에 문제가 있을 경우 주로 상대를 비난한다.
(점)

24 - 나는 사람들로 인해 곧잘 좌절하거나 고통을 받는다. (점)

25 - 나는 다른 사람들로부터 더 좋은 대접을 받을 가치가 있다고 느낀다. (점)

26 - 누군가가 나로 인해 괴로워하면 죄책감을 느끼곤 한다. (점)

27 - 친구나 가족들과 잘 지내지 못하면 나는 자신을 심하게 비판한다.
(점)

28 - 대인관계에 문제가 생기면 자신을 곧잘 비난한다. (점)

29 - 누군가가 나로 인해 당황해하면 그것이 나의 잘못인 것처럼 느껴질

때가 많다. (점)

30 – 내가 모든 사람을 기쁘게 할 수 없다는 것 때문에 자신을 비판하게 된다. (점)

31 – 나는 일들이 좋게 변할 수도 있다는 것에 관하여 회의적으로 느낀다. (점)

32 – 내 삶의 문제를 해결하기란 매우 어렵거나 불가능할 것이다. (점)

33 – 나의 부정적 기분들은 내가 통제할 수 없는 요인들에 의해 생기게 된다고 믿는다. (점)

34 – 내가 진실로 행복감이나 가치감을 가지게 될 것이라고는 믿기지 않는다. (점)

35 – 나의 문제를 해결하는 데 도움을 줄 수 있는 사람은 거의 없을 것이다. (점)

해당 문항 번호	왜곡된 신념의 유형	합계
1~5	1. 인정받기(Approval Addiction)	
6~10	2. 과도한 애정 요구(the Love Addiction)	
11~15	3. 성취주의(the Achievement Addiction)	
16~20	4. 완벽주의(Perfectionism)	
21~25	5. 다른 사람에 대한 과도한 권리(Entitlement)	
26~30	6. 자기 비난(Self-Blame)	
31~35	7. 절망감(Hopelessness)	
총합 점수		

위 표에 제시된 항목별로 합산하여 기록하자. 합산된 점수가 0~10 사이라면 열등감이 적고 심리적으로 건강하다고 볼 수 있다. 합산 점수가 11~20 사이라면 열등감이 많고 감정적으로 허약하다고 볼 수 있으므로, 의도적으로라도 인지방식을 바꾸는 연습을 해야 한다. 점수가 높은 항목에 유의하자. 열등감을 많이 보일 수 있는 취약한 부분이다. 당신이 일에서 생산성과 성취가 낮았던 이유가 마음의 혼란 때문은 아니었는가?

자연에서 배우는 인지의 전환
가재는 껍질을 벗어야 자란다

●

바닷가재 랍스터(Lobster)는 가시발새우과에 속하는 갑각류이다. 랍스터 요리를 먹을 때 단단한 껍질 때문에 애를 먹는다. 모든 갑각류에게 껍질은 투구와 갑옷 같은 안전장치나 다름없다. 그런데 바닷가재가 성장하기 위해서는 속살을 보호해 주는 단단한 껍질을 스스로 깨고 더 커다란 새 껍질을 뒤집어쓰는 과정을 거쳐야 한다. 이 과정을 '탈피'라고 부른다.

바닷가재는 5년여의 성장기 동안 25번의 탈피를 하고, 자란 후에도 1년에 한 번 탈피한다. 바닷가재의 수명이 15년 정도라고 하니 살아가는 동안 대략 35번 정도의 탈피를 하는 셈이다. 그런데 이 탈피가 인간이 옷을 갈아입듯 쉬운 과정이 아니다. 실제로 탈피는 매우 번거롭고 때로는 목숨까지 위협당하는 끔찍하고 성가신 과정으로 알려져 있다.

낡은 껍질을 벗을 때가 되면 가재는 먹이를 잘 먹지 못하고 껍질이 들뜨는 증상을 보인다. 이 증상을 '탈피증'이라 한다. 이후 탈피기가 되면 낡은 외피는 압력을 받아 갈라지고, 그때 가재는 옆으로 누워 근육을 꿈지락거리기 시작한다. 한참 동안 모든 근육을 사용해서 움직이면 벌어진 껍질 사이로 속살이 빠져나오기 시작한다. 그렇게 속살이 다 빠져나온 후 새 껍질이 만들어질 때까지 가재는 외부환경에 무방비로 노출된다.

요즘은 가재를 애완용으로 수족관에서 키우는 사람들이 있다. 단독으로 키우는 것이 안전하지만 암수 성체 한 쌍을 키우기도 한다. 그런데 한 쌍으로 키울 때 반드시 지켜야 하는 사항이 있다. 탈피기가 오면 격리시켜야 한다는 것이다. 블루크로우 한 쌍을 집에서 키우던 한 여성은 암놈이 탈피를 했던 날 밤, 수놈이 암놈의 다리 네 개를 잘라 먹은 것을 보고 경악하여 격리시켰다고 한다. 가재는 새우나 다른 물고기뿐 아니라 같은 가재까지도 먹이로 하기 때문에 탈피는 그만큼 위험한 과정이다.

인지라는 마음의 껍질을 벗을 때도 비슷한 일이 일어난다. 우리는 열등감에 찌든 사람이 자신을 보호하고 타인을 속이기 위해 그 열등감을 자존심으로 위장하는 것을 자주 볼 수 있다. 자존심은 그의 방패이자 갑옷이고, 실은 열등감이 그의 본모습이다. 그런 사람에게 "자기 직시를 통해 너의 열등감을 받아들여라"라고 한다면 그는 수치심과 두려움을 느끼고 매우 고통스러워할 것이다. 나아가 그 말을 한 사람에게 맹공격을 퍼부을지도 모른다. 인지방식의 변경에 극심한 저항을 하는 것이다. 위험하고 아프기 때문이다.

인지 전환은 가재의 탈피기와 같다. 인지는 자아의 단단한 껍질이다. 많은 경우 자신을 보호하고자 인지방식이 왜곡되어 있는데, 가재와 마찬가지로 왜곡된 인지방식을 벗고 다른 인지를 입어야 정신적으로 성장할 수 있다. 하지만 그때가 실은 제일 위험하다. 자신의 인지방식을 바꾼다는 것은 순간 정신적 나체가 되어 모든 화살을 몸으로 맞는 아픔을 견뎌야 함을 의미한다. 이때 자아는 외부 공격에서 자신을 보호할 자의식이라는 껍질이 없으므로 치명상을 입고 쓰러질 수 있다.

심리 상담을 통해 자신의 마음속 이야기를 하고 상담자로부터 가감 없는 조언을 받은 사람이 속이 뒤집어지고 몸살을 하는 경우가 있다. 때로는 며칠씩 앓아눕기도 한다. 받아들이겠다고 했지만 자아가 아픈 것이다. 그때 견뎌야 한다. 그 맨살에 새로운 인지방식이 만들어져, 새로운 자아의 껍질이 될 때까지 아프지만 인내하고 버텨야 한다.

이러한 인지 전환기에는 의지와 정서지능이 도움이 필요하다. 의지가 견딜 힘, 인내를 주고, 정서지능의 도움으로 슬픔이나 분노가 인지방식의 변화 때문임을 안다면 인지 전환기를 버텨 낼 수 있을 것이다. 이처럼 마음의 모든 성분이 서로 협력하여 우리의 마음을 더욱 단단하고 강하게 해준다.

이렇듯 이전의 낡은 인지방식을 벗어던질 수 있다면 가재가 새 껍질을 입듯이 우리도 새로운 인지방식으로 거듭날 수 있을 것이다. 하지만 그 껍질 또한 얼마 후 다시 벗어야 할지 모른다. 하지만 인지 전환의 고통을 겪을 때마다 우리는 한 단계씩 성장하고 성숙할 것이다. 그래서 언젠가는 나를 성장시킨 계기가 무기력이 만들어 준 열등감이었음을 고백하게 될지도 모른다. 가재에게서 배우는 인지 전환 전략이다.

자신감 높이기 연습

이제 자신감을 높이는 법을 훈련해 보자. 다음은 데이비드 번즈 박사가 제시한 자신감을 높이는 방법을 업무에 맞추어 변형한 것이다. 따라 하면서 당신의 자신감을 한번 훈련해 보길 바란다.

STEP 1 – 다음을 회상하며 써보자.

• 일을 할 때 열등감을 느끼거나 자신감이 낮아지는 상황은 무엇인가?

(   )

• 일에서 비판받은 것은 언제인가?

(   )

• 직장동료에게 거부당했다고 느낀 적이 있는가? 언제인가?

(   )

• 일이 성공적이지 못하다고 느낀 적이 있다면 언제인가?

(   )

STEP 2 – 이런 상황에서 당신은 어떤 부정적인 감정을 느꼈는가? 슬픔, 열등감, 질투심, 분노, 위축감, 거부감 중에 어떤 것을 느꼈는가? 그 외 다른 감정을 느낀 것이 있으면 써보자.

STEP 3 – 위의 상황일 때 당신 스스로에게 무엇이라고 말했는가? 당신이 했던 말을 기억해서 써보자.

STEP 4 – 이런 생각들이 당신에게 남긴 것이 무엇인가? 생산성과 창의성에 어떤 결과를 가져왔는가? 대인관계에는 어떤 영향을 주었는가? 당신의 신체는 어떤 영향을 받았는가? 차분히 생각하며 써보자.

STEP 5 – 당신이 알고 있는 사람 중 존경할 만한 사람이 있는가? 그들은 위의 상황일 때 스스로에게 어떤 말을 했을 것 같은가? 그들도 당신처럼 자신감 없이 슬퍼하거나 우울해했을까?

이번에는 제3자의 입장에서 자신의 생각을 판단해 보고 인지방식을 바꾸는 훈련이다. 다음 표에서 당신의 생각이 맨 왼쪽 열과 같다고 했을 때, 그 생각이 옳은지 그른지, 나에게 미치는 장단점이 무엇인지 생각해 보는 것이다. 차근차근 표를 하나씩 채우며 마음을 바꾸는 연습을 해보자.

당신의 생각	이 생각을 믿었을 때의 장점	이 생각을 믿었을 때의 단점	생각의 전환
〈사례〉 성공적이고 가치 있는 일을 성취한다면 나는 가치 있는 사람이 될 것이다.	〈사례〉 나는 성공하기 위해 열심히 노력할 것이다.	〈사례〉 성공하지 못하면 실패했다는 열등감이 일어날 것이다.	〈사례〉 성공하기 위해 열심히 노력하겠지만 실패한다 해도 내가 무가치한 것이 아니다.
인기가 있고 사람들이 나를 좋아하고 존경한다면 나는 가치 있는 사람이 될 것이다.			
매력적인 외모와 아름다운 신체를 가지면 나는 가치 있는 사람이 될 것이다.			
다른 사람을 공정하고 관대하고 윤리적인 방식으로 대한다면 나는 가치 있는 사람이 될 것이다.			
훌륭한 일로 사회에 공헌한다면 나는 가치 있는 사람이 될 것이다.			
재능이 있고 뛰어난 업적을 남긴다면 나는 가치 있는 사람이 될 것이다.			
가정이 원만하고 아이들이 훌륭히 자랄 때 나는 가치 있는 사람이 될 것이다.			

행동:
당신의 일을 지금 시작하라

·

해야 할 일을 하는 사람에게 기적이 찾아온다

훈련으로 25분에 250단어를 써낸 우편 공무원

창의적인 사람은 일을 놀이처럼 한다

오늘 내가 하는 작은 일에 답이 있다

자연에서 배우는 행동 지속력: 수족관에서 태평양까지

"자신에게 명령하지 못하는 사람은 남의 명령만 듣게 된다."

— 니체 (Friedrich Nietzsche)

행동하지 않으면 아무 일도 일어나지 않는다. 심리학이 보는 행동은 동기, 정서, 인지, 의지가 결합되어 만들어 내는 최종 결과물로 마음이 만드는 운동력을 말한다. 업무 무기력에 빠지면 동기, 정서, 인지에 문제가 생기므로 행동을 시작하지 못하고, 설사 시작해도 중도에 그만두는 행동 장애가 일어난다.

마음의 상태가 종합되어 행동으로 나타나고, 결과는 행동이 결정한다. 그래서 행위가 가장 중요한데, 업무 무기력에 빠진 사람들은 일을 시켜도 하기 싫고, 하기 벅차다고 느낀다. 그 일을 할 에너지가 없기 때문이다. 그래서 동기, 정서, 인지, 의지를 모두 강화해야만 행동이 일어날 수 있다. 아리스토텔레스가 말한 실천적 지혜의 마지막도 '행동으로 옮기는 능력'이다.

여기서 잊지 말아야 할 것이 있다. 일이 하기 싫거나 벅차다고 느끼는 것은 그 일의 진짜 주인이 내가 아니기 때문이라는 점이다. 설사 현재 잘해내고 있다 할지라도 누군가의 노예인 낙타에 불과하다면 언젠가는 통제 불가능과 예측 불가능을 만날 수밖에 없다. 그때는 무기력이 찾아올 것이다. 따라서 낙타를 벗고 사자가 되어 스스로 하는 자발성을 행동의 목표로 삼아야 한다. 남이 시키는 일만 하기에도 벅차지만, 그럴수록 더욱 자신의 일을 해야 한다. 회사 일도 나의 과업으로 생각할 수 있어야 그 일을 잘해내고 제대로 기능할 수 있다.

해야 할 일을 하는 사람에게
기적이 찾아온다

●

조선의 실학자 다산 정약용은 정조 시대에 문신을 지냈으나 청년기에 접했던 서학(西學) 때문에 모함을 받아 유배를 간다. 하지만 그 유배지에서 5백여 권에 이르는 방대한 저서를 완성했고, 조선 후기 실학사상을 집대성한 인물로 평가받고 있다. 어떻게 그는 유배라는 인생의 암흑기에 스스로를 세우고 집필하여, 베껴 쓰기도 벅찼을 방대한 분량의 저술을 남길 수 있었을까?

다산의 《수모재기(守吾齋記)》를 보면 그가 어떠한 마음으로 유배지의 삶을 견뎌 냈는지 고백하는 내용이 나온다.

나는 잘못 간직하여 나를 잃은 사람이다. 어렸을 때는 과거로 명예를 얻는 일이 좋아 보여 그 길로 빠져든 것이 10년이었다. 마침내 조정에 나가 검은 사모를 쓰고 비단 도포를 입고 백주대로 위를 미친 듯 내달렸다. 이같이 한 것이 12년이다. 또 돌이켜 한강을 건너고 조령을 넘어 친척과 조상의 산소를 버리고 곧장 어두운 바닷가 대숲 가운데로 내달아 멈추었다. 이에 진땀이 흐르고 숨이 가빠 허둥지둥 어쩔 줄 모르며 내 발자취를 따라 같이 왔다. 그대는 어찌하여 여기까지 왔던가? 여우, 도깨비에 홀렸던 겐가? 아니면 해신이 부르기라도 했더란 말인가? 그대의 집과 가까운 사람들은 모두 초천에 있는데 어찌 또한 그 근본으로 돌아가질 않는가? 그러자 '나'라는 사람은 멍하니 움직이지 않고서 무어라 대꾸할 줄을 몰랐다. 그 낯빛을 보니 마치 붙들려 머뭇대는 것 같았고 좇아 돌아가고자 하나 할 수 없는 것 같았다. 마침내 붙들어 이와 더불어 함께 살았다.

이렇듯 그는 모함에 빠져 유배를 와서야 비로소 잘못 달리던 자신을 돌아보았고, '내가 나를 지키지 못해 이렇게 되어 버린 것을 누구를 탓하겠냐'고 깊이 깨달은 후 학자로서 새로운 인생을 살게 된다. 신영복은《강의》에서 오랫동안 영어(囹圄)의 몸이었던 자신의 경험을 바탕으로 "감옥에서는, 특히 독방에 앉아서는 모든 문제를 근본적인 지점에서 다시 생각하게 됩니다"라고 비슷한 이야기를 들려준다. 절대 고독은 자신을 돌아보게 해준다.

그가 18년의 유배생활을 끝내고 조정으로 돌아왔을 때, 몸은 풍에 걸리고 이는 빠지고 머리도 빠져 대머리가 되었지만 그가 달구지에 싣고 온 방대한 저서에 모두 경악했다고 기록은 전한다.

조선 시대에 유배를 당하고 집안이 몰락하는 상황이 되면 재기는 꿈꿀 수 없다. 유배지에서는 사약을 받거나 병들어 죽는 경우가 태반이다. 하지만 그는 절망하지 않았고 오히려 그 기간 동안 자기 내면으로 들어가 누가 시키는 일이 아니라 자신이 원하고 가장 좋아하는 일, '자료를 모으고 읽고 정리하고 초서하고 편집하는 일'을 한다. 이것은 마치 칼 융과 조지프 캠벨(Joseph Campbell)이 말한, 중년기에 자기 내면으로 들어가서 찾아낸다는 두 번째 인생의 모습과 비슷한 양상을 보인다.

절망적인 상황에서 온갖 감정이 요동치는 마음 판에 숱한 생각과 후회, 두려움, 불안, 미움, 슬픔 등이 일어날 수 있으나, 그럼에도 그것을 잊고 나의 일을 할 수 있다면 그는 마음이 매우 높은 단계에 올라가 있는 사람이다. 마음 에너지가 부정적인 생각에 갇히면 생산적인 일을 하기가 매우 어렵기 때문이다.

다산은 정조의 신임을 한 몸에 받았던 절정의 순간에 모함을 받아 나락으로 떨어졌다. 셋째 형은 참수되었고 둘째 형 정약전과 자신은 귀양을 가게 되었다. 집안은 풍비박산이 났고 다산의 아들들은 좌절하고 절망했다. 모든 것이 끝났다고 생각할 수 있었을 그때, 다산은 두 아들에게 놀라운 편지를 쓴다.

"집에 책이 없냐? 몸에 재주가 없냐? 눈과 귀가 총명하지 않으냐? 어째서 자포자기하려는 게냐? 폐족이라 생각해서냐? 폐족은 다만 과거를 보아 벼슬하는 데 거리낌이 있을 뿐이다. 폐족으로 성인이 되거나 문장가가 되는 데는 아무 걸림이 없다. 폐족으로 식견이 툭 트인 선비가 되는 것도 아무 문제가 없다. 거리낌이 없을 뿐만 아니라 오히려 크게 좋은 점이 있다. 과거시험에 얽매이지 않아도 되는 데다, 가난하고 곤궁한 괴로움으로 인해 또 그 심지를 단련할 수가 있다.

폐족 중에 재주가 우뚝한 선비가 많다. 하늘이 재주 있는 사람을 낼 때 폐족에게 후해서 그런 것이 아니다. 영달하고야 말겠다는 마음이 가려서 막힌 바가 없어, 독서하고 궁리함에 능히 진면목과 바른 골수를 얻을 수 있기 때문이다. 평민으로 배우지 않는 자는 다만 용렬한 사람이 될 뿐이지만 폐족으로 배우지 않으면 마침내 패려궂고 비루하여 가까이할 수 없는 물건이 되어 세상에서 버림을 받게 된다."

이 편지에 드러나듯, 그는 어떤 상황에 처해서도 그것을 비관하거나 후회나 절망에 에너지를 낭비하지 않는 사람이었던 듯하다. 폐족이 되어 바닥에 추락했을 때 그곳에서 가장 좋아하는 일을 하려 했고, 자신의 마음만 다잡은 것이 아니라 두 아들도 자기처럼 깨닫기를 바라며 교육했다. 그래서인지 그는 아들들에게 자료를 정리시키거나 초안을 주고 베껴 쓰게 하는 훈련을 시켰다. 이 또한 보통 사람은 할 수 없는 경지이다.

장남 정학연이 닭을 키우겠다고 하자 다산은 기왕 양계를 하려면 제대로 공부해서 닭에 관한 문헌과 정보, 경험을 정리해 '계경(鷄經)'을 엮으라고 한다. 결국 정학연은 젊은 날 아버지가 자신에게 충고한 말을 잊지 않고 실행했고, 닭에 그치지 않고 원예와 축산까지 총망라한《종축회통(種畜會通)》3권을 남긴다. 둘째 아들 정학유도 시경에 등장한 생물의 이름을 고증한《시명다식(詩名多識)》4권을 남긴다. 이렇게 다산의 두 아들은 아버지의 독려와 훈련, 정리방식에 따라 자신만의 책을 만든다. 벼슬길에 나갈 수 없는 자신의 신세를 한탄하기만 했다면 당연히 역사는 그들에게 단 한 글자의 주석도 허락하지 않았을 것이다.

이들 세 부자에게서 행동의 원칙을 볼 수 있다. 어떤 상황에서도 마음의 힘을 행동에 쏟는다면 현재 바닥에 있다 한들 뭔가를 만들 수 있다는 것이다. 운이 좋아 잘살아왔고, 성공한 대열에 있는 사람들은 별 탈이 없는 한 그럭저럭 남은 인생도 잘 굴러갈 것이다. 하지만 실패로 바닥까지 떨어진 사람들은 절대로 뒤를 돌아보아서는 안 된다. 다산이 했던 행동의 힘을 배워야 한다. 매일 해내는 일만이 어려움 중에 있는 당신을 구해 줄 것이다.

인생에 고난이 닥쳐 아무것도 할 수 없는 무기력한 상황에 빠져 있다 할지라도 시간을 흘려보내지 말고 뭔가를 해야 한다. 밭을 갈고 씨를 뿌리고 잡초를 뽑아 주다가 때가 되어 추수하는 농부가 농산물만 수확한다고 생각하는가? 그는 그 과정에서 자신의 체력까지 튼튼하게 단련한다. 매일 자신을 이기고 무언가를 위해 애쓸 때 더불어 우리 마음도 훈련되어 단단한 마음의 근육이 만들어지고 있음을 잊어서는 안 된다.

다산은 모든 것을 다 잃어도 마음을 단단히 하고 할 일을 하면 절망을 딛고 다시 살아 낼 수 있음을 자신의 생을 통해 보여 주었다. 그가 18년 뒤 다시 조정으로 불려 갈 것이라 꿈이라도 꾸었을까? 500권의 저서를 상상이나 했을까? 해야 할 일을 하는 사람에게 기적이 찾아옴을 다산을 통해 볼 수 있다. "자기 일에 근실한 사람은 왕 앞에 선다"고 한 잠언의 가르침을 마음에 새기자.

훈련으로 25분에 250단어를 써낸 우편 공무원

●

반복이 주는 숙달과 습관은 우리를 다른 곳으로 데려다준다. 영국 작가인 앤서니 트롤럽(Anthony Trollope)은 우체국 공무원이었다. 직업을 가지고도 그가 소설가로 활동할 수 있었던 것은 매일 글을 썼기 때문이다. 주로 아침 출근 전에 글을 썼는데, 5시 30분에 일어나 커피를 마시고 전날 쓴 원고를 30분간 읽은 후 2시간 30분 동안 시계를 보면서 글을 썼다.

특이한 점은 시간당 글자 생산량을 정해 놓고 있었다는 점이다. 그의 목표는 25분에 250단어 쓰기였다. 25분마다 250단어를 쓸 수 있도록 트롤럽은 끊임없이 자신을 채찍질했다. 그리고 자신이 쓴 단어를 일일이 세어 확인했다. 창작을 하는 사람이 시간당 단어 수를 정해서 쓴다는 것은 불가능한 일로 여겨진다. 하지만 "시간이 지나자 자동적으로 25분에 250단어가 튀어나왔다"라고 그는 회상했다.

어떻게 그것이 가능할 수 있었을까? 그가 다른 전략을 썼다는 기록은 없다. 매일 훈련을 했을 뿐이다. 매일 그 속도를 유지하며 정해진 시간 동안 글을 쓰면 어느덧 250단어 정도가 채워졌다고 한다. 분량을 채우지 못하는 날도 있었지만, 그럴 때는 일주일 단위로 목표를 달성했다 한다.

소설 한 편을 쓸 때마다 일주일에 1만 단어를 목표로 작업 계획을 세웠고, 그 상황을 기록했다.

매일 일기장에 그날의 작업량을 쓰고, 게으름 때문에 작업이 더뎌지면 일기장을 들여다보며 더 열심히 작업하리라 다짐했다. 그의 일기에는 "분량을 제대로 채우지 못하고 일주일이 흘러가면 눈에 물집이 생기고 그렇게 한 달이 흘러가면 너무나 수치스러워 가슴이 슬픔으로 가득 찼다"라는 구절도 있다.

플로리다 주립대 사회심리학자 로이 바우마이스터(Roy F. Baumeister)는 트롤럽의 자기 관리에 대해 놀라워하며 "어디에서도 자기 모니터링 효과를 이처럼 생생하게 기록한 심리학 저서를 만나지 못할 것이다"라고 말하고 있다. 무기력에 빠져 일하지 못하고 자괴감과 후회에 갇혔을 때 트롤럽과 같은 심정이 되지 않던가?

트롤럽의 이러한 집필방식에 동료 작가와 평론가들은 진저리를 쳤다고 한다. 예술가가 어떻게 시간에 맞춰 작업할 수 있단 말인가! 하지만 이런 비평을 예상한 듯 트롤럽은 자서전에 이렇게 쓰고 있다.

"천재 작가라면 나와 같은 집필방식을 선택하지 않았을 것이다. 난 한 번도 내가 천재라고 생각해 본 적이 없다. 그래서 그렇게 했다. 하지만 천재라고 생각해도 그런 속박을 했을 것이다. 불복종을 허락하지 않는 법만큼 강력한 것은 없다. 이는 물방울이 떨어져 바위를 뚫는 것과 같은 힘이 있기 때문이다. 아무리 작아도 매일 하다 보면 헤라클레스가 단숨에 해치운 일 이상을 이룰 수 있다."

니체는 자신에게 명령하지 못하는 사람은 남의 명령을 들을 수밖에 없다고 경고했다. 트롤럽은 우편 공무원이라는 직업이 있었지만 글을 쓰라고 자신에게 명령했고 그 명령에 복종해 매일 실행했다. 스스로 평범하다고 생각해 매일 글쓰기를 꾸준히 하여 습관화시키는 전략을 세웠고 이를 실천한 것이다. 그리고 25분에 250단어를 써내는 기계 같은 체화를 이루어 낸다. 체화라는 것은 어떤 행위가 습관이 되어 근육과 뇌에 박히는 것을 말한다. 이런 노력과 성실함 덕분에 다른 직업을 가지고 있으면서도 전업작가들도 하기 힘든 다작을 이룬 것이다. 그 덕분에 다른 작가들이 금전적 어려움과 마감에 시달릴 때, 트롤럽은 풍요를 누리며 항상 계획보다 일찍 책을 마무리했다고 한다.

"나는 한 번도 창작 작업이 늦은 적이 없다. '모방'에 대한 불안에 시달린 적도 없다. 필요한 시기보다 훨씬 빨리 완성한 원고가 항상 내 책상 안에 들어 있었다. 이 모든 것은 날마다 그리고 매주 작업한 분량을 꼼꼼하게 기록한 일기장이 있었기에 가능했다."

앤서니 트롤럽의 인생이 행복했는지 여부는 알지 못한다. 대중적인 인기는 얻었으나 작품성에 대한 평가는 그다지 좋지 않았다는 점도 신경 쓰지 않겠다. 내가 말하고 싶은 것은 노력과 습관이 만들어 준 다작이라는 결과가 작품 활동에서만큼은 그에게 유능감과 자신감, 기쁨을 가져다 주었으리라는 점이다.

그는 분명 낙타가 아니었다. 사자처럼 자신에게 명령하고 그 일을 즐기면서 아이같이 일했던 듯하다. 자기 일에서 이런 정도의 기쁨을 누리는 사람이 얼마나 될까? 가장 중요하게 생각하는 일을 매일 반복하여 숙달시키고 습관이 되게 하여 체화하는 것이 중요하다. 행동에서 우리가 취해야 할 목표는 단 한 가지다. 중요한 일을 지금 바로 시작해서 매일 하는 것이다.

창의적인 사람은
일을 놀이처럼 한다

●

　일을 오래 지치지 않고 잘하려면 일을 놀이처럼 하는 것이 가장 좋다. 이때 우리는 사자에서 어린아이 정신으로 상승한다. 놀이를 할 때 우리는 평소와 다른 것을 만들어 낼 수 있다. 그래서 미래학자 대니얼 핑크(Daniel H. Pink)는《새로운 미래가 온다》에서 미래를 선도할 인재가 가져야 할 6가지 조건 중 하나로 '놀이'를 꼽았다.

　그는 인도의 마단 카타리아(Madan Kataria) 박사의 말을 인용해 놀이의 중요성을 다음과 같이 강조했다. "놀이를 즐길 때는 우뇌가 활발히 움직입니다. 논리적인 뇌에는 한계가 있습니다. 하지만 우뇌는 한계가 없어서 무엇이든 원하는 걸 할 수 있습니다."

　놀이를 통해 우뇌를 사용할 수 있다는 것인데, 뇌과학자와 교육학자들이 우뇌의 중요성을 강조하면서 일반인들도 우뇌 사용의 중요성을 인지하고 있다. 놀이를 통해 우뇌가 자극받으면 좌뇌만으로 일하는 사람보다 더 창의적이고 통합적인 결과를 산출할 수 있다는 것은 이제 상식이 되고 있다. 여기에 더해 대니얼 핑크는 일뿐만 아니라 충만한 삶을 살기 위해서도 놀이가 중요하다고 강조하며, 노는 인간, 즉 호모 루덴스(Homo

Ludens)가 호모 사피엔스(Homo Sapiens)보다 효과적이라 했다. 놀이나 게임, 유머, 즐거움이 우뇌를 자극하기 때문이라는 것이다.

그런데 아직도 많은 직장에서는 놀이를 중요하게 생각하지 않는다. 즐기며 일하는 데 인색하다. 오히려 진지하게 일해야 잘한다는 인식이 있다. 대니얼 핑크는 미국에서 일을 놀이로 하지 못하게 했던 가장 극단적인 기업으로 포드사를 들고 있다.

1930~40년대 포드사의 리버 루즈(River Rouge) 공장에서는 웃음을 엄격히 금지했다고 한다. 콧노래, 휘파람, 미소는 회사 조직에 대한 불복종의 신호라고까지 여겨졌다고 한다. 포드사의 상황을 영국 경영학자 데이비드 콜린스는 다음과 같이 묘사하고 있다.

"동료와 웃다가 조립 라인을 30초 정도 지연시킨 전력이 있던 존 칼로는 미소를 지었다는 이유로 1940년 해고당했다. 이런 엄격한 관리 규칙은 '일할 때는 일하고 놀 때는 놀아야 한다. 이 둘을 서로 섞으려 해서는 안 된다'는 헨리 포드의 경영철학이 반영된 결과이다."

웃었다고 해고되는 말도 안 되는 일이 일어난 것에 대해 대니얼 핑크는 "당시는 대공황을 겪은 후라 일과 놀이가 분리되지 않을 경우 회사에 피해를 준다는 철학이 당연했을지도 모른다"라고 설명한다.

하지만 이제는 일과 놀이의 결합이 필요하다. 심지어 일과 놀이의 결합이 회사의 전략이 된 곳도 있다. 노스웨스트항공사가 대표적인 사례이다. 노스웨스트항공사의 사칙은 '즐겁게 일하지 못하는 사람은 어떤 일에서도 좀처럼 성공을 거두지 못한다'라고 한다. 이 회사는 경쟁사들이 비틀거리고 있을 때도 높은 수익률을 냈는데, 대니얼 핑크는 즐거움의 추구가 성공적인 성과를 가능하게 했다고 말한다.

놀이처럼 일하는 것이 생산성을 높인다는 것이 드러나면서 최근에는 일과 놀이를 접목하려는 회사가 상당히 많다. 대표적인 회사가 구글이다.

구글은 〈포춘〉지 선정 일하기 좋은 직장에 10년 연속 이름을 올리고 있는데, 직원들의 업무 공간이자 사내 놀이터인 구글플렉스(Googleplex)에는 6만 4천 명이 넘는 직원들이 맛있는 식사를 할 수 있는 구내식당과 세탁소, 피트니스센터 등이 있고, 아이를 맡길 수 있는 놀이방을 제공하고 있다. 재택근무나 조기 퇴근이 가능한 유연한 근무제 등 구글의 혁신적인 운영방식은 열거하기 힘들 정도다.

이렇게 회사를 혁신적으로 운영하는 구글의 목표는 '일터를 실험적이고 재밌는 공간'으로 만드는 것이라고 한다. 이것은 결국 일과 놀이를 결합하여 직원의 창의성을 최고로 끌어내려는 고도의 전략이다. 그래서일까? 우리나라 대기업 신입사원이 임원이 되기를 꿈꾸며 일할 때, 구글의 신입사원은 세상을 바꾸는 꿈을 꾸며 일한다.

앞서 언급했던 이형우 대표의 마이다스 아이티도 구글과 같은 식의 사원 복지를 제공하고 있어서 한국의 구글, 나아가 아시아의 구글로 불린다. 무료로 제공되는 사내 식당 뷔페는 특급호텔 수준이고, 그 요리를 실비로 집에 포장해 가는 서비스며 무료 미용실, 헬스장, 낮잠 시간 등등 열거하기 힘든 혜택을 주며 직원들이 편안하게 회사 빌딩 내에 머무르며 일하고 즐길 수 있도록 배려하고 있었다. 게다가 현재 동종업계 최고 연봉을 제공하면서, 한국의 어떤 기업도 시도하지 못한 종신고용을 계획하고 있었다. 최고가 되는 기업들은 그럴 만한 이유가 분명히 있다.

《놀이의 윤리》의 저자 팻 케인(Pat Kane)은 "21세기에 놀이는 지난 300년에 걸친 산업사회에서 일이 우리의 사고와 행동, 그리고 가치 창조에

차지했던 것과 같은 비중을 갖고 있다"며 끝없이 기업들이 경쟁하는 시대에서 살아남을 창의적인 기술을 확보하려면 일을 놀이처럼 하고 놀이가 일에 결합될 수 있어야 한다고 말했다.

개인도 마찬가지이다. 일을 놀이처럼 한다면 당연히 성과가 좋을 것 아닌가? 남들보다 탁월한 것을 만들기 위해서는 일과 놀이를 결합하여 어린아이 같은 마음으로 일해야 한다.

오늘 내가 하는
작은 일에 답이 있다

●

　그리스 신화 중에 아주 하찮은 것으로 생명을 구하는 이야기가 하나 있다. '아리아드네의 실타래'라는 이야기이다. 아리아드네는 그리스 신화에 나오는 크레타의 왕 미노스와 왕비 파시파에의 딸이다. 미노스는 아내가 황소와 관계하여 머리는 소, 몸은 사람인 미노타우로스를 낳자 분노하여 다이달로스를 시켜 미궁을 건설한 뒤 미노타우로스를 그곳에 가둬 버린다. 그리고 해마다 젊은 남녀 일곱 명씩을 괴물 미노타우로스의 제물로 바치게 한다.

　그런데 괴물을 죽이고자 제물로 위장해 크레타 섬에 들어온 아테네의 왕자 테세우스를 보고 아리아드네는 첫눈에 반한다. 그래서 미궁을 만들었던 다이달로스를 통해 미궁 탈출법을 알아내 테세우스에게 알려 준다. 그 비밀은 붉은 실타래였다. 미궁이 너무 복잡해서 그냥은 빠져나올 수 없으니 들어갈 때 입구에 매어 둔 실을 따라 나와야만 탈출할 수 있다는 것이다. 테세우스는 아리아드네가 준 칼로 미노타우로스를 죽인 뒤 실타래를 따라 무사히 미궁을 빠져나와, 아리아드네와 함께 크레타 섬을 탈출한다.

잘 알려진 이 신화에서 다이달로스가 아리아드네에게 준 실타래에 주목해 보자. 천재 다이달로스가 설계한 미궁을 빠져나올 수 있는 비결이 대단한 지략이나 엄청난 무기가 아니라 하찮은 실 한 타래라니 김이 빠지기도 한다. 하지만 우리에게는 그것이 또 하나의 희망으로 다가온다. 흔히 인생을 성공적으로 끌고 간 사람들에게는 특별한 비결이 있을 것이라고 막연히 생각한다. 그러나 알고 보면 그 비결은 너무나 단순하고 하찮은 것일 수 있다.

마찬가지로 나를 가로막고 있던 무기력의 장벽을 무너뜨리는 것은 핵폭탄이 아니라 오늘 내가 한 작은 일일 수 있다. 어쩌면 우리는 요란한 소리를 내며 벽이 와르르 무너져 내리는 꼴을 봐야 거길 지나가겠다고 매일 다짐하고 있는지도 모른다. 하지만 쉽사리 미궁을 파괴할 수 없듯, 우리에게 업무 무기력을 주는 여러 여건 또한 쉽게 변화시킬 수 없는 것들이다. 하지만 내가 하는 작은 행동이 그 여건을 넘어서게는 할 수 있을지 모른다.

오늘 하는 행동이 미궁을 빠져나오게 할 붉은 실타래일 수 있다는 사실을 기억하자. 생각에 갇히지 말자. 그냥 행동하면 된다. 그 행동을 반복하면 '업무 무기력'이라는 미궁을 빠져나올 수 있다.

자연에서 배우는 행동 지속력
수족관에서 태평양까지

●

제주 앞바다에 살던 광어 부부가 어느 날 운이 나빠 그물에 잘못 걸렸고, 밀고 먼 여기 수족관까지 끌려왔다. 좁은 일식집 수족관에는 친구들이 많았다. 대부분 아파 보였다. 하루에 한 번 주는 먹이는 죽은 멸치나 새우가 전부다. 못 먹을 지경이다. 산소가 부족해서 수면으로 올라가야 겨우 숨을 쉴 수 있다.

수족관에 잡혀 온 이상 광어 부부에게 더 이상 희망은 없다. 언제 채망이 내려올지 모른다. 거기에 걸려 오르는 순간, 온몸에 칼침을 맞고 생명이 끝난다고 이곳에서 두 달째 살고 있는 감성돔 할아버지가 알려주었다. 절망이다. 움직이기조차 싫다. 아내는 구석에서 가만히 울고 있다. 우울증인 듯하다.

그런데 갑자기 우럭 처녀가 수면으로 떠올랐다. 우울증이 심해서 먹이를 안 먹은 지 일주일 되었단다. "이 수족관에서 살아남기 위해서는 계속 움직여야 한다"고 감성돔 할아버지가 말했다. 그냥 가만있으면 병들어 죽는다고 한다. 하지만 희망도 없는데 어떻게 계속 헤엄칠 수 있겠는가? 움직여 봤자 횟감으로 죽을 것 아닌가?

이 이야기에서 우리는 인생의 어떤 절망을 만나 희망을 잃고 행동하지 않는 나 자신의 모습을 볼 수 있다. 무기력을 만나면 아무것도 하기 싫어진다. 하지만 다 끝나 버린 것 같은 상황에서도 '스스로 움직이는 힘'만이 우리를 살아남게 한다. 언제 죽을지 모르는 물고기도 계속 움직여야만 살아남을 수 있다. 횟감이 되는 것은 그다음 문제이다. 상황에 눌리고 절망에 빠져 자발성을 잃는 순간 스스로 죽음의 길로 들어선다.

이런 이유로 실제 횟집 수족관에는 문어를 한 마리 넣어 둔다고 한다. 바다에서 자유롭게 살던 물고기가 좁은 수족관에 갇히면 움직이지 않아 폐사하므로 포식자인 문어를 넣는 것이다. 고기들은 문어에게 잡아먹히지 않기 위해 긴장해 도망 다녀야 한다. 한시도 정신을 놓을 수 없다. 그 움직임이 운동량을 늘려 폐사하지 않게 된다고 한다. 비슷한 말로 '메기 효과(Catfish Effect)'도 있다. 메기와 미꾸라지를 함께 넣어 두면 미꾸라지가 살기 위해 애를 써 더 오래 살 수 있으므로 기업 경영에서 다면평가, 진급, 성과급 같은 메기의 위협을 주어 조직과 개인이 스스로 정체성을 극복하게 만드는 경영전략으로 쓰인다.

자발적인 움직임만이 살아남게 한다. 움직일 때 인간과 동물의 뇌는 발달한다. 하버드대 존 레이티(John J. Ratey) 교수는 《운동화 신은 뇌》라는 저서를 통해 뇌와 움직임 간의 관계가 상상 이상으로 밀접하다고 말하고 있다. 뇌는 몸을 움직일 때 진화하고, 뇌가 젊고 건강해야 오래 살 수 있다. 뇌의 노화인 알츠하이머나 혈관 치매가 오면 기억력이 저하될 뿐 아니라 움직임도 둔화된다. 치매의 끝은 몸이 완전히 굳어서 죽는 것이다. 인간 또한 움직이고 일해야 살아남을 수 있다.

어쩌면 우리 삶도 수족관과 그리 다르지 않을 것이다. 어느 날 수족관에 잡혀 온 광어처럼 삶이 막막하여 죽음만이 출구라고 느꼈던 적은 없는가? 시간은 유한하고 자원은 한정되어 있으며 환경은 우리를 압박한다. 재능도 능력도 그저 그렇다. 가도 가도 끝이 보이지 않고, 해도 해도 불행의 조건들은 없어지지 않는다. 삶이 우울한 이유다.

하지만 그곳에서도 움직여야 살아남을 수 있다. 무기력하다고 일을 미루고 회피하기만 한다면 구석에서 우울하게 병들어 죽어간 우럭 같은 신세가 될 뿐이다. 수족관의 문어와 같이 당신을 깨어 있게 만들 것을 찾아라. 마음을 강하게 하고, 매일 훈련하라. 자발성은 미루지 않는 힘이다. 스스로 도는 수레바퀴처럼 우리 인생이 굴러가게 한다. 오늘 할 일을 내일로 미루지 말고, 그렇게 하루하루 일하면서 살아남아라.

사하라 사막에서 태어나 평생 거기서 살다가 죽는 부족 중에 투아레그(Tuareg)족이 있다. 그들의 언어는 타마세크어이다. 그런데 타마세크어에는 '내일'을 의미하는 단어가 없다고 한다. 사막에서 오랫동안 살았던 투아레그족은 알고 있는 것이다. 위험천만한 사막에서는 내일이 의미 없다는 것을. 지금 순간에 충실하지 않은 사막 여행자는 언제 사막 한가운데에서 죽을지 모른다. 인생이라는 사막을 헤매고 있는 당신도, 횟집 수족관의 물고기도 내일로 미루고 있을 틈이 없다. 언제 모래 늪에 빠질지, 채망에 끌려 올라갈지 알 수 없기 때문이다. 깨어 있어야만 살아남을 수 있다.

광어 부부는 수족관에서 1년을 견뎠다. 매일 서로 격려하며 헤엄치고 돌아다녔다. 얼마나 많은 친구들이 뜰채에 끌려 나가고 배를 위로 한 채 떠올랐는지 헤아릴 수도 없다. 감성돔 할아버지는 노환으로 죽었다. 뜰채가 그들

옆을 기적처럼 비껴간 적도 있다. 새로 잡혀 온, 성질 급한 젊은 광어들이 먼저 뜰채 속으로 들어가 주는 바람에 운 좋게 살아남았다. 광어 부부가 이 수족관에 가장 오래 산 물고기이다.

그런데 어느 날 갑자기 엄청난 굉음이 들렸다. 지진이 난 듯 했다. 놀란 가슴을 진정시킬 새도 없이 쓰나미가 몰려와 태평양 바닷물이 일식집과 수족관을 덮쳤다. 아내가 물길에 쓸려가 너무 놀랐지만 다행히도 가까운 곳에서 헤엄치고 있었다. 1년 만에 수족관의 죽은 물이 아니라 그리도 그리워하던 제주 앞바다의 물을 만나자 생명이 살아남을 느꼈다.

이게 무슨 일인가? 수족관을 벗어난 것이다! 광어 부부는 사방을 뒤덮은 바닷물을 타고 본능에 이끌려 바다 쪽을 향해 헤엄치기 시작했다. 답답한 수족관 안에서 살아남기 위해 쉬지 않고 헤엄쳤기에 바다로 돌아가는 긴 여정이 하나도 힘들지 않았다. 그렇게 광어 부부는 태어나 살았던 태평양으로 되돌아왔다. 기적이 일어난 것이다.

그날 쓰나미는 숱한 생명을 앗아 갔지만 이들 광어 부부에게는 홍해가 갈라지던 모세의 기적 같은 축복이 임한 날이었다. 인생이란 그런 일도 일어날 수 있기에 한번 기대해 볼 만한 것인지 모른다. 그러니 자발성을 놓치지 말고 매일 당신의 일을 하길 바란다.

나만의 행동 변화전략 세우기

사빈 바타유는 일이 힘들다고 느낄 때 간단히 취할 수 있는 몇 가지 행동 변화법을 제시한 바 있다. 그의 제안 중에는 이미 구글 같은 회사에서 시행하고 있는 전략들도 있다. 사빈 바타유의 제안에서 힌트를 얻어 업무 무기력을 벗고 최고의 창의력을 이끌어 낼 수 있는 나만의 행동 변화전략을 생각해 보자.

- 출퇴근 등 길에서 쓰는 시간을 줄이거나 효율성을 높인다(전철에서 책읽기 등).
- 국내 및 외국 출장 횟수를 제한한다(출장을 줄이기 힘들다면 비슷한 지역의 출장을 한 번에 가는 것도 시간 절약방법이다).
- 이메일 확인은 하루에 서너 번 이하로 정한다(이건 매우 좋은 방법이다. 수시로 오는 이메일에 답변하다 보면 하루가 그냥 지나간다).
- 휴대전화 메시지나 카톡 등은 알람을 설정해 두고 해당 시간에만 확인한다(이것 역시 불필요한 에너지 소모를 줄이는 방법이다).
- 본인에게 맞는 합리적인 근무 시간을 정해 둔다(자신이 밤에 능률이 오르는 사

람이라면 사장에게 이야기해서 출근시간을 11시로 늦추어 달라고 부탁하고 야근으로 근무시간을 채우는 것이 훨씬 효율적일 수 있다).

- 일주일에 하루 정도는 조금 늦게 출근할 수 있도록 한다.
- 일주일에 하루는 한 시간 정도 일찍 퇴근할 수 있게 한다.
- 일주일에 하루 정도는 반차로 재택근무를 할 수 있게 한다.
- 업무 요일을 줄여서 일주일에 4일 근무로 한다.
- 오프라인 미팅보다는 화상회의나 전화 미팅으로 변경한다(비용과 시간 절감에 아주 좋다).
- 스마트폰, 인터넷 검색, SNS는 멀리한다(시간을 소모하는 대표적인 일들이다).
- 일하는 자리를 바꾼다(기분 전환은 업무 효율을 높여 준다).
- 일하는 업무 내용을 바꾸어 본다(의외로 다른 팀원이 하던 일이 내게 맞을 수도 있다).
- 다른 회사로 옮긴다(가장 극단의 방법이긴 하지만 이 회사가 안 맞는다면 다른 곳으로 가는 것이 가장 현명한 선택이다).

이런 방법 외에 당신이 선택할 수 있는 전략이 있으면 써보자.

-
-
-

자, 이제 당신의 행동 변화를 위해 다음을 생각해 보자.

1) 당신이 업무 무기력을 벗기 위해 가장 먼저 해야 할 일은 무엇인가?

2) 행동하기로 한 나의 결정이 어떤 변화를 가져올 수 있을까?

• 나에게 일어날 변화:

• 주변에 줄 영향:

3) 나의 이 결정으로 나아질 부분은 무엇이고 어떤 이익이 생길까?

• 나의 이익:

• 주변의 이익:

4) 나의 결정에 따라 발생할 수 있는 위험은 무엇인가?

• 나에게 생길 위험:

• 주변에 끼칠 위험:

5) 나의 결정에 따라 잃어버리게 될 손실이 있는가?

• 나의 손실:

• 주변의 손실:

6) 손해를 감수하고서라도 내가 얻게 될 이익을 3가지만 써보자.

①

②

③

7) 내가 새로운 행동을 취하게 될 경우 무슨 일이 일어나는가?

• 배우자에게:

- 자녀들에게:

- 직장동료에게:

- 상사에게:

- 직업 및 직위에서의 변화:

- 역량/업무 내용의 변화:

- 직업적 이력에서의 변화:

8) 새로운 변화가 나의 환경에 미치게 될 영향은 무엇인가?

- 내 인생에 미치는 영향:

- 직업에 미치는 영향:

- 경제에 미치는 영향:

- 나의 심리에 미치는 영향:

- 건강에 미치는 영향:

9) 어떤 일이 있어도 나의 이 결심이 흔들리지 않게 지원해 줄 요건, 즉 내가 결코 포기할

수 없는 이유를 세 가지만 써보자.

①

②

③

의지:
의지를 깨워 집중력을 높여라

•

"사람은 어떻게 강해지는가? 천천히 마음을 정하고 정한 것을 끝까지 지키면서 강해진다. 다른 것은 나중에 뒤따라온다."

— 니체, 《권력에의 의지》 중에서

마음의 다섯 번째 성분은 '의지'로 마음에서 가장 중요하다. 의지(Will)의 심리학적 정의는 다음과 같다. "의지는 지성과 감정의 복합체이며, 항상 목표를 지향하기 때문에 목표에 대한 인식을 전제한다. 의지는 행위를 통해 실현되며 인간의 사회적·자연적 환경으로 인한 저항을 극복해야 실현된다." 즉, 의지는 지성이 만들어지는 인지, 감정이 나오는 정서, 목표를 지향하게 만드는 동기, 행위를 관장하는 행동을 모두 통합하고 관리하는 총체적인 마음의 힘이다.

아리스토텔레스가 실천적 지혜를 말할 때 "상황을 '인지'하고 적절한 '감정'이나 '바람'을 품고 상황에 맞게 '고민'하며 마지막으로 '행동'으로 옮기는 능력에 달렸다"고 했는데, 여기서 상황에 맞게 고민하는 부분을 인지의 도움을 받은 의지가 커버한다. 로이 바우마이스터 교수는 《의지력의 재발견(Willpower)》에서 "의지는 생각, 감정, 충동, 수행을 조절한다"라고 했다. 즉 의지가 인지, 정서, 동기, 행동을 조절한다는 것이다.

일반적으로 의지라고 하면 '인내'를 생각하지만, 의지의 가장 중요한 역할은 바우마이스터의 설명처럼 마음의 각 성분을 통제하고 수용하며 조절하는 것이다. 통제와 조절을 통해 절제와 포용을 만들어 내는 의지는 인지와 협력하여 '상황에 맞게 고민하는 역할'을 해낸다. 또한 일할 수 없어 마음에 극심한 혼란이 올 때도 마음을 다잡고 할 일을 시작하고 끝내도록 돕는 것도 의지이다. 집중력을 만들어 내는 것 역시 의지이다.

루비콘 강을 건너기 위해
필요한 것

●

　대체로 심리학자들은 정신적 처리과정을 자동처리(Automatic Process)와 통제처리(Controlled Process)의 두 가지 유형으로 구분한다. 자동처리는 문자 그대로 자동으로 처리되는 것이고, 통제처리는 마음의 어떤 부분이 무언가를 통제해야 하는 과정이 들어간다. 반사와 숙고라고도 한다. 당연히 후자가 더 복잡하다.

　'3 곱하기 4'라고 말하면 구구단을 외운 사람은 머릿속에서 자동으로 12라는 숫자가 떠오를 것이다. 이런 게 자동처리가 일어나는 반사의 과정이다. 뇌 속에 통로가 이미 만들어져 있어 그 정보를 단순 인출하는 것이다. 반면 '13 곱하기 34'를 물으면 종이에 적어 계산하거나 계산기를 동원해 442라는 정답을 산출할 것이다. 이처럼 숙고하는 정신적 노력이 들어가는 것이 통제처리이다.

　일상에서는 통제처리 과정을 요하는 일이 많다. 약한 눈발이 날리는 아침, 여느 때처럼 자가용으로 출근할지, 대중교통을 이용할지 선택하기 위해서도 통제처리 메커니즘을 작동시켜야 한다. 일기 예보를 찾아보고 과거의 비슷한 경험을 떠올린다. 거래처 출장 스케줄은 없는지 등 생각할 수 있는 모든 것을 동원하여 어느 편이 유리할지 판단한 다음, 둘 중 하나를 선택한다. 이렇듯 통제처리에는 판단, 추론, 계산, 기억 등 마음과 정신의 모든 고차원적인 기능이 총동원된다. 뇌에서는 전전두엽이 주관하여 뇌 전체를 통제한다고 보면 된다.

주어진 정보로부터 뭔가 새로운 것을 얻어 내려면 일정 규칙과 상황에 대한 고민과 고심이 따라야 하고, 여기에 의지가 필요하다. 우리가 어떤 의사결정을 할 때 반드시 이런 과정을 거쳐야 하는데, 심리학자들은 이것을 '루비콘 모델(Ribicon Model)'이라고 한다. 의지가 작동하는 심상모델에 왜 루비콘이라는 강 이름이 들어가는 것일까?

루비콘은 이탈리아 북부 작은 강의 라틴어 이름이다. 리미니(Rimini)와 체세나(Cesena) 사이에서 아드리아 해로 흘러 들어가는 강이다. 전쟁이나 훈련으로 파견 나간 로마 제국의 군사들이 돌아올 때 지나는 곳으로, 로마에 충성한다는 서약의 뜻으로 무장을 해제한 다음 건너는 전통이 있었다. 이 때문에 무장한 채 루비콘 강을 건넌다는 것은 곧 로마에 대한 반역을 뜻했다. 이 전통을 가장 먼저 깼던 사람이 율리우스 카이사르(Gaius Julius Caesar)다.

갈리아 원정을 마치고 루비콘 강 앞에 도착한 카이사르는 고민에 빠졌다. 로마에서는 정치적 라이벌이자 적이었던 폼페이우스 및 로마 원로원이 자신을 기다리고 있었다. 군대를 해산하면 그들에게 죽을 것이고, 군대를 이끌고 강을 건너면 반역행위가 되어 내전으로 이어질 것임을 그는 알고 있었다. 카이사르는 강 앞에서 자신의 목적과 향후 가능성, 선택에 따른 희생과 이익을 고민하는 '결정 전 시기'를 보낸다. 그리고 루비콘 강을 건넘으로써 '결정 후 시기'로 넘어간다.

이때 카이사르는 의지를 작동시켜야 했다. 모든 희생과 불이익을 감수하면서 어떤 선택을 하려면 의지의 통제력이 작용되어야 한다. 카이사르는 이를 '주사위는 던져졌다'라는 절묘한 문장으로 표현했고, 이때부터 '루비콘 강을 건너다'라는 말은 '과감한 결정', '되돌릴 수 없는 일' 등을 일컫는 말이 되었다. 이후 3년에 걸친 내란 끝에 카이사르는 로마 제국의 통치자가 된다.

의지는 모든 계산력을 동원하여 고민하는 영역이다. 심리학자들은 가장 힘든 순간이 '결정 전 계산'이라 말한다. 결정 전의 고심이 의지가 처리해야 하는 가장 힘든 부분이라는 것이다. 인생에서 중요한 무언가를 결정하기 전에 얼마나 안절부절못하고 혼돈스럽고 막막했는지 기억할 것이다. 그렇게 고민하다 막상 결정하고 나면 마음이 편안해진다. 그때부터는 직진해야 한다. '결정 후 계산'은 실행이기 때문이다.

일의 몰입 전에 하는 고민은 생산성을 낮춘다. 그러므로 갈등은 조기에 마무리하고 행동으로 돌입해야 한다. 업무 무기력은 좌고우면, 즉 온갖 고민을 하게 해 일의 시작을 막는다. 그 갈등을 빨리 벗고 행동하기 위해서는 의지를 잘 사용해야 한다. 이때 필요한 것은 집중력을 만들어 내는 의지의 힘이다.

성공으로 이끄는 열쇠,
자기 절제

●

오래전 쇼펜하우어(Arthur Schopenhauer)는《의지와 표상으로서의 세계》에서 의지를 마음 전체를 총괄하는 가장 강한 힘으로 간주해 "의지가 만물의 원인이고 모든 것이 의지에서 통합된다"라고 했다.

데이비드 호킨스(David R. Hawkins)는《의식 수준을 넘어서(Transcending the levels of consciousness)》에서 "의식의 수준을 초월해 갈 때 '의지'가 중요한 것은 그것이 정신적 작업에서 가장 결정적인 기능을 가졌기 때문이다"라고 했다. 즉 의지가 마음 전체를 관장하고 통제하며 조절하기 때문에 마음에서 의지가 가장 중요한 기능을 한다는 말이다.

하지만 호킨스는 "의지는 중요하지만 거의 주목을 받지 못했다"라는 말도 하고 있다. 앞에서도 말했지만 현대 심리학에서는 의지를 개인의 특성으로 간주하여 그다지 강조하지 않았고 그래서 한 분야로 체계가 서 있지 않다. 하지만 일을 제대로 해내기 위해서는 의지라는 마음의 성분을 반드시 이해하고 그 의지가 마음 전체를 끌고 나가게 해야만 한다.

로이 바우마이스터 교수는 인생에서 '긍정적인 결과'를 불러오는 개인의 특징 두 가지가 "지적 능력과 자기 절제(Self-Control)"라고《의지력의 재발견》에서 말한다. 지적 능력과 자기 절제가 우리를 성공시키는 요소라는 것이다. 똑똑하고 참을성 있는 사람이 인생을 잘 살아간다는 이야기인데, 이 자기 절제를 의지가 만들어 낸다. 일을 할 때는 자기 절제가 집중력을 작동시켜 그 일을 끝까지 완수하도록 돕는다.

그때 인내가 나타난다. 새뮤얼 스마일즈는 《자조론(Self-Help)》에서 "천재는 곧 인내력이다"라고 한 바 있다. 그는 뉴턴과 같은 유명인을 분석하여 그들의 성공 비결이 '자기 부정과 끝없는 인내'라고 했다. 여기서의 자기 부정은 '인지의 전환'을 의미하며 인내는 '의지'에서 발현된다. 인지와 의지가 인생을 성공으로 이끄는 중요한 마음의 성분이라는 것이다.

하지만 절제력에 대해 오해하는 경우도 많다. 사람들에게 성격적 장점을 물으면 대부분 정직, 친절, 유머, 창의성, 용기, 겸손 등이라고 답한 반면, 자기 절제를 장점으로 말한 사람은 거의 없었다고 바우마이스터는 말한다. 그가 100만 명이 넘는 사람을 대상으로 조사한 결과 장점으로 '자기 절제'를 말한 응답자 수가 가장 적었다. 절제를 장점이라고는 생각하지 않는다는 것이다.

그러나 실패의 원인을 물으면 놀랍게도 상황은 역전된다. "사람들은 절제의 부족이 가장 큰 실패의 요인이라고 지목했다"라고 그는 말한다. 자기 절제가 성공을 좌우하는 중요한 인자임에도 그렇다고 여기지 않으면서, 자기 절제가 부족해서 실패했다고 판단한다는 것이다. '의지의 기능'에 대해 반만 알고 있음을 알려 주는 연구결과이다. 당신도 나도 의지를 잘 모르고 있을 수 있다.

의지가 만들어 내는 '자기 절제'가 사실은 성공으로 이끄는 키일지 모른다. 자조적인 목소리로 "나는 의지박약이야" 하지 말고 현 상태에서 절

제를 강화할 전략을 찾도록 애써야 한다. 강한 의지가 당신을 바닥에서
일으켜 줄 것이다.

무기력할수록
한 가지에만 집중하라

●

 의지는 일의 집중력을 만들어 낸다. 집중력은 '마음이나 주의를 어느 사물에 집중할 수 있는 힘'으로 성공은 집중의 결과이다. 집중하지 않고는 아무것도 되지 않음을 우리도 이미 알고는 있다. 하지만 그것이 어려워 오늘도 하다가 말다가 하거나, 하기 싫다며 무기력을 호소하고 있는 것이다.

 사업가 존 오셔(John Osher)는 한 잡지와의 인터뷰에서 신생기업이 실패하는 가장 흔한 이유로 '집중력 부족'을 꼽으며 "대부분의 창업자들이 여러 방향으로 주의를 분산시킴으로써 어느 것 하나 제대로 실행에 옮기지 못한다. 시장에서 판매하는 것만 집중해도 부족한데, 너무 많은 것을 해내려고 하면서 직원들의 주의력과 시간을 분산시킨다"라고 했다. 도산 직전의 IBM을 구해 낸 루이스 거스너(Louis Gerstner) 회장도 "집중력 부족은 기업이 평범하게 되는 가장 흔한 이유이다"라고 말했다.

 결국 집중할 수 있는 힘이 성공의 가장 큰 요소라는 것이다. 비즈니스 컨설턴트인 제이슨 제닝스(Jason Jennings)는 '일관된 전략적 목표', 즉 '큰 목표'에 집중하는 능력이야말로 생산적인 기업과 비생산적인 기업을 나누는 가장 중요한 지표라 했다. 그는 "집중은 주의와 노력을 한곳에 모으는 것을 의미한다. 하지만 대다수 사장들은 회사가 커다란 하나의 목표에 집중해야 할 때 주의력결핍장애를 앓고 있는 듯 행동한다"라고 했다.

중요한 것에 집중하지 못하고 산만하고 충동적으로 과민하게 반응하면 생산성이 떨어지는 것은 기업뿐 아니라 개인에게도 해당된다. 특히 무기력을 느낄 때는 반드시 하나에 집중해야 거기서 빠져나올 수 있다. 그렇다면 일에서의 집중력은 구체적으로 어떤 특징을 가질까?

하이케 브루흐(Heike Bruch)는 《문제는 성과다(A Bial for Action)》에서 집중력의 세 가지 특징을 아래와 같이 제시하고 있다.

첫째, 집중력을 가진 사람은 일의 목표에 대해 명확한 사고를 한다. 전개되는 대로 단순하게 반응하고 그날그날의 요구를 충족하거나 불만사항을 개선하는 것에 그치지 않고 장기 목표에 따라 행동한다.

둘째, 집중력은 매사에 계획성 있게 행동하게 하고, 모든 활동을 목표 달성을 위한 방향으로 몰아간다. 집중력이 있는 사람은 자기 행동을 주기적으로 심사숙고하고 매일 어떤 일을 할지, 하지 않을지를 선택한다. 집중력이 수반된 행동은 절대 우연히 생기지 않는다.

셋째, 집중력은 자제력을 요한다. 불가피하게 주의를 분산시키는 일이나 소란으로부터 스스로를 보호하며, 목표 달성을 가로막는 저항을 허용하지 않는다.

잭 캔필드(Jack Canfield)와 마크 한센(Mark V. Hansen)도 《인생의 맥을 짚어라》에서 집중력이 강점을 만들어 준다고 했다. 그들은 "한 문제에 지속적으로 주의를 기울이면 누구든 강점을 갖게 된다. 대다수의 사람들이 업무적, 개인적으로 악전고투하는 이유가 집중하는 힘이 없어서다. 당신이 훌륭하게 해낼 수 있는 아이디어에 집중하라. 그러면 특별한 결과를 얻게 된다. 온갖 것에 신경을 쓰려면 아마도 엄청난 스트레스에 시달려 결국에는 신경 쇠약에 걸리고 말 것이다"라고 경고하고 있다.

이처럼 집중력은 힘이 세다. 가장 세다. 작가 알 리스(Al Ries)는《포커스 경영(Focus)》에서 집중력이 주는 힘에 대해 말하고 있는데, 그는 "태양은 강력한 에너지원으로 수십억 킬로와트의 에너지를 지상에 쏟아붓는다. 그럼에도 모자를 쓰거나 자외선 차단제를 바르면 피부에 상처를 내지 않고도 일광욕이 가능하다. 반면 레이저는 겨우 몇 와트의 에너지만 있으면 될 정도로 에너지원이 약하다. 그러나 그 에너지를 응집된 빛줄기에 집중시켜 다이아몬드에 구멍을 내거나 암세포를 죽이는 강력한 파워를 가진다"라고 했다. 하나에 집중할 때 레이저와 비슷한 효과를 볼 수 있다.

무기력할 때는 이것저것 시도하면 안 된다. 무기력할수록, 아니 무기력하므로 하나에만 집중해야 한다. 그래야 살아남을 수 있다. 하나만 하며 강점을 키우다가, 언젠가 그 무기력을 떨치고 탁월한 한 가지를 세상에 보여 줄 의지를 작동시켜야 한다.

그 의지가 동기, 인지, 정서, 행동을 끌고 나갈 때 우리는 누구에게도 명령받지 않고 자기 일에만 집중할 수 있을 것이다. 그때는 나를 통해 내가 몸담고 있는 팀이나 회사도 동반 성장할 수 있을 것이므로, 나의 일을 하겠다는 생각이 이기적인 것이 아님을 믿어도 좋다. 내가 성장해야 회사도 발전한다. 그리고 회사의 발전이 당신을 더 높은 곳으로 데려가 줄 것이다.

그래도 일이 안 되고 집중할 수 없다면 새뮤얼 존슨(Samuel Johnson)의 이 말 한마디만 기억하자. "교수형을 보름 앞둔 사람은 놀라운 집중력을 보일 것이다."

자연에서 배우는 의지의 힘
뱀을 죽인 작은 새

●

따뜻한 봄날 아침, 어미 까치가 먹이를 구하러 가느라 잠시 집을 비웠다. 지난달 알을 일곱 개 낳았다. 18일간 먹지도 마시지도 않고 알을 품었고, 며칠 전 새끼들이 알을 깨고 나왔다. 이제 먹이를 날라 줘야 한다. 까치 부부는 번갈아 벌레를 잡아와 새끼들을 먹였다. 일곱 마리가 서로 달라고 졸라 대는 통에 쉴 새 없이 벌레 사냥을 나가야 한다.

그날 아침도 애벌레를 잡아 둥지로 돌아가고 있었다. 그런데 갑자기 공포에 찬 새끼들의 비명 소리가 들렸다. 무슨 일이 일어난 것이 분명했다. 허둥지둥 날아갔더니 1미터가 넘는 뱀이 둥지를 덮치고 있었다. 이미 한 마리는 먹어 치운 듯했다. 남은 여섯 마리가 겁에 질려 있었다. 그사이 새끼를 또 한 마리 해치웠다.

순간 엄마 까치는 이성을 잃었다. 그대로 두면 나머지 다섯 아이도 다 죽을 것 같았는지 뱀을 공격하기 시작했다. 부리로 뱀의 머리를 쪼았고, 뱀은 머리를 곧추들고 까치를 물려고 덤볐다. 하지만 날개가 있는 까치는 뱀의 공격을 요리조리 피하며 계속 한곳을 쪼았다. 머리만 공격해 뱀을 둥지에서 최대한 떨어지게 하려는 듯 보였다.

드디어 뱀이 땅에 떨어졌다. 하지만 공격을 그만둘 줄 알았던 까치는 포기하지 않고 계속해서 바닥에 떨어진 뱀을 향해 공격을 이어 갔다. 까치는 뱀 머리 한곳만 집중해서 쪼았다. 새끼들의 비명 소리를 들은 아빠 까치도 날아와 합세했다. 그렇게 까치 부부는 한 시간 정도 뱀의 머리를 쪼아 댔고, 결국 뱀은 피를 흘리며 죽었다. 그날 까치 부부는 새끼 두 마리를 잃는 아픔을 겪었지만 처음으로 뱀을 물리치는 승리의 기쁨도 느꼈다. 그들은 며칠 동안 살아남은 새끼 다섯 마리에게 뱀 고기를 먹여 주었다.

새가 뱀을 죽이고 그것을 먹는다는 게 말이 되는 소리인가? 그런데 그런 일이 가끔 실제로 일어난다. 2015년 3월 MBN 방송에 흥미로운 영상이 공개되었다. 서울 응봉산 입구 등산로 옆에서 까치와 뱀이 싸우는 장면이 포착된 것이다. 산에서부터 다툼을 벌이다 사람들이 다니는 길가로 내려와 싸움을 이어 간 듯하다는 설명이 있었다. 그 뱀은 새알이나 새끼 새를 잡아먹는 누룩뱀이었다.

영상에서 까치는 뱀의 머리를 집중적으로 쪼아 댔다. 뱀이 상체를 쭉 뻗으며 까치를 공격했지만, 까치는 빠른 날갯짓으로 폴짝폴짝 뛰며 뱀의 날카로운 이빨을 피했다. 까치가 쉴 없이 치고 빠지는 작전을 펴자, 뱀은 점점 지치는 듯 보였다. 잠시 후 다른 까치 한 마리까지 합세해 뱀의 머리와 몸통을 사정없이 쪼아 대자 뱀은 피투성이가 된 채 공격을 포기하고 똬리를 틀어 방어에 들어갔다. 하지만 까치는 공격을 멈추지 않았고, 뱀이 숨을 거두며 1시간여의 혈투가 끝났다.

그러자 놀랍게도 까치가 뱀을 먹기 시작했다. 새 전문가인 윤무부 교수의 인터뷰가 이어졌다. "까치는 원래 성격이 난폭해요. 뱀하고 싸우는 것 보니까 아주 신기하고 세계적인 뉴스 같아요. 까치가 뱀을 먹는 건 새를 60년 동안 연구해 봤지만 처음이에요."

영국 〈네이처〉지에도 비슷한 이야기가 실려 있다. 참새 크기 정도의 작은 새가 풀밭에서 먹이를 찾고 있었는데, 수풀에서 뱀이 나타나 덤벼들었다. 재빨리 도망쳤지만 새는 멀리 날아가지 않고 뱀의 머리를 쪼기 시작했다. 워낙 작은 새였기에 치명적인 상처를 입히진 못했다. 반격하는 뱀을 피하며 계속 부리로 쪼아 댔는데, 앞의 까치처럼 처음부터 끝까지 같은 부위만 공격했다. 백 번을 넘게 쪼아 댄 결과 뱀은 수풀 속으로 도망쳤다.

새가 뱀을 물리치고 죽이는 것은 자연의 먹이 사슬을 역행하는 일이다. 뱀이 새를 먹을 수는 있어도, 독수리 같은 맹금류가 아닌 작은 새가 뱀을 죽이는 것은 불가능에 가깝다. 그런데 이 일이 가능했던 이유는 뱀의 머리 중에서도 한곳만을 골라 끊임없이 쪼아 댄 새의 집중 전략 덕분이었다. 약자가 살아남을 수 있는 전략이다. 여기서 볼 수 있는 것이 의지의 힘, 집중력의 결과이다.

고슴도치는 웅크리는 것밖에 할 수 없지만 그 기술로 꾀 많은 여우의 공격을 매번 이긴다. 그래서 경영 용어 중 자신의 강점 하나만 집중 개발하라는 '고슴도치 전략'이 있다. 우리도 같은 전략을 쓸 수 있어야 한다. 욕망이 들끓고 열정이 넘치더라도 이것저것 하지 않고 오직 하나 또는 둘 정도에만 집중해야 성과를 얻을 수 있다. 업무 무기력을 호소하는 사람 중에는 자신의 능력을 과대평가하여 이것저것 많이 해서 무기력이 생기는 경우도 있다.

이제는 집중해야 한다. 집중력은 '의지'에서 나온다. 새는 분명 뱀이 무서웠을 것이다. 그러나 새끼가 위협당하는 것을 보고는 자신의 모든 의지를 동원해 뱀을 공격했다. 성공은 얼마만큼 일했는가가 아니라 얼마나 집중해서 그 일을 했는가에 달려 있다. 당신의 능력을 한곳에 집중해 역전의 신화를 만들 수 있도록 의지를 끌고 나가길 바란다. 다시 한번 말하지만 의지는 자연의 섭리인 먹이 사슬조차 역행시킬 수 있다.

마음 디톡스

내가 만난 아모르 파티

나는 중년에 10여 년간 무기력을 겪었고, 마음을 훈련하여 낙타를 벗고 사자가 되었다. 사람을 성장시키는 연구와 글을 쓰고 강연을 하는 새로운 인생을 살기 위해, 25년간 명함과 밥을 주던 학교 밖으로 나왔다. 학교를 나온 지 9개월 만에 첫 책이 출간되었다.

그런데 책이 나오고 한 달 정도 후 스승인 구본형 선생님의 폐암 소식을 들었다. 그로부터 보름을 넘기지 못하고 선생님은 세상을 떠나셨다. 그분의 죽음 이후 나는 황량한 겨울 들판에 홀로 선 아이처럼 두려움과 공포에 떨며 맨몸으로 찬바람을 맞아야 했다. 어디로 가야 할지 알 수 없었다. 그리고 그날로부터 나의 긴 화석기가 시작되었다.

글쓰기는 오랜 습관이었다. 하지만 학교를 그만두고 글 쓰는 일이 새 직업이 되고 난 후부터는 글쓰기가 힘들어졌다. 사람을 교육하고 사회활동을 하는 것 역시 뭔가에 막힌 듯했다. 출발선에서 공회전만 하고 있는 자동차 같았다. 미루기, 게으름, 회피, 변명, 두려움, 저항 등 온갖 마음의 문제가 나타났다. 무기력을 벗었다고 생각했는데 아니었다. 단 한 발도 떼지 못하고 지박령이 되어 화석처럼 출발선에 그대로 얼어붙어 있었다.

3년 가까운 시간동안 자신과 싸우며 이전에 나의 무기력을 다스렸던 방법으로는 부족하다는 사실을 깨달았다. 동기, 인지, 정서, 행동만으로 무기력 치유가 가능하다고 생각했지만, 더 나아가기 위해서는 의지가 반드시 필요했다. 마음이 훨씬 더 단단해져야 했다.

　그런데 그 일을 겪는 동안 변화를 불러온 사건이 하나 있었다. 어느 날 감기도 아닌데 기침을 발작적으로 하기 시작했다. 잔기침이 하루 종일 이어졌다. 사실 10년 전 건강검진에서 폐에 0.5센티미터짜리 SPN(고립폐소결절)을 발견한 바 있었다. 당시 의사는 1센티 이상이면 폐암으로 진단할 수 있다며, 계속 CT로 체크하자고 했다. 몇 번 CT를 찍으며 추이를 지켜보다가, 직장 이동으로 이사를 하느라 바빠 영상 CD만 받아 두고 재확인은 계속 미루고 있었다.

　불현듯 그 SPN이 걱정되기 시작했다. 다음 날도 기침이 계속되었고, 몸살 기운까지 겹쳤다. 우선 동네 내과에 가서 병력을 말하고 엑스레이를 찍었다. 사진을 보던 의사는 오른쪽 폐 하부에 있던 SPN이 1.12센티미터까지 커졌다며, 큰 병원으로 가보라고 했다. 대학병원에서 다시 엑스레이 촬영을 하자, 이번에는 1.13센티미터로 나왔다. 정밀검사를 위해 CT 촬영을 예약했다. CT 결과에 따라 조직검사를 하게 될지도 모른다고 했다.

　1센티를 넘으면 암으로 판정한다던 10년 전 의사의 말이 기억났다. 폐암인가? 폐암이라면 스승을 돌아가시게 만든, 사망률 1위의 암 아닌가? 폐암이 확진되면 일어날 일들이 머리를 스쳐 갔다. 죽는 건 별로 두렵지 않았다. 다른 가족도 걱정되지 않았다. 하지만 10대인 딸아이는 어쩌한단 말인가? 엄마 없이 살아갈 그 세상은 얼마나 춥고 무서울까? 나는 통곡을 했다.

　나의 스승님은 백 세까지 책 쓰고 강연하고 사람을 돕는 일을 하겠다고 입버릇처럼 말씀하셨는데 환갑도 되기 전에 완치되었다 믿었던 갑상선암이 폐로 전이되어 발병 두 달 만에 급작스레 가버리셨다. 그동안은 죽음을 그다지 생각하지 않고 살았는데, 이제 내 생이 얼마 남지 않았을지 모른다는 생각이 들었다.

그렇게 CT 촬영을 기다리던 중, 딸이 키우던 햄스터 한 마리가 죽었다. 햄스터의 수명은 2~3년이다. 우리 집에 온 지 2년 가까이 되었기에 언제 죽을지 모른다고 각오는 하고 있었지만, 그래도 이렇게 빠를 거라고는 생각하지 못했었다. 게다가 건강하고 성격이 좋아 가장 오래 살 거라고 생각한, 내가 특별히 예뻐했던 정글리안이 죽어 버린 것이다.

어릴 적 친정에서 키웠던 강아지와 열여섯 살에 뇌종양으로 죽은 사촌 여동생 남영이가 떠올랐다. 햄스터의 죽음은 내가 이미 만난 다른 죽음들을 오버랩시키며 나를 패닉 상태로 몰아갔다. 그렇게 나는 죽음과 직면해 또다시 바람 부는 벌판에 혼자 서 있는 느낌을 가졌다.

살 날이 얼마 남지 않았을지 모른다. 그러면 어쩌할 것인가? 나는 딸에게 SPN 얘기를 해주기로 결정했다. 그날 밤, 혹시 엄마가 가고 나면 어떻게 해야 할지 조목조목 설명해 주면서 함께 울었다. 가상의 장례식 체험만으로도 내면에 변화가 생기는데, 중년기에 진짜 죽을지도 모른다는 생각을 하니 내 안에 잠자고 있던 것들이 뒤집어지는 것을 느꼈다. 살아온 지난 날들을 돌아보았다. 짧은 봄과 긴 겨울이 그곳에 날리고 있었다. 봄비에 벚꽃이 지듯 그렇게 가버린 청춘과 잘못 들어서서 아프게 울어야 했던 긴 중년의 불면이 여러 가지 색깔로 채색되어 있었다.

나는 자신을 그다지 좋아하지 않는 사람이었다. 지난날을 돌아보니, 칭찬에 인색했던 부모님의 양육방식이 나를 다루는 방식으로 아직 펄펄 살아 있었다. 그 강박과 완전주의가 나를 괴롭히고 삶을 팍팍하게 만들고 있었구나 싶었다. 그것이 작은 승리도 주었지만, 일상의 즐거움을 탐해서는 안 된다는 긴 수형기를 만들어 버렸다. 지금 죽는다면 더 잘하려던 것이 무슨 소용이 있겠는가?

불현듯 내가 측은해지기 시작했다. 살면서 누가 나를 사랑해 준 기억이 별로 없었다. 늘 애정 결핍 상태였고, 그래서 내 삶이 고달팠는지 모른다. 이제라도 나를 사랑해 줘야겠다고 결심했다. 나를 사랑해야겠다는 것은 감정이 아니라 의지의 결과였다. 한 번도 사랑스럽지 않았던 나를 사랑해야 하는 것은 의지가 개입되지 않으면 불가능했다. 스콧 펙(M. Scott Peck)이 사랑은 '상대의 영적 성장을 위한 노력'이며 사랑의 반대는 미움이 아니라 '게으름'이라고 하지 않았던가?

아직 내가 사랑스럽지는 않지만 그럼에도, 의지로 나를 사랑하기로 결정했다. 사랑할 수 없는 것을 사랑하기 위해서는 진정한 받아들임, 포용이 동반되어야 한다. 니체가 말한 운명애, 아모르 파티(Amor Fati)는 그 어떤 모습이더라도 내게 주어진 몫의 운명을 받아들이고 사랑하겠다는 의지의 결정체이다. 아무리 뒤틀리고 꼽추 같은 생일지라도 내 의지가 그것을 받아들이고 사랑하기로 애쓰는 것이 아모르 파티이다.

니체는 우리가 자신의 운명을 사랑해야 자신의 아이를 잉태한다고 했다. 결국 사랑에의 의지, 아모르 파티는 사자가 어린아이로 가는 중요한 열쇠였다. 내가 아모르 파티를 깊이 자각할 때 사랑이 내 몸을 감싼다고 느꼈다. '내 운명을 받아들이고 나를 사랑해 주자. 지금 죽는다 해도 억울해 말고 실수 많았던 나의 인생을 이제는 뜨겁게 사랑해.' 그렇게 생각하자 갑자기 자유로움을 느꼈다. 사자로서 묶여 있던 오랜 굴레 — 해야 한다는 의무, 니체가 말한 '용의 명령'을 완전히 벗은 듯 느껴졌다. 사자로 사는 동안 너무나 많은 내적 저항을 느꼈는데 의지가 사랑을 결정하고 나의 모든 것을 수용하기로 하자 절대 갈 수 없던 단계로 가고 있다는 느낌이 들었다. 나도 드디어 어린아이처럼 살 수 있을 것인가?

폐 CT를 찍고 결과를 확인하기까지 5일. 기다리는 동안 지루하고 초조했다. 그러나 '죽어야 한다면 잘 죽으리라' 하고 죽음을 수용했기에 무심히 할 일들을 하며 그 시간을 보낼 수 있었다. 그런데 진료 당일 의사는 의외의 말을 했다. 폐가 멀쩡하다는 것이다. 조직검사도 필요 없고 더 이상 주기적으로 CT를 찍지 않아도 된다고 했다. CT로 10년 전과 비교했을 때 크기에 차이가 거의 없다는 것이다. 엑스레이상으로는 다른 부분과 겹쳐 크게 보일 수 있다며 잔기침 약만 처방해 주었다.

그 해프닝이 있고 얼마 되지 않아 나는 여느 때와 같이 새벽에 일어나 글을 쓰고 생각을 하고 있었다. 그런데 한 번도 느껴 보지 못한 감정이 일어나더니 평화로움이 일순 내 몸을 덮쳐 왔다. 이런 느낌은 처음이었다. 데이비드 호킨스가 말한, 의식의 매우 높은 수준에 있는 사랑, 기쁨, 평화가 떠올랐다. 어쩌면 니체의 어린아이 수준으로 올라갔는지도 모른다. 자유였다. 무엇도 나를 거스르지 못하는 상태, 완전한 자유를 느꼈다.

그때 니코스 카잔차키스(Nikos Kazantzakis)의 묘비명이 갑자기 떠올랐다. "나는 아무것도 바라지 않는다. 나는 아무것도 두려워하지 않는다. 나는 자유다." 그가 왜 그런 말을 했는지도 알 것 같았다. 나도 딱 그런 마음이었다. 죽음이라는 운명까지 받아들였는데 더 이상 무엇을 탐하고 욕심내고 두려워한단 말인가?

호킨스의 의식 지수를 알고 난 이후 지난 17년간 가장 힘들었던 것이 포용이었다. 나는 용서에 인색한 사람이었고 그것이 나의 유리 천장이었다. 간혹 높은 단계를 느끼기는 했지만 지속되지 않았다. 늘 용서에 걸려 추락했다. 그랬던 내가 가장 높은 단계인 평화를 체험한 것이다. 물론 또 추락하리라는 것을 알고 있다. 추락은 생명체의 본성이다. 하지만 나는 성장의 비밀을 알았고, 그 성장 촉진제를 매일 내게 주입할 것이다. 그것은 바로 아모르 파티, 내 운명을 받아들이는 것이다.

그때부터는 내가 경험한 이 단계를 계속 유지하기 위해 무엇을 해야 하는지에 주력하기 시작했다. 그리고 그 과정을 내 세 번째 책에 넣어야겠다고 생각했다. 그것은 어떤 경우에라도 '할 일을 무심히 할 수 있어야 평화를 유지할 수 있다'는 것이다. 어린아이로 산다는 것은 그렇게 한 문장으로 정리할 수 있다. '할 일을 재미있게 하고, 즐겁게 사는 것' 그것뿐이다.

당신에게 일은 무엇인가? 그리고 지금 이 순간 그 일을 잘하고 있는가? 두 가지만 생각하기 바란다. 즐겁게 살고 무심히 일하는 것, 그것이 우리를 구해 줄 것이다. 그 어떤 경우에도 할 일을 무심하게 잘할 수 있다면 당신은 무기력 따위를 이미 벗었고, 니체가 말한 낙타와 사자를 지나 어린아이의 수준으로 도약했다고 믿어도 좋다.

어떤 경우에도 무심히 일한다는 것은 사실 매우 어렵다. 감정과 인지를 자유자재로 다룰 수 있어야 하고, 의지가 행동을 잘 이끌어 갈 수 있도록 마음의 완전한 통제가 이루어져야 가능한 일이기 때문이다. 이제 당신도 무심히 일할 수 있기를 바란다.

PART 04

무기력 극복이 주는
세 가지 선물

무기력이 탁월함으로

어떻게 아라미스 공은 세계 최고가 되었나

하나에 집중할 때 창의성도 생긴다

무기력이 축복이 되는 아이러니

어떻게 아라미스 공은
세계 최고가 되었나

●

　당구공 중에 '아라미스 당구공'이라는 것이 있다. 벨기에에서 제조되는 당구공의 상표명인데, 당구 매니아들은 '아라미스'라고 부르지 않고 '벨기에 공(Belgian Ball)'이라 부른다. '특별한 공', '승리를 안겨 주는 공'을 뜻한다고 하는데, 전 세계 모든 공식 당구대회에서는 오직 이 아라미스 당구공만 사용한다.

　아라미스 당구공의 제작사는 살뤽(SALUC)이다. 당구공을 만들기 시작한 지 30년 만에 전 세계 시장의 80%를 점유해 버린 무서운 회사다. 벨기에 남부 왈로니아 지방의 작은 전원풍 마을 칼르넬르에 들어서면 마을 어귀에 'SALUC'이라는 안내판이 있다고 한다. 살뤽은 '칼르넬르에 있는 공장(Societe Anonyme Les Usines de Callenelle)'이라는 뜻의 약자이다. 뭔가 특별한 의미가 있지 않을까 생각했지만, '수원에 있는 공장'을 줄여 '수공'이라고 한 것처럼 단순한 이름이다.

　게다가 살뤽사를 다녀온 사람들의 설명에 의하면 그 회사는 건물도 이름만큼이나 단순하다고 한다. 하얀 페인트칠이 된, 보건소나 동사무소 정도의 외관을 가진 2층짜리 건물이 전부라는 것이다. 그런데 어떻게 이렇게 작은 회사에서 세계 최고의 당구공이 만들어질 수 있었을까?

1923년 설립된 살뢱사는 원래 당구공을 만드는 회사가 아니었다. 프랑스에서 벨기에로 이주해온 '비예(Villie)' 가문이 세운 피혁 가공용 합성 탄닌산을 제조하는 화학공장이었다. 그런데 2차 대전 이후, 피혁 대체품이 나오기 시작하면서 피혁 공장들이 줄줄이 문을 닫았고 합성 탄닌산의 판로가 사라졌다. 위기의 순간에 그들은 기상천외한 생각을 해낸다. 합성 탄닌산을 생산하며 쌓아 온 그들의 '페놀수지' 가공기술을 이용해 전혀 새로운 형태의 당구공을 만들기로 결정한 것이다.

15세기 중엽 프랑스에서 시작된 것으로 알려진 당구는 나무와 돌을 깎아 당구공으로 사용했다. 19세기경 미국 상류사회의 오락으로 당구가 유행하면서는 코끼리 상아로 당구공을 만들기 시작했다. 그런데 상아가 귀한 것이 문제였다. 상아 당구공 값은 하루가 다르게 치솟았고, 그러자 당구공을 만들던 회사들이 상아를 대신할 다른 재질 발명에 1만 달러의 상금을 걸게 된다.

이때 인쇄공 하이야트(John Wesley Hyatt)라는 청년이 새로운 재질의 당구공 개발에 나선다. 여러 재료를 써서 반죽한 다음 단단하게 압축해 당구공 모양으로 만들어 보았다. 하지만 상아 당구공처럼 단단하지도 묵직하지도 않아 실패를 거듭했다. 계속된 실험 끝에 천연 셀룰로오스에 질산을 반응시켜 인류 최초의 플라스틱인 셀룰로이드를 만들어 냈고, 그것으로 당구공을 만들었다. 이후 셀룰로이드는 당구공뿐만 아니라 주사위, 단추, 고가의 만년필 배럴 등 다양한 용도로 사용된다.

여기서 힌트를 얻은 살뢱사는 인공 합성수지 당구공 제조로 전향한 후 당구공에 가장 알맞은 '페놀 포멀 포뮬러 기법(Phenol formal formular)'이라는 특수비법을 고안해 낸다. 당구공의 밀도와 재질을 극도로 압축한 신공법이었다. 코끼리를 살육해야 하는 윤리적 문제 외에도 수축과 이완 현상이 심해 정밀도가 떨어지는 상아의 단점을 해소한 공법이었다. 그리하여 1960년대 중반에 '벨기에 당구공'이 '아라미스'라는 이름으로 시장에 첫 모습을 드러냈다.

당시 영국과 독일의 당구공 업체들이 '폴리머'나 '폴리에스테르' 공으로 당구공 시장을 점유하고 있었지만 새로 나타난 페놀 소재의 '아라미스'를 물리치기에는 역부족이었다. 그렇게 신기술 개발로 단숨에 살뤽사는 시장을 장악해 버렸고 이후 한 번도 1등을 뺏기지 않았다. 현재 살뤽사는 생산품의 97%를 세계 60여 국으로 수출하고 있고, 그들이 벌어들인 외화가 벨기에를 먹여 살린다는 말이 나올 정도로 막강한 위력을 지닌 회사가 되었다.

그렇게 잘나가던 어느 날, 살뤽사에도 위기가 찾아왔다. 1987년, 창업주인 비의 가문에 후손이 없어 기업투자 자문회사인 베르겡베스트(Berginvest)가 인수하여 전문경영인 체제로 바뀌게 된 것이다. 이때 자칫 회사 철학이 바뀔 수 있었으나 새로 맡은 경영진은 영리했다. 새 경영주는 '오직 당구공만 만든다'는 살뤽사의 철학을 바꾸지 않았고, 당구공에만 올인한다. 그 결과 살뤽사는 지금도 세계에서 가장 좋은 당구공을 만들고 있다.

벨기에의 '스리 쿠션(Three Cushions: 3구)' 종목 프로선수인 쿨르망 2세는 "사실 당구공의 생명은 '극도의 균형'과 '완벽한 반동'이다. 그것을 위해 완전한 구면과 균형, 일정한 중량과 경도가 필요한데 아라미스만이 이를 제대로 갖추고 있다"라고 평가한다. 이런 최고 품질의 제품을 만들 수 있는 이유는 철저한 품질관리에 있다. 공 한 개를 만들기 위해서는 형틀 주조에서부터 특수연마, 광택(코팅) 등 모두 13단계를 거치며 23일 정도가 걸리는데, 살뢱사는 모든 원료와 작업을 외주 없이 자체 해결한다. 그리고 제작된 당구공은 출하 전 모두 품질 확인을 거친다. 하나에만 집중하므로 가능한 일이다.

33년간 살뢱사에 몸담은 얀센 전 총괄사장은 살뢱사의 사칙이 '일을 사랑하지 않으면 시작조차 말라'는 것이라며, "일을 사랑하고 당구공에만 집착해 온 것이 아라미스가 세계 최고가 된 성공 비결"이라고 말한다. 그래서 살뢱사는 오로지 당구공만 제작하며, 초크나 큐대는 물론 고가인 당구 테이블도 손대지 않는다는 것이다.

"어차피 모두 당구공 연관 비즈니스 아닌가요?"라고 물으면 살뢱사 관계자들은 "천만에, 당구 테이블은 섬유나 고무, 목재 분야이고 큐대는 나무를 잘 알아야 한다. 우리는 당구공 특수소재만을 전문으로 하는 회사이다. 힘을 다른 분야에 낭비할 생각은 없다. 우리는 당구공 외에는 단 한 번도 생각해 본 적이 없다"며 일축해 버린다.

집중력, 이것이 아라미스가 최고가 된 비결이다. 그들은 이것저것 섞어서 자기들의 탁월함을 훼손시키는 어리석음을 범하지 않았다. 그 결과 아직 아라미스에는 경쟁자가 없다. 일본, 중국, 대만 등 많은 나라에서 당구공을 만들지만 아라미스만이 세계당구연맹의 유일한 공인구이다.

살뢱사는 합성 탄닌산의 판로가 막혔을 때 망할 수 있었다. 또 경영체제가 바뀌었을 때도 중대한 위기를 맞을 수 있었다. 개인의 인생에서 업무 무기력이 찾아오는 순간과 비슷한 상황이다. 하지만 그때 살뢱사는 자신이 축적한 기술로 신분야인 합성 당구공 제작에 뛰어들어 오직 공 하나만 만들기로 결정했고, CEO가 바뀔 때도 철학을 바꾸지 않았다. 인생에 업무 무기력이 찾아왔을 때, 이들처럼 한다면 당신 역시 탁월해질 수 있을 것이다. 무기력이 왔다는 것은 한계를 만났다는 증거이다. 그때 어떤 선택을 하고, 또 자신이 선택한 것을 어떻게 지켜 가는가에 따라 도약할 수도 몰락할 수도 있다.

그러니 '무기력'이라는 불청객이 찾아왔다고 거기서 포기해선 안 된다. 지금 당신이 할 수 있는 일 중에 가장 잘하는 것을 찾아 그것을 반복하여 숙달되게 한 후 습관이 되게 하라. 그리고 그것에만 집중한다면 당신도 아라미스처럼 되지 말라는 법이 없다. 무기력이라는 지루한 내적 전쟁을 이겨 낸 당신의 그 일을 최고로 만들어 보라.

하나만 하자. 하나만 하게 되면 생산성이 훨씬 올라간다. 그것을 반복해서 계속 하다 보면 탁월해질 수 있다.

하나에 집중할 때
창의성도 생긴다

●

　1776년 애덤 스미스(Adam Smith)는 《국부론》에서 "한 국가를 부유하게 만들기 위해 노동자의 시간당 생산성을 높이려면 반드시 분업이 필요하다"라고 주장했다. 또한 "생산성이 높으려면 숙련도가 높아야 한다"며 "노동자의 숙련도가 향상되는 길은 그들이 한 가지 단순한 일에 평생을 매달릴 때"라고 했다.

　그는 다음과 같이 말했다. "망치는 잘 다루지만 못을 만들어 본 적이 없는 능숙한 대장장이가 못을 만들면 하루 2백~3백 개 정도의 아주 볼품없는 못을 생산할 것이다. 그러나 못을 만드는 것 외에 어떠한 직업도 가져 보지 못한 20세도 안 되는 소년 몇 명이 전력을 다해 못을 만들자 그들 각자가 하루 2백~3백 개 이상의 못을 만드는 것을 본 적이 있다."

　이어 그는 이런 생산성의 차이가 만들어지는 이유에 대해 "사람의 정신은 주의력을 여러 일에 분산시킬 때보다 하나의 대상에 집중시킬 때 목적 달성이 쉽고, 그 일을 간편히 할 수 있는 방법도 훨씬 더 많이 발견하게 된다. 노동이 세분화된 공장에서 사용하는 기계 대부분은 그 단순한 조작업무에 종사하던 노동자가 자기가 하던 조작을 쉽고 간편하게 할 방법을 발견하고자 생각을 집중시켜 만들어 낸 보통 노동자의 발명품이었다"라고 했다.

애덤 스미스의 이 말에서 우리는 두 가지 중요한 사실을 알게 된다. '목표를 달성하고 생산성을 높이기 위해서는 하나에 집중해야 하고, 그 하나에 집중할 때 현재의 문제를 넘어설 수 있는 새로운 창의성이 만들어진다'는 것이다. 집중은 생산성뿐만 아니라 창의성도 만들 수 있다는 스미스의 말에서 우리는 일이 주는 딜레마를 풀 수 있는 길을 하나 볼 수 있다.

세계 최고라 불리는 개인이나 조직은 그 비밀을 잘 알려 주지 않는다. 평범한 우리가 보지 못한 그들의 성공 비결은 살뢱사의 그것처럼 아주 단순한 것이었는지 모른다. 하나만 선택해서 죽기 살기로 그것만 했다는 것. 좀 허탈하지만 다행이지 않은가? 우리에게도 아직 기회가 있다는 뜻이기 때문이다.

바이올린을 잘 켜는 연주가가 음악에 소질이 많다고 첼로까지 함께 배운다면, 둘 다를 상당히 잘 연주하는 재주 많은 음악가는 될지언정 어느 쪽으로도 세계 최고가 되는 꿈을 꾸는 것은 포기해야 한다. 살뢱사가 그러했듯 우리도 이제 하나만 남기고 나머지는 덮어 둬야겠다. 내가 가장 좋아하고 잘하는 것을 찾아내 그 길로 깊이깊이 들어가는 것이다. 그게 천직이라면 더할 나위 없다.

나 역시 그렇게 살기로 결정했다. 내가 컴퓨터를 버리고 사람 속으로 들어간 이유이고, 로봇 연구에서 사람 연구로 전향한 이유이다. 살뢱사가 피혁의 몰락으로 위기에 처했을 때 자신의 축적된 기술력을 모두 이용해 당구공 하나만 만들었고, 그것에만 집중했을 때 세계 최고가 되었듯 우리도 뭔가를 남기기 위해 포기할 것은 포기하고 남은 하나에 전력해야 한다.

무기력이 축복이 되는
아이러니

●

    일의 생산성이 떨어지고 결과물이 나오지 않아 무기력해지는 이유는 그 일이 창조적이고 혁신을 요하는 것이기 때문일 수도 있다고 앞에서 말한 바 있다. 칙센미하이가 말했듯 창조성은 준비-잠복-깨달음-평가-완성이라는 5단계 순환과정을 거쳐야 하므로 생산성과 창조성은 양립할 수 없고 그 과정도 오래 걸린다.

    창조성과 생산성이 양립할 수 없다는 사실은 미국 오스틴 텍사스 대학의 아트 마크먼(Art Markman) 교수팀의 연구에서도 확인되었다. 그는 생산성을 높이려면 일을 계획하고 밀어붙여야 하는데 이는 창조성을 방해한다고 했다. 창조성에는 일과 관련 없는 것도 기웃거릴 수 있는 시간과 공간이 필요하므로, 빈틈없이 짜인 계획 속에서는 창조성이 발현될 수 없다는 것이다.

    그 때문에 창조성을 강조하는 직업은 직원을 20% 정도 더 뽑아야 한다고 한다. 그래서 구글은 필요한 인원보다 더 많은 직원을 뽑고, 더 뽑힌 직원이 일을 나눠 함으로써 창조성을 위한 공간과 시간을 만들어 낸다고 한다.

이는 개인에게도 적용된다. 창조성과 생산성 두 가지를 한꺼번에 얻을 순 없다. 평소 생산적인 사람도 창조적인 시도를 할 경우 결과가 나오지 않아 무기력을 느끼고, 능력이 사라진 듯한 허무한 상태를 견뎌야 한다.

창조를 위한 순환기 동안 창조자는 너무나 고통스럽다. 새로운 것을 시도하고 결과가 바로 나오지 않을 때도 우리는 그와 비슷한 고통을 느낀다. 에베레스트를 등반하려고 길을 나섰는데 동네 뒷산도 오르지 못하는 것과 같은 자괴감을 견뎌야 한다. 그래서 창조자들에게는 정신적인 문제가 많이 일어난다.

1949년 독일 연구자들이 창의적인 일을 하는 천재들에게 정신적 문제가 많고 자살자가 많은 이유를 찾기 위해 113명의 독일 출신 예술가를 조사한 바 있다. 그랬더니 시인의 50%, 음악가의 38%가 정신적 이상을 경험한 것으로 나타났다. 일반적인 정도를 넘어서는 수치였다.

확실히 예술가나 천재들은 일반인보다 정신적 고통이 많다. 그래서 그들이 겪는 어려움을 '파우스트적 거래'라고 표현하기도 한다. '예술적인 창조물을 생산한 대가로 정신이 파괴되는 것을 가리키는 문학적인 용어'이다. 그리고 그런 파우스트적 거래의 한 종류에 업무 무기력이 있을 수 있다. 창의적인 활동을 하는 사람은 '생산성 제로'의 무기력한 기간을 반드시 통과하기 때문이다.

그런데 칙센미하이는 《창의성의 즐거움》에서 천재들이 가진 진정한 창의성은 '창의성과 생산성'이라는 상반되는 특성이 결합된 '복합성'에 있다고 정의했다. 천재들은 '복합성'을 지녔기 때문에 공격적이고 경쟁적이다가도 남을 배려하고 협조하기도 하는, 상황에 따라 변화하는 두 개의 성질이 공존한다는 것이다. 이런 상반성이 업무 무기력을 낳는다.

업무 무기력을 느끼는 사람들 중에는 원래 일을 왕성하게 하던 사람이 많다. 그들은 자신이 이전에는 잘했는데 지금 할 수 없다는 사실에 기막혀 한다. 그런데 그러한 아이러니를 유발하는 원인이 바로 '복합성'이다. 강박성이나 완벽주의가 일의 생산성을 높이기도 하지만 한편으로 창의적인 일을 해내기 위한 순환의 기간 동안 일의 시작을 미루는 업무 무기력을 유발할 수 있다. 높은 생산성과 무기력의 공존, 복합성이 갖는 역설이다.

그러므로 당신이 지금 어떤 것을 새로 하느라 무기력하다면 그 무기력을 벗어났을 때 드디어 새로운 것이 짠하고 나타날 가능성이 크다고 생각하라. 더불어 칼 융이 상반되는 두 가지 유형을 가진 사람을 '성숙한 사람'이라고 한 것도 기억하자. 원칙을 중요시하지만 자유를 꿈꾸고, 복종적이면서 지배를 동시에 꿈꾸는 사람, 즉 복합적인 사람이 성숙한 사람이라는 것이다. 그러므로 현재 업무 무기력을 앓고 있는 사람은 성숙해질 소지가 크다고 보아도 된다.

다음은 칙센미하이가 정리한 복합적인 성향의 창의적인 사람이 갖는 특징이다. 혹시 당신에게 아래의 특징이 있다면 업무 무기력이 올 때 오히려 감사하는 것이 좋다. 지금 당신은 남들이 만들지 못하는 것을 만들어 내기 위해 숙성하는 중인지도 모르기 때문이다.

01 - 대단히 활력을 갖고 있으면서도, 동시에 조용히 휴식을 취하기를 좋아한다. (   )
02 - 어떤 부분은 대단히 명석하지만, 다른 한편으로는 어리석거나 천진난만하다. (   )

03 – 장난기와 극기, 책임감과 무책임이 혼합된 모순적인 성향이 있다.
( )

04 – 한편으로는 상상과 공상, 또 한편으로는 현실에 뿌리박은 의식 사이를 오고 간다. ( )

05 – 외향성과 내향성이 함께 있다. ( )

06 – 겸손하면서도 동시에 자존심이 강하다. ( )

07 – 전형적인 성의 역할에서 벗어나 있다. ( )

08 – 반항적이고 개척적이면서 동시에 보수적이고 전통적인 성향을 갖는다. ( )

09 – 자신의 일에 매우 열정적인 동시에 극히 객관적으로 볼 수도 있다.
( )

10 – 이성적이지만 감성적인 성향도 있어서 종종 기쁨뿐 아니라 고통과 역경을 겪는다. ( )

이상과 같은 복합성을 가진 사람은 복합성이 주는 이중성 때문에 생의 언젠가 무기력을 만날 수 있음을 기억하자. 하지만 그 시간을 견디고 새로운 무언가를 세상에 내놓는 순간이 오면, 그때는 무기력이 당신에게 내린 축복이었음에 감사할 것이다.

무기력이
마음의 성장으로

·

끝이라고 생각한 그때가 기회다

10년 노숙자에서 서민 갑부가 된 가죽공예가

인간은 일할 때 성장한다

오늘 깨어 당신의 일을 하라

끝이라고 생각한
그때가 기회다

●

당신은 무기력이나 게으름, 회피, 미루기에 막혀 자신의 일을 제대로 할 수 없는가? 아니면 자기 한계를 넘어 계속 성장할 수 있는 존재인가? 성장은 자신의 한계를 넘어설 때 일어나므로, 무기력의 극복은 성장을 가져다준다. 한계가 무기력을 만들므로 무기력 극복은 자기의 한계를 넘는 것이라 할 수 있다. 그렇다면 어떻게 자기 한계를 넘을 수 있을까?

1마일(약 1.6km)을 가장 단시간에 주파한 기록은 모로코의 히참 엘 구에로가 1999년에 세운 3분 43초이다. 1마일 기록은 1804년 최초로 4분대에 진입했다. 하지만 이후 150년 동안 단축되지 않고 계속 4분대를 유지했다. 당시 사람들은 1마일을 4분 이하로 주파하는 것은 절대 불가능하다고 생각했다. 1마일을 4분 이내에 뛰려고 시도하면 신체가 버텨 내지 못하고 폐와 심장은 파열하고 뼈가 부러지며 관절도 파괴되고 근육, 인대, 힘줄이 모두 찢어진다고 여겼던 것이다.

그렇게 4분의 벽은 인간이 넘을 수 없는 육체적, 심리적 철옹성이었다. 그런데 1952년 영국의 아마추어 육상선수인 한 의대생에 의해 그 벽이 무너졌다. 로저 배니스터(Roger Bannister)라는 의대생이었는데, 그는

1952년 헬싱키 올림픽에서 1,500미터 경기의 유력한 우승 후보였지만 경기 중 실수를 하는 바람에 금메달은커녕 4위에 그치는 불운을 겪게 된다. 그 후 극도의 좌절과 무기력을 느꼈지만 그는 그 상태를 이기기 위해 결단을 한다. 다음 경기에서 누구도 깨지 못한 '1마일 4분 벽'을 깨서 자신의 건재를 알리고 자존심을 지켜 내겠다는 다소 무모한 결심을 한 것이다.

그에게는 남에게 없는 강점이 있었다. 인체의 속성에 대해 누구보다 잘 아는 의대생이라는 것이었다. 그는 자신이 가진 생리의학적인 지식을 이용해 코치 대신 스스로 훈련 프로그램을 만든다. 의학적·과학적 근거를 가지면서도 자신에게 꼭 맞는 훈련과 체력강화 프로그램이었을 것이다.

그는 1마일을 4분 안에 주파하는 기록을 내기 위해서는 라스트 스퍼트(Last Spurt)에서 무서운 폭발력을 내야 한다는 점을 생각했다. 인간이 견뎌 낼 수 있는 최고의 고통은 거기서 온다. 그는 그 지점을 견뎌 내야만 150년의 벽을 깰 수 있다고 생각했고, 라스트 스퍼트 순간에 다른 선수와 차별화된 힘을 낼 수 있는 방법을 의학적으로 연구했다. 그리고 단거리 육상이나 마라톤과 달리 1마일 경기에서는 스피드와 스태미너가 적절히 조화를 이루어야 한다는 사실도 알아냈다.

그는 스피드와 스태미너를 동시에 높이는 전략을 짜고, 2년간 실전 같은 훈련을 했다. 1954년 5월 6일, 25세의 로저 배니스터는 죽기를 각오하고 트랙을 4바퀴 돈 뒤 쓰러진다. 지금까지 훈련해 온 대로 라스트 스퍼트에서 전력을 다하고 쓰러지는 순간, 눈앞에 보이는 모든 것이 흑백이었다고 한다. 신체가 한계를 만나 뇌와 시신경에 오작동이 일어난 것이다.

산소 공급이 부족해 몸의 기관이 작동을 멈춘 것 같았지만, 그는 몽롱

한 의식 속에서도 어쩌면 4분 벽을 깼을지 모른다는 느낌을 받았다고 한다. 그리고 의식을 잃었다. 그때 그가 세운 1마일 기록은 3분 59초 4였다. 드디어 150여 년 만에 인간 한계였던 4분의 벽이 깨어진 것이다. 자신의 모든 것을 동원해 만든 라스트 스퍼트를 높이는 훈련 프로그램과 피나는 노력이 한계를 돌파하게 한 것이다.

이처럼 성장은 가장 힘든 순간을 이기는 마지막 노력에서 일어난다. 무기력을 이기는 것도 마찬가지이다. 자신의 힘으로는 도저히 할 수 없을 것 같은 마지막 순간 한 번 더 버티는 그때 성장이 일어나고 우리는 다른 사람이 될 수 있다. 진정한 노력은 그런 것이다. 죽을 만큼 힘들어 도저히 더 이상 어쩌지 못할 것 같은 그때, 딱 한 번만 더 해보는 것이 진짜 노력이다.

그가 4분 벽을 깨고 난 후 놀라운 일이 일어났다. 다른 선수들도 잇따라 4분 벽을 깬 것이다. 그가 기록을 세우고 한 달 만에 10명의 선수가 4분 벽을 돌파했다. 1년 후에는 37명이 되었고, 2년이 지나자 300명이 되었다.

그들은 배니스터처럼 생리의학적 지식이 있던 사람이 아니었다. 하지만 그들도 4분을 돌파했다. 결국 그 벽이란 육체적 한계가 아니라 심리적 한계였던 것이다. 한계를 만드는 것도 마음이고, 그것을 뛰어넘게 해주는 것도 마음이다. 이들은 배니스터처럼 라스트 스퍼트를 높이는 훈련을 따로 하지는 않았으나, 다른 선수가 하는 것을 보고 자기도 그것을 넘겠다는 생각을 했고 그 마음이 만든 결과로 2년 만에 300명의 선수가 150년간 깨지 못했던 기록을 넘은 것이다.

이처럼 모든 것의 출발점이자 종착점은 마음이다. 마음이 문제의 근원이고, 마음 안에 답이 들어 있다. 그러므로 마음이 무기력을 느끼고 하기 싫다거나 한계라고 여기면 절대 우리는 그것을 할 수 없다. 또한 마음이 원하지 않는 것을 결코 우연히 이루지도 못한다. 아무것도 하지 않았는데 어느 날 기업이 만들어져 있다거나 노벨상을 수상했다거나 올림픽 금메달을 딸 수는 없다. 자신의 꿈과 목적을 향해 일하고 연구하고 운동했기에 그런 결과가 오는 것이다. 마음이 먼저 원하고 몸으로 실행할 때 역사는 바뀐다.

10년 노숙자에서
서민 갑부가 된 가죽공예가

●

10년 노숙자였다가 다시 재기하여 서민 갑부로 불리며 2015년 11월 TV에 소개된 한 남자가 있다. 그는 오산의 한 재래시장에서 가죽 수제품 가게를 운영하는 가죽공예가이다. 그의 가게에는 30만 원대 소품부터 수백만 원에 달하는 가방까지 고가의 가죽 수제품이 가득하다. 가격대가 만만치 않은데도 그의 가게는 물건이 없어서 못 팔 지경이며, 연매출이 3억 원에 이른다고 했다.

화가가 꿈이었던 그는 가난한 집안 형편 때문에 10대 때부터 공장에서 일했다. 불행한 사고로 기계에 손이 끼어 손가락 절단까지 했지만, 어렵게 일으켜 세운 사업은 승승장구했다. 이후 백화점 납품과 일본 수출까지 할 수 있게 됐지만 IMF를 만나 순식간에 사업이 나락으로 떨어졌다. 하루가 멀다 하고 찾아오는 빚쟁이에 쫓기다 못해 아내와 이혼하고 자녀들과도 이별했다. 그리고 노숙자로 10년을 살았다.

그는 자신이 경험한 노숙의 시기가 마치 기계 장치가 꺼진 것 같은 느낌, 아무 생각이 없는 상태라고 했다. 일은 사라졌고 희망도 잃어버린 상태, 이 상태는 마음이 가장 바닥에 있을 때를 보여 준다. 무기력만이 지배

한다. 이때는 좌절, 후회, 무기력, 죄책감, 분노, 슬픔, 희망 없음, 수치심에 쌓여 아무것도 할 수 없다. 아무리 노력해도 쉽사리 빠져나올 수 없다. 그저 하루하루 죽지 못해 살아갈 뿐이다.

무기력은 게으름과 포기, 회피, 나태와 협력하여 그를 더 멍하게 만든다. 그때는 정신도 변하고 외모나 말투, 건강 등에도 이상이 나타난다. 이런 극도의 무기력 상태를 벗어나는 것은 사실 매우 어렵다. 하지만 그는 벗어났다. 어떻게 그는 그런 절망의 상태를 극복한 것일까? 그 해답은 '일'이었다. '일'이 다시 그를 일으켜 세워 주었다.

생각을 멈춘 듯 동물적인 삶만 지속하던 어느 날, 그는 여느 때처럼 한 식당 앞에 웅크리고 있었다고 한다. 그런데 그 식당에서 종업원으로 일하는 중년의 아주머니가 일당을 더 받기 위해 한 시간이라도 더 늦게까지 일한다고 말하는 것을 옆에서 듣게 된다. 그때 그는 무언가에 얻어맞은 듯 충격을 받았다고 한다. 자신은 실패 후 10년을 죽은 듯 엎드려 있었는데, 천 원이라도 더 벌기 위해 밤늦게까지 일한다는 얘기를 들으며 처음으로 '다시 살아봐야겠다'고 생각하게 되었다는 것이다. 그날을 계기로 그는 움직이기 시작했다. '일해야겠다'고 결심한 것이다.

그리고 10년 전에 했던, 가죽 제품 만들어 파는 일을 다시 하기로 한다. 가죽공예는 자신이 가장 잘 아는 일이었다. 무일푼이었으므로 재료 도매상 주인에게 사정하여 외상으로 재료를 가져다가 물건을 만들어 좌판에서 팔기 시작했다. 물건이 다 팔리면 그 돈으로 다시 가죽을 샀고, 그 가죽으로 새 상품을 만들어 팔면서 그는 점점 일어서기 시작했다. 그렇게 조금씩 돈을 벌어 지금의 가게를 갖게 되었다고 한다. 그런데 신기한 것은 그가 가진 가게의 외형이나 구조가 오래전부터 원했던 모습이라는 것이다. 너무나 갖고 싶어 도화지에 그려서 간직한 꿈의 가게와 거의 일치한 다고 스스로도 놀라워하고 있었다.

성공 비결을 묻는 기자에게 그는 "하나의 제품을 만들어도 정성과 시간을 들여 제대로 만들자"라는 생각으로 이를 악물었고 "적게 팔아도 제대로 된 물건을 만들어 가치를 높이겠다는 생각으로 일했다"고 답했다. 작은 가방 하나를 만드는 데 꼬박 72시간을 매달렸고, 망치질 횟수만도 3만 번 가까이 되었다. 그러한 정신과 노고의 결과로 만들어진 세상에 하나뿐인 그의 가방은 없어서 못 팔 지경이 된 것이다. 그는 현재도 가게 한쪽 벽에 7년 뒤 세우고 싶은 공방 빌딩 청사진을 그려 두고 매일 바라보면서 그날을 위해 열심히 가죽에 망치질을 하고 있었다.

그는 극도의 업무 무기력 상태에서 일을 하며 일어섰다. 가장 밑바닥에서 조금씩 움직여 스스로 뭔가를 만들어 낼 수 있는 상태까지 성장했다. 그리고 아직 성장 중이다. 그 증거는 그가 탁월함을 추구한다는 데 있다. 그는 오산시장에서 가장 늦게 퇴근하는 사람으로, 자신이 만드는 제품이 최고가 되도록 노력하고 또 노력한다고 했다.

배니스터의 훈련과 노력이 신체 한계를 넘게 했듯, 업무 무기력을 극복하기 위해 포기하지 않고 집중해서 하나의 일을 할 때 우리는 달라진다. 마음의 성장이 동반되기 때문이다. 그림이나 악기 연주, 명상이나 수련 등 한계를 넘어야 할 만큼 에너지를 모아야 하는 일을 할 때 우리는 성장한다. 일을 규칙적으로 열심히 하는 것도 같은 효과를 준다. 할 수 없다고 생각되는 어려운 일을 해내려고 노력할 때 엔트로피가 줄고 질서가 생기면서 마음은 성장한다.

그의 변화는 일을 다시 시작하고 그 일을 잘하겠다는 결심에 따른 결과였다. 일에서 실패가 왔고 아무것도 할 수 없었지만 다시 일을 하며 그 업무 무기력에서 벗어났고 새로운 꿈을 꾸고 있었다. 10년 노숙 생활을 청산하고 최고의 상품을 만들려고 하루 종일 노력하는 동안 그의 마음도 함께 성장했다고 볼 수 있다. 이렇듯 일은 마음의 성장에 중요한 역할을 한다.

인간은 일할 때
성장한다

●

　일이 마음의 성장과 어떤 관련이 있는지 성장심리학자들의 이론을 살펴보자. 현대 심리학계를 대표하는 여덟 명의 심리학자들이 말하는 건강하고 성숙한 마음을 요약하면 오른쪽의 표*로 정리될 수 있다.

　심리학자들마다 성숙하고 건강한 마음에 대한 관점은 조금씩 다르다. 하지만 이들이 본 성장의 공통점은 미래에 대한 기대, 자아를 실현하고자 하는 욕망, 용기, 삶의 의미, 지금 여기에의 집중 등으로 정리될 수 있다. 그런데 이 특징들은 일과 떼려야 뗄 수 없는 관계에 있다.

　우리는 일을 하며 미래를 바라보고 삶의 의미를 찾고, 자아실현을 꿈꾸기 때문이다. 또한 일에 깊이 몰입할 때 현재를 충일하게 살 수 있고, 노력을 다할 때 긴장감이 증가되고 자기 한계를 넘을 수 있다. 성장을 위해서는 일의 목표가 매우 중요하다고 지적한 심리학자가 많음을 유의해야 한다. 이들이 말하는 공통점은 '인간은 일하고 노력할 때 성장할 수 있다'는 것이다.

---

* 〈Growth Psychology: Models of the Healthy Personality〉에 제시된 자료를 수정하였음.

심리학자 / 성장요소	고든 올포트	에이브러햄 매슬로	칼 로저스	롤로 메이	빅터 프랭클	에리히 프롬	칼 융	프리츠 펄스
사상의 기반	인본주의	인본주의	현상학	실존주의	실존주의	분화된 정신분석	분석 심리학	게슈탈트 심리학
성장의 힘	미래에 대한 기대	자아실현	자아실현	용기	삶의 의미	생산성	자아 인식	여기와 지금
의식 무의식 중요도	의식	의식	의식	의식	의식	의식	의식 무의식	의식
과거 반추	필요 없음	필요 없음	필요 없음	필요 없음	필요 없음	필요함	필요함	필요 없음
현재 집중	필요함	필요함	필요함	필요함	필요함	필요함	필요함	필요함
미래 초점	필요함	언급안함	필요 없음	필요함	필요함	언급안함	필요함	필요 없음
일에 의한 긴장감	증가	증가	증가	증가	증가	언급안함	언급안함	언급안함
일의 역할과 목표	중요함	중요함	필요 없음	중요함	중요함	언급안함	언급안함	필요 없음

위 여덟 명의 심리학자들이 연구한, 성장으로 이끌어 주는 건강하고 성숙한 마음의 특징은 대략 다음의 여섯 가지로 정리할 수 있다.

첫째, 자아가 끌고 가게 하라. 내가 마음의 주인이고 인생의 주인이라는 자세를 가질 때 자아가 우리 인생을 끌고 갈 수 있다. 책임과 권리를 동시에 지니고 있다고 생각하자.

둘째, 의식에 집중하라. 시시각각 떠오르는 의식의 흐름에 휘둘리지 말고 목표에 집중한다. 이때 무의식은 무시해도 되지만 무의식에서 올라오는 것을 알게 되면 의식에 통합하자.

셋째, 현재에 집중하라. 현재에 집중하라는 것은 모든 심리학자의 공통점이다. 현재를 놓치고서 성장과 성숙을 얻을 수는 없다. 지금 주어진 일을 할 때 현재를 가장 잘 사는 것이다.

넷째, 일의 긴장감을 늦추지 마라. 일을 하면서 받는 적당한 스트레스가 우리를 성장시킨다.

다섯째, 일이 중요하다. 일을 놓치지 마라. 일을 잘해낸다는 것은 심리적 건강의 결과물이고 일을 잘해내면서 마음은 더 성장한다.

여섯째, 자신과 세상, 타인에 대한 책임을 지는 독립된 인간이 되라. 자신을 책임질 수만 있어도 매우 강인하고 건강한 사람이다. 자신을 완전히 책임지는 사람은 타인에 대해서도 관대하다. 자신을 책임지려면 기본적으로 자급자족이 되어야 하는데, 자급자족은 일하지 않으면 이루어지지 않는다. 이후 자신이 가진 것을 타인에게 줄 수 있는 사람이 많아질 때, 그 사회는 건강해질 것이다.

오늘 깨어
당신의 일을 하라

●

　그런데 앞서 소개한 표에서 주목할 만한 것이 하나 있다. 여덟 명 모두 현재에의 집중이 성장에 필요하고 중요하다고 보았다는 것이다. 다른 항목에는 이견이 존재한다. 융과 프롬을 제외한 나머지 심리학자들은 과거는 중요하지 않다고 했다. 오히려 과거를 돌아보는 것이 건강에 도움이 되지 않는다는 의견이 많다. 융의 경우에는 집단무의식과 개인무의식 속에 숨어 있는 것을 찾아내 통합할 때 진짜 자기 삶의 길을 찾아 개별화를 이룰 수 있으므로, 무의식에 들어 있는 과거가 중요하다고 한 것이다. 하지만 다른 심리학자들은 '과거는 그저 지나간 일일 뿐'이라고 했다.

　과거의 실수를 반추하면 우울과 열등감에 빠지고, 과거의 승리에서 벗어나지 못하면 자만심이 생긴다. 따라서 어제는 훈련장이었고 시험이었다고만 생각하는 것이 좋다. 승리도 있었고 실패도 있었다. 혹독했던 실패는 잊지 말고, 승리를 준 당신만의 기술을 기억해 두면 된다. 그리고 오늘로 와서 오늘 할 일을 해야 한다.

　오늘이야말로 우리가 혁명을 할 수 있는 시점이다. 오늘 움직이고 일할 때 성장할 수 있다. 앞서 소개했던 가죽공예가 또한 매일 하기 때문에 최고를 지향할 수 있는 것이다. 오늘 하지 않는다면 최고는 생각할 수 없다. 매일 할 때 우리는 새 꿈을 꿀 수 있고, 일은 점점 탁월해진다. 그러므로 오늘의 일에 최선을 다해야 한다.

니코스 카잔차키스는《그리스인 조르바》에서 "정신적 낙태는 시기를 놓친 것이다"라고 했다. 이 말은 현재를 절대로 놓치지 말아야 한다는 이야기다. 그래서 니체는 "임산부의 조심성과 배려심을 가져라"라고 경고했다. 임산부가 아이를 지키기 위해 매사에 조심하듯 우리는 자신이 가진 재능을 소중히 하며 현재에 몰입해야 한다. 그때 성장이 일어날 수 있다.

게리 하멜은《경영의 미래》에서 이렇게 말했다.

"실험이 계획을 이긴다. 사람들은 계획에 따라 미래가 펼쳐지기를 기대한다. 하지만 미래를 바라보는 현재가 점점 믿지 못할 상황으로 진행되는 상황에서 경쟁을 뚫고 성공하려면 계획에 의존하기보다는 미래에 대비하는 실험을 준비하는 편이 더 낫다."

백 번의 청사진을 그리기보다 단 한 번의 망치질이 중요하고, 가장 작은 실행이 가장 거창한 계획을 이길 수 있다는 것이다.

죽는 날까지 우리가 기억해야 할 것은 '어제는 잊지 말고 내일은 믿지 말고 오늘은 잃지 마라. 그리고 할 일을 하라' 이것뿐이다.

무기력이
자신과의 평화로

·

오늘 밤 갑자기 죽음이 찾아온다면

결국 남는 것은 당신이 한 일이다

나에게 주어진 시간과 재능을 다 쓰고 있는가

무심히 일할 수 있는 한 당신은 평화롭다

오늘 밤 갑자기
죽음이 찾아온다면

●

한 남자가 죽었다. 장례 미사가 치러진다. 그는 외국계 기업에서 샐러리맨으로 살다가 직장을 그만두고 글 쓰고 강연하며 살았다. 책을 20여 권 썼고 제자가 많았다. 그가 좋은 작가이기도 했지만 좋은 사람이었다는 증거이다.

그의 장례 미사를 집전한 노신부는 그를 '진정한 영성가'라고 칭했다. 임종을 지켜봤던 신부는 그 남자의 마지막 모습을 우리에게 전해 줬다. 암세포가 척수까지 전이되어 뼈가 녹아 가는 고통 속에서도 그는 너무나 평화롭게 죽음을 맞이했다고 한다.

돌아가신 분은 나의 스승 변화경영사상가 고(故) 구본형 선생님이다. 완치된 것으로 믿었던 갑상선암이 폐로 전이되어 급작스럽게 떠나 버리셨다.

선생님이 돌아가시기 일주일 전의 일이다. 이미 뼈와 척수까지 암세포가 전이되어 기적조차 바라기 힘들어졌을 때 가족들은 제자들에게 면회를 허락했다. 그를 만나기 위해 전국에서 모여든 제자와 독자들로 세브란스병원 암병동 한 층 복도가 가득 찼다.

항암 치료로 쇠약해진 선생님이 그렇게 많은 사람을 한 명씩 차례로 만난다는 것은 상당히 위험했지만 그와 가족들은 모든 사람에게 개인적인 시간을 주기로 결정했다. 기다림은 슬프고 지루했다. 내 앞에서 면회하던 선배는 선생님의 손을 잡고 꺼이꺼이 통곡을 했다.

오랜 기다림 끝에 내 차례가 되어 선생님을 뵈었다. 마른 장작 같은 몸에 항암 치료로 빠져 버린 머리카락, 퀭한 얼굴의 스승이 침대에 누워 계셨다. 고통이 지나가고 있음에도 눈빛이 너무나 맑으셨다.

그런데 내가 침대 가까이 다가갔을 때 선생님은 갑자기 눈을 감으셨다. 무엇을 보고 누구를 만나신 것일까? 갑자기 허공에 두 손을 들고 연신 "너무 아름답습니다. 너무 좋아요"라고 말씀하셨다. 그분의 얼굴은 천사를 만난 듯, 아름다운 것을 볼 때 나타나는 설렘과 흥분이 뒤섞여 있었다.

나는 방해할 수가 없어 몇 분 동안 서 있다가 뒤에서 기다리는 분들에게 미안하여 병실을 나왔다. 내가 나온 후 스승님은 다시 평상심으로 돌아오셨는지 면담이 재개되었다. 나는 그냥 돌아올 수가 없어 다시 줄의 맨 끝으로 갔다. 마음속 말을 하지 못한다면 평생 한이 될 것 같았다.

또다시 오래 기다려 두 번째로 선생님을 만났다. 이번에는 스승의 손을 잡고 "사부님, 덕분에 제가 죽지 않고 살았습니다. 첫 책이 나왔습니다. 정말 감사했습니다"라고 깊은 고백을 할 수 있었다. 그것이 마지막이었다. 그 만남이 있고 일주일 뒤 선생님은 선종하셨다.

그분은 직장에서 노예처럼 살던 낙타의 굴레를 벗고 세상에 나와, 변화경영사상가라는 자신만의 길을 걸었다. 선생님은 늘 낙타를 벗고 사자가 되었다고 입버릇처럼 말씀하셨고 제자들에게도 그리 가르치셨다.

하지만 죽음 앞에 선 그분의 모습은 사자를 이미 지나 어린아이 같은 천진한 모습이었다. 말기 암의 고통과 죽음이라는 허무가 지나가는 그 순간에 보여 주신 그 평화롭고 기쁜 표정은 모든 것을 긍정하는 천진난만한 어린아이의 단계에서 나타나는 현상이다.

임종을 지켰고 장례미사를 집도한 노신부의 '진정한 영성가'라는 표현대로 어쩌면 선생님은 영성 깊은 초인의 단계에 진입하셨는지도 모른다. 본인은 낙타를 벗고 사자가 되었다고 말씀하셨지만, 실은 사자의 탈을 벗고 어린아이로, 아니 어쩌면 초인으로 살고 계셨는지도 모른다.

햇살이 따스하게 내리쬐던 봄날 오후 병실에서 선생님은 둘째 따님에게 "딸아, 내 인생은 그럭저럭 아름다웠다"라고 말씀하셨다고 한다.

구본형 선생님은 어떻게 그리도 평화롭게 선종하실 수 있었을까? 여전히 직장인이었다면 어려웠겠지만 선생님은 회사를 나와 자신의 일을 매일 하며 자기 세계를 구축하셨고 매일 자신을 넘어서기 위해 노력했으며 깊은 인생을 살려고 하셨기에, 이른 죽음 앞에 '그럭저럭 아름다웠다'라고 담담히 말씀하실 수 있었는지 모른다.

선생님은 자기 '일'을 통해 구도하듯 세상을 살아가셨던 것이다. 글 쓰고 강의하고 제자를 키우는 그 일이 자신도 돕고 남도 도왔기에 살았던 흔적이 이 세상에 남은 것이고 내 기억에도 이렇게 남은 것이다. 이처럼 자기의 일을 열심히 하고 그 일을 통해 자기 극복을 하는 사람은 죽을 때 자기 세계 하나를 만들어 두고 갈 수 있다.

결국 남는 것은
당신이 한 일이다

●

"킬리만자로는 높이 19,710피트의 눈 덮인 산으로 아프리카 대륙에서 제일 높은 산봉우리이다. 마사이족들은 킬리만자로의 서쪽 봉우리를 '느가이예 느가이(신의 집)'라고 부른다.

그 서쪽 봉우리 근처에 말라붙은 표범의 시체가 하나 있다. 그 표범은 그 높은 산봉우리 위에서 무엇을 찾고 있었던 것일까? 설명할 수 있는 사람은 아무도 없다."

– 《킬리만자로의 눈》 중에서

헤밍웨이의 중편소설 《킬리만자로의 눈》은 이렇게 시작한다. 이 소설의 주인공은 '해리'라는 작가이다. 해리는 꽤 재능이 있다. 하지만 그는 더이상 글을 쓰지 않는다. 안락함과 나태에 빠져 글 쓰는 재능을 잃어 가는 중이다.

머릿속에는 아직 쓰지 않은 글감과 스토리들이 복잡하게 엉켜 있지만 글로 쓰지는 않는다. 작가로서는 거의 폐인이 되어 살지만, 그의 작품에 매료된 부유한 미망인의 애인이 되어 인생을 즐기고 있다.

사냥을 좋아하는 애인과 함께 파리를 떠나 아프리카로 간다. 아프리카에서도 방탕한 생활을 이어 간다. 그러던 어느 날, 해리는 영양 떼의 모습을 사진으로 남기려다가 무릎에 가시가 긁히는 상처를 입는다. 대수롭지 않게 생각해 약을 바르지 않고 상처를 방치했다가 감염이 되고 만다.

감염은 점점 심해졌고 다리는 썩기 시작한다. 아프리카 깊은 오지, 치료받을 병원도 약품도 없다. 비행기가 와서 병원으로 데리고 가야만 살수 있다. 해리는 비행기를 기다리다 2주 만에 괴저병으로 죽는다.

다리가 썩어 가면서 죽음이 다가왔음을 직감한 해리는 병상에서 비로소 자기 인생 전체를 회고한다. 파리 빈민가에 틀어박혀 소설 쓰기에 몰두하던 작가 초년 시절, 돌아보니 가장 행복했던 시절인 것 같다. 그러나 작가로서 성공한 이후 그는 점점 안락하고 타락한 생활에 빠져들기 시작한다. 게으름과 타성, 속물근성에 빠져 작가로서의 재능을 발휘하는 데 힘쓰지 않는다.

그는 자신의 일에 힘을 쓰지 않았고, 그와 함께 마음은 계속 추락하여 갔다. 운동하지 않으면 근육이 지방으로 변하듯, 마음도 긴장하고 노력하지 않으면 추락한다. 자연을 지배하는 엔트로피 증가의 법칙이 마음에도 작용하기 때문이다. 정지한 모든 것의 엔트로피가 상승되듯, 일하지 않는 해리의 마음은 무질서해지고 추락해 갔다.

그는 많은 것이 후회되었다. 명성을 이용해 부유한 여자들을 유혹했고 아내가 있음에도 여러 여자와 외도하느라 가정이 깨어졌다. 살면서 했던 많은 실수 중 가장 후회되는 것은 작가로서 자기 재능을 다 쓰지 못한 것이다.

그는 아직도 소설로 쓰지 못한 소재와 아이디어가 많이 남아 있음을 깨달았다. 하지만 이미 늦어 버렸다. 벌써 죽음이 코앞에 와 있었다. 억울하다. 하지만 일하지 않고 재능을 낭비해 버린 것은 자신이니 누구를 탓할 수 있겠는가? 유전자 속에 남아 있던 재능들은 잉태도 되지 못한 채 소멸해 갈 것이다.

상처는 돌이킬 수 없을 만큼 악화되어 다리는 썩어 가고, 병원으로 데려갈 비행기는 오지 않는다. 절망하며 죽어 가던 마지막 순간, 그는 옛 전우가 비행기를 몰고 오는 환상을 본다. 환상 속 비행기는 그를 태우고 높이 날아올라 평야를 지나고 거대한 킬리만자로의 봉우리로 향한다. 그때 그는 환상이지만 킬리만자로의 눈 덮인 산봉우리가 자신의 최종 목적지라는 사실을 알게 된다. 소설은 이렇게 끝이 난다.

나에게 주어진 시간과 재능을
다 쓰고 있는가

●

두 사람의 죽음이 강한 대비를 보여주지 않는가? 구본형 선생님은 평화롭게 선종했고 해리는 후회하며 죽어 갔다. 그들의 공통점은 작가로 살았다는 것이고, 차이점은 글을 매일 쓰고 있었는가 하는 점이다. 즉, 자기 일을 매일 하며 그 일을 통해 재능을 갈고닦았는가 하는 점이 두 사람의 결정적인 차이다.

나의 스승은 20여 년 동안 매일 새벽 글을 썼고 자신의 재능을 다른 사람을 돕는 데 사용했다. 해리는 젊은 날 좋은 책을 썼으나 더 이상 글을 쓰지 않았고, 작가로서의 명성을 이용해 쾌락을 추구하다 재능을 사장시켜 버렸다. '일을 매일 했는가, 매일 하지 않았는가' 하는 것이 이들의 첫 번째 차이점이고 '재능을 갈고닦아 그것을 다 썼는지' 여부가 두 번째 차이점이다. 그 결과 이들의 삶과 죽음은 그 질이 전혀 달랐다.

구본형 선생님이 자기 삶을 그럭저럭 아름다웠다고 회상할 수 있었던 근거는 일에 있다. 그는 직장인이라는 낙타를 벗고 작가이자 강연가인 '1인 기업가'가 되어 변화경영이라는 자기만의 세계를 창조하였다. 그는 매일 글 쓰던 작가였고, 생을 힘겨워하는 부적응자들 속에 잠재한 창조성이 깨어나도록 도왔던 스승이었다. 새벽마다 자신을 넘어서기 위해 2시간씩 글을 쓰며 보낸 20여 년의 세월이 그로 하여금 낙타를 벗고 사자를 지나 아이가 되게 한 것이다.

앞서 말했듯 어쩌면 그는 초인의 단계에 이미 오래전에 가 있었는지도 모른다. 그랬기에 죽음이 닥쳤을 때 '그럭저럭 아름다웠다'라고 말하며 평화롭게 스틱스 강을 건널 수 있었을 것이다. 하지만 해리는 죽음이 다가왔을 때 '재능을 다 쓰지 못한 것을 가장 후회한다'고 했다. 그것은 대작가 헤밍웨이가 우리에게 주는 시퍼렇게 날선 인생의 충고이다.

오늘도 우리는 해리가 그러했듯 시간이 무한정 있을 것이라 착각하며 인생을 탕진하고, 죽음은 생각지도 않은 채 정신없이 하루하루 흘려보내고 있는지 모른다. 하지만 죽음이 어디쯤 와 있을지는 아무도 알 수 없다. 우리를 경악케 하는 사건, 사고가 뉴스에 등장하고 죽음은 도처에서 출몰한다. 황망하고 예고 없는 죽음은 지금 이 순간에도 어디선가 일어나고 있다. 생은 그렇게 허무한 것인지도 모른다.

하지만 그런 허무 속에도 빛은 있다. 세상에 왔다 간 흔적을 남기는 것이다. 그것은 우리가 하는 일을 통해서 가능하다. 세상에 남길 무언가에 자신의 재능과 열정을 쏟아붓는 것이다. 그것은 자녀 교육이 될 수도 있고, 예술작품이 될 수도 있고, 기업을 운영하는 것이나 종교 활동, 깨끗한 정치로 사회를 선진화시키는 일 등 무엇이든 될 수 있다.

그러기 위해서 우리는 오늘도 깨어서 자기의 일을 하고 매일 성장하는 삶을 살아야 한다. 무언가에 시간을 투입한다는 것은 자신의 인생과 맞바꾸는 행위임을 잊지 말자. 지금 이 순간에도 일시적 만족을 주는 어른용 장난감 쇼핑이나 순간 흥미를 주는 SNS 댓글놀이, 시시각각 오감을 자극하는 뉴스가 넘치는 인터넷 서핑으로 시간을 보내고 있지는 않은가?

삶과 죽음의 질을 결정하는 것은 먼 미래의 거창한 무언가가 아니다. 오늘 당신이 하루를 어떻게 보내는가에 달려 있다. "하루하루를 소비하는 방식은 곧 우리 삶을 소비하는 방식이다"라고 말한 애니 딜라드(Annie Dillard)의 충고를 기억하자. 그리고 스스로에게 물어보자. "나는 지금 재능을 다 쓰고 있는가?"

무심히 일할 수 있는 한
당신은 평화롭다

●

만약 당신이 오늘 밤 죽게 된다면 어떤 마음일 것 같은가? 구본형 선생님처럼 죽음을 맞이할 수 있겠는가? 아니면 해리처럼 반응하겠는가?

아마도 나는 해리와 같은 죽음을 맞이할 것이다. 스승이 돌아가시고 4년이 넘었지만 여전히 나는 스승처럼 할 수 없을 것 같다. 늘 해리처럼 후회만 한다. 일에 나의 모든 것을 투입하지 않았고, 세상에 남길 탁월한 성과도 아직 없다. 인생의 마지막 순간, 지금처럼 마음이 지옥이라면 얼마나 허무할까?

우리는 받은 패로 게임을 할 수밖에 없다. 업무 무기력 따위에 눌려 있을 때가 아니다. 지금 가진 것으로 나의 일을 하며 자기도 돕고 세상도 도와야 한다. 남의 글에 댓글 달고 있을 시간에 자기 인생의 글을 써야 한다. 자신을 먼저 구해야 남을 구할 수 있다. 변하지 않는 세상을 원망하지 말고, 변할 수 있는 자신을 먼저 극복하자. 내가 변하면 세상도 변한다.

변하기 위해 가장 쉽게 시작할 수 있는 것은 '나의 일'이다. 자기 일에 목숨 걸어 보는 것이다. 그러면 그 일이 탁월해진다. 일이 탁월해지면 마음이 성장한다. 그러면 세상도 달라지기 시작한다. 결국 스스로가 자기 세계를 만들고 자기를 구한 다음 세상에 기여하고 세상의 빛이 되는 것이다.

억울하게 끌려가는 죽음과 담담히 기쁘게 맞는 선종, 어느 쪽이고 싶은가? 그 차이는 지금 당신이 하루를 완전 연소하고 있는가에 달려 있다. 재능을 다 태우고, 그 어떤 유혹에도 지지 않을 마음의 힘을 매일매일 만들어 내고 있다면 삶은 아름다울 것이고, 죽음도 환영할 수 있을 것이다. 그러므로 당신의 일에 집중하여 재능을 방치하지 말고 연소해야 한다.

심리학자 융은 죽음에 대해 생각하는 것만으로도 정신적으로 건강할 수 있다며 다음과 같이 말했다. "나는 사람들이 죽음에서 목적을 발견하는 것이 그의 정신 건강에 매우 좋다고 확신한다. 죽음을 외면하는 것은 인생의 목적을 박탈하는 건강하지 못한 징후다."

융의 말처럼 죽음을 생각할 때 지금 살고 있는 생의 목적을 찾을 수 있고 일에 몰입할 수 있다. 죽음이 코앞에 있다고 생각하면 낭비할 에너지와 시간이 어디 있으며, 일을 미룰 수 있겠는가? 죽음을 자각하는 것만으로도 우리 마음은 달라질 수 있다.

오늘 밤 갑자기 내가 죽는다면 오늘 낮의 마음 상태로 죽을 것이다. 그러므로 오늘의 마음 수준, 현재 상태가 가장 중요하다. "3년 전 나는 정말 행복했어"도 안 되고, "10년 후에는 행복할 수 있을 것 같아. 그런데 지금은 아니야"도 안 된다. 지금 이 순간 우리는 행복해야 한다. 오늘 할 일을 미루지 않고 제때 제대로 할 수 있다면, 우리는 자신과 평화롭게 지내며 행복할 수 있다. 그리고 그때 운이 좋다면 니체가 말했던 낙타를 벗고 사자를 지나 어린아이 마음으로 성장할지 모른다.

어느 소방관의 기도

신이시여!

제가 부름을 받을 때에는

아무리 강렬한 화염 속에서도

한 생명을 구할 수 있는 힘을 저에게 주소서.

너무 늦기 전에

어린아이를 감싸 안을 수 있게 하시고

공포에 떨고 있는 노인을 구하게 하소서.

제가 언제나 안전을 기할 수 있게 하시고

갸냘픈 외침까지도 들을 수 있게 하시며

신속하고 효과적으로 화재를 진압할 수 있게 하소서.

저의 업무를 충실히 수행케 하시고

제가 최선을 다할 수 있게 하시어

이웃의 생명과 재산을 보호하고 지키게 하여 주소서.

만약

신의 뜻에 따라

목숨을 잃게 된다면

당신의 은총으로

저의 아내와 가족을 돌보아 주소서.

시원한 물가에 나를 눕혀 주시고

내 아픈 몸이 쉬도록 눕혀 주소서.

그리고 내 형제에게 이 말을 전해 주오.

화재는 완전히 진압되었다고.

신이시여!

출동이 걸렸을 때

사이렌이 울리고 소방차가 출동할 때

연기는 진하고 공기가 희박할 때

고귀한 한 생명의 생사를 알 수 없을 때

내가 준비되어 있게 하소서.

신이시여!

열심히 훈련했고 잘 배웠지만

저는 단지 약한 인간에 불과합니다.

지옥 같은 불 속으로 전진할지라도

저는 여전히 두렵고

비가 오기를 기도합니다.

제 형제가 추락하거든 제가 곁에 있게 하소서

화염이 원하는 것을 제가 갖게 하시고

그에게 목소리를 주시어

제가 듣게 하소서.

신이시여!

제가 일을 충실히 수행케 하시고

최선을 다할 수 있게 하시며

이웃의 생명과 재산을 보호하고 지키게 하여 주소서.

신이시여!

제 차례를 준비하게 하시고

불평하지 않는 강인함을 주시어

제가 들어가 어린아이를 구하게 하소서.

저를 일찍 거두어 가시더라도 헛되지는 않게 하소서.

그리고

그가 내민 손을 제가 잡게 하소서.

이 시는 1958년 미국의 소방관 스모키 린(A. W. Smokey Linn)이 써 세계적으로 유명하게 된 추모시이다. 그는 화재진압 현장에서 세 명의 어린이를 구하지 못한 자책감에 이 시를 썼다고 한다.

　당신은 자신의 일을 어떤 마음으로 하고 있고 있는가? 자기 목숨을 내
놓고 다른 이를 구하게 해달라는 그의 기도가 오늘 우리의 기도가 되길 나
역시 기도한다. 우리가 이 마음을 흉내만 낼 수 있어도 세상은 조금 더 밝
아지지 않을까? 이런 마음으로 일한다면 무엇이 두렵겠는가? 당신과 나의
일이 저 소방관의 기도처럼 세상의 누군가를 구하는 일이 되길 바라 본다.

기도하고 일하라,
세상 속에서 빛날 때까지

이 책은 나의 세 번째 대중서이다. 그리고 제대로 일하지 못하는 업무 무기력을 벗는 과정을 통과하며 쓴 나의 자전적 기록이다. 나는 30대 후반부터 무기력에 빠져들기 시작했다. 그리고 지금까지 18년이 흘렀다. 그 세월 동안 나는 내가 가진 많은 것을 잃어버리면서 니체가 말했던 낙타-사자-어린아이라는 정신의 수준을 한 단계씩 온몸으로 체험하며 지나왔다.

낙타로서 나는 무기력을 극복해야 했다. 그 노예 신분을 벗고 사자가 된 후 나는 뜻하지 않은 저항에 막혀 오래 아무것도 하지 못했다. 그 저항을 넘어설 마음의 힘을 기르는 데 몇 년이 또 소요되었다.

이후 나는 어린아이로 사는 것이 무엇인지 줄곧 생각했다. 그리고 일을 제대로 하면 행복하지만 일을 하지 못할 때는 마음이 지옥이 되어 버리는, 누구나 느끼는 단순한 증상이 어쩌면 어린아이의 삶과 깊이 연결되어 있을지 모른다는 생각을 하게 되었다. 어린아이처럼 살고 싶었으나, 일할 수 없는 동안 나는 절대 어린아이 마음이 될 수 없었다. 일은 내가 있는 곳이 천국인지 지옥인지를 결정하는 가장 중요한 티켓이었다. 결국 우리가 어린아이처럼 살기 위해서는 자기 일에 몰입할 수 있어야 한다고 믿게 되었다.

이것은 하루아침에 뚝딱 얻은 해답이 아니다. 꽤 걸렸다. '어린아이로 산다는 것, 초인이 된다는 것은 무엇일까?' 낡은 철학책 속의 관념적이고 추상적인 방법이 아니라, 시퍼렇게 살아서 오늘의 나를 변화시킬 현실 속의 길은 없을까를 오래오래 고민했다. 그리고 나는 일을 통해 어린아이와 초인이 될 수 있다고 믿게 되었다. 많은 사람이 자기 일을 하며 높은 마음의 수준으로 오르는 것을 보았기 때문이다.

마음의 수준을 높이는 길은 사실 많다. 명상이나 운동, 구도나 봉사, 기도, 수련, 공부 등으로도 성장할 수 있다. 하지만 나는 일을 통해 성장의 길을 찾아야 한다고 생각한다. 일을 통해 그 길을 갈 때만이 이상과 현실을 동시에 놓치지 않을 수 있기 때문이다.

때로 자신의 영적 생활을 위해 가족을 버리고 인생을 망가뜨리는 사람을 자주 보았던 것도 내가 성장의 도구로 일을 선택한 중요한 이유다. 그리고 나를 보며 인간은 일해야 행복할 수 있다는 것을 늘 확인했기 때문이기도 하다. 게다가 내 운명이 기도만 하고 있을 정도로 편하지가 않았던 것도 이유였다. 신은 내게 늘 열심히 일하라고 재촉하시는 것 같았다.

한 번뿐인 인생이다. 잘 살다가 잘 죽기 위해 어찌해야 할 것인가? 베네딕도회 수도사들은 신에 대한 헌신의 방법으로 무슨 일을 하든 탁월함을 추구했다고 전해진다. 그래서 그들은 어떤 일을 하든지 "그것을 완전하게 해주세요"라고 기도하고 그 일을 했으며 늘 '오라 에 라보라(Ora et labora)', 즉 '기도하라 그리고 일하라'를 실천했다고 한다.

니체는 "언젠가 번개에 불을 켜야 할 사람은 오랫동안 구름으로 살아야 한다"라고 했다. 운이 나쁘면 평생 구름으로만 살아야 할지도 모르지만, 그럼에도 우리 생에 불꽃놀이가 일어날 것을 기대하며 그날을 위해 매일 비구름을 모으는 노동을 해야만 하는 것이 인생 아닌가 싶다.

물론 답답하고 막막한 시간이 생각보다 길 수도 있다. 나 역시 오랜 시간 막혀 있었다. 업무 무기력도 방해 요소 중 하나였다. 그때 내가 한 것은 매일 할 일을 하려고 노력한 것뿐이다. 물론 그것이 쉽지 않아 동기, 정서, 인지, 행동, 의지 훈련을 했다. 그러다 보니 어느 날부터 나는 더 이상 불안·초조하지 않게 되었고, 그냥 내 일을 하고 있는 나를 볼 수 있었다.

지금 나는 무슨 일이 있어도 매일 수영장에 가고, 매일 글을 쓰려고 한다. 물론 못 지키는 날도 많지만, 내가 확실히 알게 된 것은 운동과 글쓰기 그 두 가지만 할 수 있어도 하루를 잘 보낼 수 있다는 것이다. 더 이상 욕심내지 않는다. 고민이나 혼란이 나를 죽이도록 허락하지도 않는다.

그냥 나는 무심히 내 일을 할 뿐이다. 그리고 기도한다. 스승님이 그러하셨던 것처럼, 죽음의 순간이 왔을 때 "내 인생도 그럭저럭 아름다웠다"라고 말할 수 있기를…… '오라 에 라보라'라는 두 개의 단어를 매일 실천하며 지금은 비록 어둡지만 언젠가 이 어둠을 환히 밝히며 찬란히 빛날 그날을 미리 보고 있다. 마치 분양받은 아파트가 지금은 빈 땅이지만 때가 되면 고층 건물로 세워질 것임을 믿는 것과 흡사하다.

지금 막막하고 어두운가? 가도 가도 끝없는 모래사막 같은가? 아니면 망망대해 한가운데서 엔진이 고장 난 선박처럼 표류하고 있는가? 그렇다면 '오라 에 라보라'를 기억하라. 당신이 바라는 모든 것을 기도하며 당신의 일을 매일 하길 바란다. 끝까지 기도하고 일하는 것, 그것뿐이다.

살아갈수록 인생에서 요행이 드물다는 것을 배우게 된다. 우연도 없다.

그러므로 우리는 매순간 절실해야 하고 간절히 살아 내야 한다. 많이 지나와 버렸지만 그래도 아직 여정이 남아 있음에 감사하자. 가장 먼 여행은 아직 끝나지 않았다. 그리고 우리에게는 여전히 힘이 남아 있다. 설사 잘못 들어선 길이라 할지라도 그 실수로 새 길과 지도를 만들 수 있었으니 실수조차 축복이라고 믿어 보자.

재능이 공명하는 일을 찾아내 매일매일 그 일을 하며 자신을 진화시키길 바란다. 당신 생에 탁월한 무언가 하나 남기는 꿈을 꾸면서. 그러면 우리도 언젠가 해리가 마지막에 오른 그 산, 자신만의 킬리만자로에 오를 수 있을지 모른다. 그러지 못한다 해도 아름다운 오늘 하루에 행복할 수 있을 것이다.

매일 일하는 우리는 이렇게 말할 수 있을 것이다. "아디오스(Adios), 잘 가시게! 나의 낙타여 나의 사자여"라고. 어둠이 당신을 빛나게 할 때까지, 기도하고 일하라. 그리하여 당신 모두가 어린아이를 지나 초인이 되기를 기도한다.

내 인생에 가을이 오면
－작자 미상

내 인생에 가을이 오면
나는 나에게 물어볼 이야기가 있습니다
내 인생에 가을이 오면
나는 나에게 사람들을 사랑했는지 물을 것입니다
그때 나는 가벼운 마음으로 대답하기 위해

지금, 많은 이들을 사랑해야겠습니다

내 인생에 가을이 오면

나는 나에게 열심히 살았느냐고 물을 것입니다

그때 나에게 자신 있게 말할 수 있도록

하루하루를 최선 다해 살아야겠습니다

내 인생에 가을이 오면

나는 나에게 삶이 아름다웠느냐고 물을 것입니다

나는 그때 기쁘게 대답하기 위해

내 삶의 날들을 기쁨으로 아름답게 가꾸겠습니다

내 인생에 가을이 오면

나는 나에게 어떤 열매를 맺었느냐고 물을 것입니다

그때 나는 자랑스럽게 대답하기 위해

내 마음 밭에 좋은 씨를 뿌리고

좋은 행동의 열매를 부지런히 키워 나가겠습니다

업무 무기력을 방지하는
스트레스 셀프 코칭

Part2에서 스트레스가 번아웃을 만들고 업무 무기력으로 악화될 수 있음을 설명했다. 그렇다면 스트레스가 생기는 것을 미리 막는 것이 업무 무기력을 방지하는 방법이 될 수도 있다. 스트레스가 생길 때마다 바로바로 없애는 방법을 만들어 두면 도움이 된다.

같은 상황에 놓인다고 모든 사람이 동일하게 스트레스를 받는 것은 아니다. 성격에 따라 스트레스 여부와 강도는 제각각이다. 일하는 방식도 다르다. 급하게 처리하는 사람도 있고 느긋한 사람도 있다. 일 처리 스타일에 따라 업무 스트레스에도 차이가 생긴다.

메이어 프리드먼(Meyer Friedman)과 레이 로젠만(Ray Rosenman)은 일을 처리하는 방식에 따라 받는 스트레스를 세 종류로 분류했다. 다음은 이들이 분류한 일을 대하는 성격의 세 유형이다. 당신이 어디에 속하는지 한번 보길 바란다.

A유형

능동적이고 공격적인 성격으로 업무 수행에 있어서 완벽함을 추구하고 책임감과 성취의식이 강하다. 또한 경쟁심이 강해 남에게 지기 싫어하며 신속하게 일을 처리한다. 이런 성향으로 A유형의 사람들은 일 처리가 제대로 되지 않으면 상당히 스트레스를 받는 편이다. 이들은 자신이 완벽하게 처리해야 한다고 생각하므로 언젠가 자신이 전체를 통제하지 못하게 될 때 업무 무기력을 호소할 수 있다.

B유형

수동적이고 방어적인 성향인데 업무 수행에 있어서 느긋하고 차분하며 여유가 있고 상황에 따라 일 처리 방식을 변경시킬 수 있는 유연성이 있는 타입이다. 따라서 A형에 비해 일에 대해 스트레스를 덜 받는 편이다. 하지만 이들은 능동적으로 일하지 않고 수동적으로 하므로 업무 능력 발휘가 더딜 수 있다. 또한 이들의 느긋함이 동료에게 스트레스가 될 수 있다. 특히 A타입은 느린 B타입의 일까지 떠맡아 하는 경우가 왕왕 있다.

C유형

감정을 잘 드러내지 않고 복종하기를 좋아하며 협력을 잘한다. 하지만 이들은 남의 눈치를 보고 남에게 맞춰 주지 못해서 스트레스를 받는다. 이들은 남에게 맞추려는 경향이 매우 강하므로 예측 불가능과 통제 불가능을 만나기 쉽고 그래서 업무 무기력을 호소할 수 있다.

당신은 A, B, C 중 어떤 유형인지 알고 있는가? 아래 표는 각 유형을 알아내기 위해 저자가 만든 진단지이다. 질문을 읽고 당신에게 가장 적합한 곳에 체크한 다음 마지막에 A, B, C 각각 체크된 것의 개수를 합해 보자.

가장 큰 값이 나온 것이 당신의 유형이다. 당신이 어디에 속하는지 확인해 보고 유형에 따라 자신을 셀프 코칭하거나 마음의 훈련을 할 때 참고하기 바란다.

	당신이 어떤 업무 스타일인지 분석해 보고 체크하시오.	유형
1	• 능동적이고 공격적이다. • 수동적이고 방어적이다. • 나는 내가 어떤 스타일인지 드러내는 것이 불편하다.	A B C
2	• 회의 시 주로 발언을 하는 편이다. • 회의 시 주로 듣는 쪽이다. • 나는 회의 시 전체를 지켜보고 대세를 따르는 편이다.	A B C
3	• 일할 때 나는 새로운 것을 시도하는 것이 좋다. • 기존 것을 고수하는 것이 좋다. • 나는 다른 사람들이 하는 대로 따라가는 것이 좋다.	A B C
4	• 누군가 부당하게 행동할 때 분노를 느끼고 그것을 표현할 때가 많다. • 누군가 부당하게 행동해도 별로 신경이 쓰이지 않는다. • 누군가 부당하게 행동할 때 분노를 느끼지만 참으려고 노력하는 편이다.	A B C
5	• 나는 다른 사람보다 일을 빠르고 완벽하게 처리하려고 한다. • 나는 다른 사람보다 일을 여유 있게 잘 처리하려고 한다. • 나는 다른 사람들과 보조를 맞춰서 일을 하고자 노력한다.	A B C
6	• 인내심이 부족하다고 느낀다. • 나는 인내심을 의식하지 않고 사는 편이다. • 나는 인내심이 강한 편이다.	A B C
7	• 내 업무와 직책에 자신감이 중요하다고 생각한다. • 내 업무와 직책의 영향력이 중요하다고 생각한다. • 나는 업무와 직책이 화합과 협력으로 연결되는 것이 중요하다고 느낀다.	A B C
8	• 일 처리는 가급적 빠른 것이 좋다고 생각한다. • 일 처리는 가능한 여유 있게 하는 것이 중요하다고 느낀다. • 일을 할 때 다른 사람과의 보조를 맞추는 것이 중요하다고 생각한다.	A B C
9	• 일에 집중할 때 나는 까칠하다는 평가를 자주 받는다. • 나는 일을 할 때나 사람을 사귈 때 털털하다는 소리를 자주 듣는다. • 나는 사람에게 잘 맞춰 주는 성격이다.	A B C

10	• 나는 새로운 것을 빨리 배우고 적용한다. • 변화에 익숙해지는 데 시간이 걸린다. • 나는 가급적 빨리 주변과 화합하려고 노력한다.	A B C
11	• 나는 업무 속도가 느리고 완전하지 못한 동료(직원)를 참을 수 없다. • 나는 급히 일 처리를 하고 실수가 잦은 동료(직원)를 참을 수 없다. • 나는 다른 사람을 배려하지 않는 독불장군을 참을 수 없다.	A B C
12	• 나는 강한 긴박감과 시간적 압박감을 가진다. • 나는 느긋하고 여유로운 것을 좋아한다. • 나는 다른사람을 관망하고 협력하는 것을 좋아한다.	A B C

A에 체크한 개수	B에 체크한 개수	C에 체크한 개수
( )	( )	( )
나의 유형은 (ABC 중에 가장 큰 수)	( )유형이다	

박경숙의 셀프 코칭

나는 A유형이다. 그래서 나는 성과가 눈에 보여야 일을 계속 잘하고 미루지 않는다. 그래서 직장에서 긴급한 일은 빨리 해냈다. 하지만 시간이 많이 남아 있거나 마감이 없는 일은 하지 않고 미루었다. 그러면서 일하지 않는 나 자신 때문에 스트레스를 받았다.

나의 업무 스타일을 알고 난 후에는 글을 쓸 때 전체 목차를 만들어 책상 앞에 붙여 두고 하루 분량을 해낼 때마다 일이 완료되는 것을 색칠하는 방법으로 셀프 코칭했다. 또 수첩을 따로 만들어 일한 내용과 일한 시간을 적었다. 기록을 보면서 일한 것을 확인할 수 있을 때 다음 일하는 데 도움이 되었다.

또한 내가 시간이 많고 목표가 없을 때는 스스로 일을 잘 해내는 스타일이 아니라는 사실을 알고 나니 미루는 습관에 대한 죄책감도 줄어들었다.

당신은 어떤 유형인가? 일을 느긋하게 하는가? 아니면 다른 사람의 눈치만 보며 전전긍긍하는가? 당신의 스타일에 따라 일 처리를 합리적으로 할 수 있는 방안을 찾기 바란다. 다음은 각 유형별 장단점과 셀프 코칭 주의점이다.

	대표적인 특징	장단점	업무 무기력을 이기는 셀프 코칭
A형	**성과주의자** 능동적 공격적이고 경쟁적 완벽 추구 화를 잘 낸다 긴박함과 시간 압박 빠르다 도전을 즐긴다 스트레스가 많다 성과에 중요성을 둔다	**장점**: 목표 달성에 강함, 높은 성과 **약점**: 성취에 목표를 두므로 스트레스가 잘 발생한다. 신속과 긴박함은 장점이자 약점이다. (스스로 다 해야 한다고 생각하므로 그 일을 다 하지 못하는 통제 불가능을 만나면 업무 무기력을 느낄 수 있다.)	A형은 목표치가 눈에 보이는 것이 일의 추진력을 높여 준다. A형에게 여유를 가지라고 하는 것은 일하지 말라고 열정에 물을 부어 버리는 행위이다. 자신이 A형이면 하루하루 목표를 세우고 그것을 달성하거나 성취한 것이 눈에 보이도록 시각화하는 것이 도움이 된다.
B형	**인간관계의 달인** 수동적 방어적 평온함 느긋하고 여유롭다 화를 내지 않는다 스트레스가 적다 관계에 중요성을 둔다	**장점**: 평온함과 느긋함 **약점**: 일을 미루기 쉬움. 여유로움이 함께 일하는 타인에게 스트레스를 줄 수 있다. (이런 유형은 자신은 느긋하므로 무기력을 잘 모르지만 다른 동료를 무기력하게 만들 수 있다.)	관계의 달인인 B형은 타인을 많이 배려하는 것이 장점이자 단점이다. 이들은 일을 할 때 실행 속도를 좀 높이는 것이 좋다. 그래야 가시적 성과가 생길 수 있다.
C형	**협력의 귀재** 소극적 인내심 화가 날 때 참는다 권위자에게 굴복한다 인정에 끌림 배척당하는 것을 두려워한다 스트레스가 많다 협동·협력에 중요성을 둔다	**장점**: 협동심과 협력심 **약점**: 눈치 보기, 회피하기 (타인의 눈치를 많이 보는 유형이므로 타인의 행동이 예측 불가능하고 통제 불가능해질 때 업무 무기력을 만날 수 있다.)	협력하는 데 귀재이지만 스스로를 비하할 수 있으므로 자주 자신을 칭찬하여 자신감을 갖는 것이 좋다. 억압이 많이 된 사람으로 억압을 풀수 있는 것이 핵심이다. 전체의 협력을 위해 양보하는 것이 혹 기회주의로 비칠수도 있다는 것에 주의!

업무 무기력에 빠진 당신을 위한 심리 처방

어쨌거나 회사를 다녀야 한다면

초판 1쇄 인쇄 2017년 11월 2일   초판 1쇄 발행 2017년 11월 9일

지은이 박경숙
펴낸이 연준혁

출판 2본부 이사 이진영
출판 6분사 분사장 정낙정
책임편집 이경희
디자인 이세호
기획실 박경아

펴낸곳 (주)위즈덤하우스 미디어그룹 출판등록 2000년 5월 23일 제13-1071호
주소 경기도 고양시 일산동구 정발산로 43-20 센트럴프라자 6층
전화 031)936-4000 팩스 031)903-3893 홈페이지 www.wisdomhouse.co.kr

값 14,800원   ISBN 979-11-6220-103-9 03320

ⓒ 박경숙, 2017

국립중앙도서관 출판예정도서목록(CIP)

어쨌거나 회사를 다녀야 한다면 : 업무 무기력에 빠진 당신을 위
한 심리 처방 / 지은이: 박경숙. ― 고양 : 위즈덤하우스 미디어그
룹, 2017
    p. ;   cm

권말부록: 업무 무기력을 방지하는 스트레스 셀프 코칭
ISBN 979-11-6220-103-9 03320 : ₩14800

직장 생활[職場生活]
성공법[成功法]

325.211-KDC6
650.1-DDC23   CIP2017027784